AF326673

CODE

DES COMITÉS

DE SURVEILLANCE

ET

RÉVOLUTIONNAIRES.

A PARIS,

DE L'IMPRIMERIE DU DÉPÔT DES LOIS,

L'AN II DE LA REPUBLIQUE UNE ET INDIVISIBLE.

TABLE CHRONOLOGIQUE

ET

MÉTHODIQUE,

Des décrets compris dans le Code des Comités de surveil-
lance & révolutionnaire.

a

CHAPITRE III.

Police & fûreté générale.

SECTION PREMIÈRE.

CHAPITRE IV.

Armoiries, signes de royauté & de féodalité, brevets & décorations militaires.

Fin de la table chronologique.

N. B. *Pour rédiger ce Code méthodiquement par Chapitres & par Sections, il a fallu raffembler les Décrets jufqu'à une époque déterminée, & les claffer dans l'ordre où ils fe trouvent imprimés.*

Pendant l'Impreffion, la Convention a rendu plufieurs Décrets importans qui devroient trouver naturellement leur place à la fuite de ceux qui compofent les différens Chapitres & Sections de cet ouvrage.

Ces Décrets formeront la matière d'un Supplément par ordre chronologique, qui eft déja fous preffe & qui paroîtra inceffamment avec Table méthodique & Table des matières.

CODE

DES COMITÉS

DE SURVEILLANCE

ET

RÉVOLUTIONNAIRES.

CHAPITRE PREMIER.

Gouvernement Révolutionnaire.

Décret portant que le Gouvernement próvisoire de la France est révolutionnaire jusqu'à la paix.

Dix-neuvième jour du premier mois. — 20 *du même mois.* (1685.)

La Convention nationale, après avoir entendu le rapport de son comité de salut public, décrète ce qui suit :

Du Gouvernement.

Article premier.

Le gouvernement provisoire de la France est révolutionnaire jusqu'à la paix.

II. Le conseil exécutif provisoire, les ministres, les généraux, les corps constitués, sont placés sous la surveillance du comité de salut public, qui en rendra compte tous les huit jours à la Convention.

III. Toute mesure de sûreté doit être prise par le conseil exécutif provisoire, sous l'autorisation du comité, qui en rendra compte à la Convention.

A 2

IV. Les lois révolutionnaires doivent être exécutées rapidement. Le gouvernement correspondra immédiatement avec les diftricts dans les mefures de falut public.

V. Les généraux en chef feront nommés par la Convention nationale, fur la préfentation du comité de falut public.

VI. L'inertie du gouvernement étant la caufe des revers, les délais pour l'exécution des lois & des mefures de falut public feront fixés. La violation des délais fera punie comme un attentat à la liberté.

Subfiftances.

VII. Le tableau des productions en grains de chaque diftrict, fait par le comité de falut public, fera imprimé & diftribué à tous les membres de la Convention, pour être mis en action fans délai.

VIII. Le néceffaire de chaque département fera évalué par approximation, & garanti. Le fuperflu fera foumis aux réquifitions.

IX. Le tableau des productions de la République fera adreffé aux repréfentans du peuple, aux miniftres de la marine & de l'intérieur, aux adminiftrateurs des fubfiftances. Ils devront requérir dans les arrondiffemens qui leur auront été affignés. Paris aura un arrondiffement particulier.

X. Les réquifitions pour le compte des départemens ftériles, feront autorifées & réglées par le confeil exécutif provifoire.

XI. Paris fera approvifionné au 1er. de mars pour une année.

Sûreté générale.

XII. La direction & l'emploi de l'armée révolutionnaire feront inceffamment réglés, de manière à comprimer les contre-révolutionnaires.

Le comité de falut public en préfentera le plan.

XIII. Le confeil enverra garnifon dans les villes où il fe fera élevé des mouvemens contre-révolutionnaires. Les garnifons feront payées & entretenues par les riches de ces villes jufqu'à la paix.

Finances.

XIV. Il fera créé un tribunal & un juré de comptabilité. Ce tribunal & ce juré feront nommés par la Convention nationale : il fera chargé de pourfuivre tous ceux qui ont manié les deniers publics depuis la révolution, & de leur demander compte de leur fortune.

L'organifation de ce tribunal eft renvoyée au comité de légiflation.

Décret fur le mode de gouvernement provifoire & révolutionnaire.

14 frimaire, — 18 *du même mois.* (1950).

La Convention nationale, après avoir entendu le rapport du comité de de falut public, décrète :

SECTION PREMIÈRE.

Envoi & promulgation des lois.

ARTICLE PREMIER.

Les lois qui concernent l'intérêt public, ou qui font d'une exécution générale, feront imprimées féparément dans un bulletin numéroté, qui fervira déformais à leur notification aux autorités conftituées. Ce bulletin fera intitulé : *Bulletin des lois de la République.*

II. Il y aura une imprimerie exclufivement deftinée à ce bulletin, & une commiffion compofée de quatre membres pour en fuivre les épreuves, & pour en expédier l'envoi. Cette commiffion, dont les membres feront perfonnellement refponfables de la négligence & des retards dans l'expédition, eft placée fous la furveillance immédiate du comité de falut public.

III. La commiffion de l'envoi des lois réunira dans fes bureaux les traducteurs néceffaires pour traduire les décrets en différens idiômes encore ufités en France, & en langues étrangères pour les lois, difcours, rapports & adreffes dont la publicité dans les pays étrangers eft utile aux intérêts de la liberté & de la République françaife ; le texte français fera toujours placé à côté de la verfion.

IV. Il fera fabriqué un papier particulier pour l'impreffion de ce bulletin, qui portera le fceau de la République : les lois y feront imprimées telles qu'elles font délivrées par le comité des procès-verbaux ; chaque numéro portera de plus ces mots : *Pour copie conforme,* & le contre-feing de deux membres de la commiffion de l'envoi des lois.

V. Les décrets feront délivrés par le comité des procès-verbaux à la commiffion de l'envoi des lois, & fur fa réquifition, le jour même où leur rédaction aura été approuvée ; & la lecture de cette rédaction fera faite, au plus tard, le lendemain du jour où le décret aura été rendu.

VI. L'envoi des lois d'une exécution urgente aura lieu dès le lendemain de l'approbation de leur rédaction. Quant aux lois moins preffantes ou très-volumineufes, leur expédition ne pourra être retardée plus de trois jours après l'adoption de leur rédaction.

VII. Le bulletin des lois fera envoyé par la pofte aux lettres. Le jour du départ & le jour de la réception feront conftatés de la même manière que les paquets chargés.

VIII. Ce bulletin fera adreffé directement, & jour par jour, à toutes les autorités conftituées, & à tous les fonctionnaires publics, chargés, ou de furveiller l'exécution, ou de faire l'application des lois. Ce bulletin fera auffi diftribué aux membres de la Convention.

IX. Dans chaque commune, la promulgation de la loi fera faite dans les vingt-quatre heures de fa réception, par une publication au fon de trompe ou de tambour; & la loi deviendra obligatoire à compter du jour de la promulgation.

X. Indépendamment de cette proclamation, dans chaque commune de la République, les lois feront lues aux citoyens dans un lieu public, chaque décadi, foit par le maire, foit par un officier municipal, foit par les préfidens de fection.

XI. Le traitement de chaque membre de la commiffion de l'envoi des lois fera de huit mille livres. Ces membres feront nommés par la Convention, fur une lifte préfentée par le comité de falut public.

XII. Le comité de falut public eft chargé de prendre toutes les mefures néceffaires pour l'exécution des articles précédens, & d'en rendre compte tous les mois à la Convention.

SECTION II.

Exécution des lois.

ARTICLE PREMIER.

La Convention nationale eft le centre unique de l'impulfion du gouvernement

II. Tous les corps conftitués & les fonctionnaires publics font mis fous l'infpection immédiate du comité de falut public, pour les mefures de gouvernement & de falut public, conformément au décret du 19 vendémiaire; & pour tout ce qui eft relatif aux perfonnes & à la police générale & intérieure, cette infpection particulière appartient au comité de sûreté générale de la Convention, conformément au décret du 17 feptembre dernier : ces deux comités font tenus de rendre compte à la fin de chaque mois, des réfultats de leurs travaux, à la Convention nationale. Chaque membre de ces deux comités eft perfonnellement refponfable de l'accompliffement de cette obligation.

III. L'exécution des lois fe diftribue en furveillance & en application.

IV. La furveillance active relativement aux lois & mefures militaires, aux lois adminiftratives, civiles & criminelles, eft déléguée au confeil exécutif, qui en rendra compte par écrit, tous les dix jours, au comité de falut public, pour lui dénoncer les retards & les négligences dans l'exécution des lois civiles & criminelles, des actes de gouvernement, & des mefures militaires & adminiftratives, ainfi que les violations de ces lois & de ces mefures, & les agens qui fe rendront coupables de ces négligences & de ces infractions.

V. Chaque miniftre eft en outre perfonnellement tenu de rendre un compte particulier & fommaire des opérations de fon département, tous les dix jours, au comité de falut public, & de dénoncer tous les agens qu'il emploie, & qui n'auroient pas exactement rempli leurs obligations.

VI. La furveillance de l'exécution des lois révolutionnaires & des mefures de gouvernement, de sûreté générale & de falut public dans les départemens, eft exclufivement attribuée aux diftricts, à la charge d'en rendre compte exactement tous les dix jours au comité de falut public, pour les mefures de gouvernement & de falut public, & au comité de furveillance de la Convention, pour ce qui concerne la police générale & intérieure, ainfi que les individus.

VII. L'application des mefures militaires appartient aux généraux & aux autres agens attachés au fervice des armées; l'application des lois militaires appartient aux tribunaux militaires; celle des lois relatives aux contributions, aux manufactures, aux grandes routes, aux canaux publics, à la furveillance des domaines nationaux, appartient aux adminiftrations de département; celle des lois civiles & criminelles, aux tribunaux : à la charge expreffe d'en rendre compte tous les dix jours au confeil exécutif.

VIII. L'application des lois révolutionnaires & des mefures de sûreté générale & de falut public eft confiée aux municipalités & aux comités de furveillance ou révolutionnaires, à la charge pareillement de rendre compte tous les dix jours, de l'exécution de ces lois, au diftrict de leur arrondiffement comme chargé de leur furveillance immédiate.

IX. Néanmoins, afin qu'à Paris l'action de la police n'éprouve aucune entrave, les comités révolutionnaires continueront de correfpondre, directement & fans aucun intermédiaire, avec le comité de sûreté générale de la Convention, conformément au décret du 17 feptembre dernier.

X. Tous les corps conftitués enverront auffi à la fin de chaque mois, l'analyfe de leurs délibérations & de leurs correfpondances à l'autorité qui eft fpécialement chargée, par ce décret, de les furveiller immédiatement.

XI. Il eft expreffément défendu à toute autorité & à tout fonctionnaire public de faire des proclamations, ou de prendre des arrêtés extenfifs, limitatifs ou contraires au fens littéral de la loi, fous prétexte de l'interpréter ou d'y fuppléer.

A la Convention feule appartient le droit de donner l'interprétation des décrets, & l'on ne pourra s'adreffer qu'à elle feule pour cet objet.

XII. Il eft également défendu aux autorités intermédiaires, chargées de furveiller l'exécution & l'application des lois, de prononcer aucune décifion & d'ordonner l'élargiffement des citoyens arrêtés. Ce droit appartient exclufivement à la Convention nationale, aux comités de falut public & de sûreté générale, aux repréfentans du peuple dans les départemens & près les armées, & aux tribunaux, en faifant l'application des lois criminelles & de police.

XIII. Toutes les autorités conftituées feront fédentaires, & ne pourront délibérer que dans le lieu ordinaire de leurs féances, hors les cas de force majeure, & à l'exception feulement des juges de paix & de leurs affeffeurs, & des tribunaux criminels des départemens, conformément aux lois qui confacrent leur ambulance.

XIV. A la place des procureurs-fyndics de diftrict, des procureurs de commune, & de leurs fubftituts, qui font fupprimés par ce décret, il y aura des agens nationaux fpécialement chargés de requérir & de pourfuivre l'exécution des lois, ainfi que de dénoncer les négligences apportées dans cette exécution, & les infractions qui pourroient fe commettre. Ces agens nationaux font autorifés à fe déplacer & à parcourir l'arrondiffement de leur territoire, pour furveiller & s'affurer plus pofitivement que les lois font exactement exécutées.

XV. Les fonctions des agens nationaux feront exercées par les citoyens qui occupent maintenant les places de procureurs-fyndics de diftrict, de procureurs des communes & de leurs fubftituts, à l'exception de ceux qui font dans le cas d'être deftitués.

XVI. Les agens nationaux attachés aux diftricts, ainfi que tout autre fonctionnaire public chargé perfonnellement par ce décret, ou de requérir l'exécution de la loi, ou de la furveiller plus particulièrement, font tenus d'entretenir une correfpondance exacte avec les comités de falut public & de fûreté générale. Ces agens nationaux écriront aux deux comités tous les dix jours, en fuivant les relations établies par l'article X de cette fection, afin de certifier les diligences faites pour l'exécution de chaque loi, & dénoncer les retards, & les fonctionnaires publics négligens & prévaricateurs.

XVII. Les agens nationaux attachés aux communes font tenus de rendre le même compte au diftrict de leur arrondiffement, & les préfidens des comités de furveillance & révolutionnaires entretiendront la même correfpondance, tant avec le comité de fûreté générale, qu'avec le diftrict chargé de les furveiller.

XVIII. Les comités de falut public & de fûreté générale font tenus de dénoncer à la Convention les agens nationaux & tout autre fonctionnaire public chargé perfonnellement de la furveillance ou de l'application des lois, pour les faire punir conformément aux difpofitions portées dans le préfent décret.

XIX. Le nombre des agens nationaux, foit auprès des diftricts, foit auprès des communes, fera égal à celui des procureurs-fyndics de diftrict & de leurs fubftituts, & des procureurs de commune & de leurs fubftituts, actuellement en exercice.

XX. Après l'épuration faite des citoyens appelés par ce décret à remplir les fonctions des agens nationaux près les diftricts, chacun d'eux fera paffer à la Convention nationale, dans les vingt-quatre heures de l'épuration, les noms de ceux qui auront été ou confervés ou nommés dans cette place; & la lifte en fera lue à la tribune, pour que les membres de la Convention s'expliquent fur les individus qu'ils pourront connoître.

XXI. Le remplacement des agens nationaux près les diftricts, qui feront rejettés, fera provifoirement fait par la Convention nationale.

XXII. Après que la même épuration aura été opérée dans les communes,
elles

elles enverront dans le même délai une pareille lifte au diftrict de leur arrondiffement, pour y être proclamée publiquement.

SECTION III.

Compétence des autorités conftituées.

ARTICLE PREMIER.

LE comité de falut public eft particulièrement chargé des opérations majeures en diplomatie; & il traitera directement ce qui dépend de ces mêmes opérations.

II. Les repréfentans du peuple correfpondront tous les dix jours avec le comité de falut public. Ils ne pourront fufpendre & remplacer les généraux que provifoirement, & à la charge d'en inftruire dans les vingt-quatre heures le comité de falut public; ils ne pourront contrarier ni arrêter l'exécution des arrêtés & des mefures de gouvernement pris par le comité de falut public; ils fe conformeront, dans toutes leurs miffions, aux difpofitions du décret du 6 frimaire.

III. Les fonctions du confeil exécutif feront déterminées d'après les bafes établies dans le préfent décret.

IV. La Convention fe réferve la nomination des généraux en chef des armées de terre & de mer. Quant aux autres officiers-généraux, les miniftres de la guerre & de la marine ne pourront faire aucune promotion, fans en avoir préfenté la lifte ou la nomination motivée au comité de falut public, pour être par lui acceptée ou rejettée. Ces deux miniftres ne pourront pareillement deftituer aucun des agens militaires nommés provifoirement par les repréfentans du peuple envoyés près les armées, fans en avoir fait la propofition écrite & motivée au comité de falut public, & fans que le comité l'ait acceptée.

V. Les adminiftrations de département reftent fpécialement chargées de la répartition des contributions entre les diftricts, & de l'établiffement des manufactures, des grandes routes & des canaux publics, de la furveillance des domaines nationaux. Tout ce qui eft relatif aux lois révolutionnaires, & aux mefures de gouvernement & de falut public, n'eft plus de leur reffort. En conféquence, la hiérarchie qui plaçoit les diftricts, les municipalités, ou toute autre autorité fous la dépendance des départemens, eft fupprimée, pour ce qui concerne les lois révolutionnaires & militaires, & les mefures de gouvernement, de falut public & de fûreté générale

VI. Les confeils généraux, les préfidens & les procureurs-généraux-fyndics des départemens, font également fupprimés. L'exercice des fonctions de préfident fera alternatif entre les membres du directoire, & ne pourra durer plus d'un mois. Le préfident fera chargé de la correfpondance, & de la réquifition & furveillance particulière dans la partie d'exécution confiée aux directoires de département.

VII. Les préfidens & les fecrétaires des comités révolutionnaires & de furveillance feront pareillement renouvelés tous les quinze jours, & ne pourront être rééius qu'après un mois d'intervalle.

VIII. Aucun citoyen déjà employé au fervice de la République, ne pourra exercer ni concourir à l'exercice d'une autorité chargée de la furveillance médiate ou immédiate de leurs fonctions.

IX. Ceux qui réuniffent ou qui concourent à l'exercice cumulatif de femblables autorités, feront tenus de faire leur option dans les vingt-quatre heures de la publication de la préfente loi.

X. Tous les changemens ordonnés par le préfent décret feront mis à exécution dans les trois jours à compter de la publication de ce décret.

XI. Les règles de l'ancien ordre établi, & auquel il n'eft rien changé par ce décret, feront fuivies jufqu'à ce qu'il ait été autrement ordonné. Seulement les fonctions du diftrict de Paris font attribuées au département, comme étant devenues incompatibles, par cette nouvelle organifation, avec les opérations de la municipalité.

XII. La faculté d'envoyer des agens appartient exclufivement au comité de falut public, aux repréfentans du peuple, au confeil exécutif & à la commiffion des fubfiftances. L'objet de leur miffion fera énoncé en termes précis dans leur mandat.

Ces miffions fe borneront ftrictement à faire exécuter les mefures révolutionnaires & de fûreté générale, les réquifitions & les arrétés pris par ceux qui les auront nommés.

Aucun de ces commiffaires ne pourra s'écarter des limites de fon mandat; & , dans aucun cas , la délégation des pouvoirs ne peut avoir lieu.

XIII. Les membres du confeil exécutif font tenus de préfenter la lifte motivée des agens qu'ils enverront dans les départemens , aux armées & chez l'étranger, au comité de falut public , pour être par lui vérifiée & acceptée.

XIV. Les agens du confeil exécutif & de la commiffion des fubfiftances font tenus de rendre compte exactement de leurs opérations aux repréfentans du peuple qui fe trouveront dans les mêmes lieux. Les pouvoirs des agens nommés par les repréfentans près les armées & dans les départemens, expireront dès que la miffion des repréfentans fera terminée, ou qu'ils feront rappelés par décret.

XV. Il eft expreffément défendu à toute autorité conftituée, à tout fonctionnaire public, à tout agent employé au fervice de la République, d'étendre l'exercice de leurs pouvoirs au-delà du territoire qui leur eft affigné, de faire des actes qui ne font pas de leur compétence, d'empiéter fur d'autres autorités & d'outre-paffer les fonctions qui leur font déléguées, ou de s'arroger celles qui ne leur font pas confiées.

XVI. Il eft auffi expreffément défendu à toute autorité conftituée d'altérer l'effence de fon organifation, foit par des réunions avec d'autres autorités, foit par des délégués chargés de former des affemblées centrales, foit par des commiffaires envoyés à d'autres autorités conftituées. Toutes les relations entre tous les fonctionnaires publics ne peuvent plus avoir lieu que par écrit.

XVII. Tous congrès ou réunions centrales établies, foit par les repréfentans du peuple, foit par les fociétés populaires, quelque dénomination qu'elles puiffent avoir, même de comité central de furveillance, ou de commiffion centrale révolutionnaire ou militaire, font révoquées & expreffément défendues par ce décret, comme fubverfives de l'unité d'action du gouvernement, & *tendant au fédéralifme* ; & celles exiftantes fe diffoudront dans les vingt-quatre heures, à compter du jour de la publication du préfent décret.

XVIII. Toute armée révolutionnaire, autre que celle établie par la Convention, & commune à toute la République, eft licenciée par le préfent décret ; & il eft enjoint à tous citoyens incorporés dans de femblables inftitutions militaires, de fe féparer dans les vingt-quatre heures, à compter de la publication du préfent décret, fous peine d'être regardés comme rebelles à la loi, & traités comme tels.

XIX. Il eft expreffément défendu à toute force armée, quelle que foit fon inftitution ou fa dénomination, & à tous chefs qui la commandent, de faire des actes qui appartiennent exclufivement aux autorités civiles conftituées, même des vifites domiciliaires, fans un ordre écrit & émané de ces autorités ; lequel ordre fera exécuté dans les formes prefcrites par les décrets.

XX. Aucune force armée, aucune taxe, aucun emprunt forcé ou volontaire, ne pourront être levés qu'en vertu d'un décret. Les taxes révolutionnaires des repréfentans du peuple n'auront d'exécution qu'après avoir été approuvées par la Convention, à moins que ce ne foit en pays ennemi ou rebelle.

XXI. Il eft défendu à toute autorité conftituée de difpofer des fonds publics, ou d'en changer la deftination, fans y être autorifée par la Convention ou par une réquifition expreffe des repréfentans du peuple, fous peine d'en répondre perfonnellement.

SECTION IV.

Réorganifation & épuration des Autorités conftituées.

ARTICLE PREMIER.

Le comité de falut public eft autorifé à prendre toutes les mefures

néceffaires pour procéder au changement d'organifation des autorités conftituées, portées dans le préfent décret.

II. Les repréfentans du peuple dans les départemens font chargés d'en
affurer & d'en accélérer l'exécution ; comme auffi d'achever fans délai
l'épuration complète de toutes les autorités conftituées, & de rendre un
compte particulier de ces deux opérations à la Convention nationale, avant
la fin du mois prochain.

SECTION V.

De la pénalité des Fonctionnaires publics & des autres Agens de la
République.

ARTICLE PREMIER.

Les membres du confeil exécutif, coupables de négligence dans la
furveillance & dans l'exécution des lois pour la partie qui leur eft attribuée,
tant individuellement que collectivement, feront punis de la privation du
droit de citoyen pendant fix ans, & de la confifcation de la moitié des
biens du condamné.

II. Les fonctionnaires publics falariés & chargés perfonnellement, par ce
décret, de requérir & de fuivre l'exécution des lois, ou d'en faire l'application, & de dénoncer les négligences, les infractions, & les fonctionnaires & autres agens coupables placés fous leur furveillance, & qui
n'auront pas rigoureufement rempli ces obligations, feront privés du droit
de citoyen pendant cinq ans, & condamnés pendant le même temps à la
confifcation du tiers de leur revenu.

III. La peine des fonctionnaires publics non falariés & chargés perfonnellement des mêmes devoirs, & coupables des mêmes délits, fera
la privation du droit de citoyen pendant quatre ans.

IV La peine infligée aux membres des corps judiciaires, adminiftratifs,
municipaux & révolutionnaires, coupables de négligence dans la furveillance ou dans l'application des lois, fera la privation du droit de citoyen pendant quatre ans, & une amende égale au quart du revenu de
chaque condamné pendant une année pour les fonctionnaires falariés, & de
trois ans d'exclufion de l'exercice des droits de citoyen pour ceux qui ne
reçoivent aucun traitement.

V. Les officiers généraux & tous agens attachés aux divers fervices des
armées, coupables de négligence dans la furveillance, exécution & application des opérations qui leur font confiées, feront punis de la privation
des droits de citoyen pendant huit ans, & de la confifcation de la moitié
de leurs biens.

VI. Les commiffaires & agens particuliers nommés par les comités de
falut public & de fûreté générale, par les repréfentans du peuple près les

armées & dans les départemens, par le confeil exécutif & la commiffion des fubfiftances, coupables d'avoir excédé les bornes de leur mandat, ou d'en avoir négligé l'exécution, ou de ne s'être foumis aux difpofitions du préfent décret, & notamment à l'article XIII de la feconde fection, en ce qui les concerne, feront punis de cinq ans de fers.

VII. Les agens inférieurs du gouvernement, même ceux qui n'ont aucun caractère public, tel que les chefs de bureaux, les fecrétaires, les commis de la Convention, du confeil exécutif, des diverfes adminiftrations publiques, de toute autorité conftituée, ou de tout fonctionnaire public qui a des employés, feront punis par la fufpenfion du droit de citoyen pendant trois ans, & par une amende du tiers du revenu du condamné pendant le même efpace de temps, pour caufe perfonnelle de toutes négligences, retards volontaires, ou infractions commifes dans l'exécution des lois, des ordres & des mefures de gouvernement, de falut public & d'adminiftration dont ils peuvent être chargés.

VIII. Toute infraction à la loi, toute prévarication, tout abus d'autorité, commis par un fonctionnaire public, ou par tout autre agent principal & inférieur du gouvernement & de l'adminiftration civile & militaire, qui reçoivent un traitement, feront punis de cinq ans de fers & de la confifcation de la moitié des biens du condamné ; & pour ceux non falariés, coupables des mêmes délits, la peine fera la privation du droit de citoyen pendant fix ans, & la confifcation du quart de leurs revenus pendant le même temps.

IX. Tout contrefacteur du bulletin des lois fera puni de mort.

X. Les peines infligées pour les retards & négligences dans l'expédition, l'envoi & la réception du bulletin des lois, font, pour les membres de la commiffion de l'envoi des lois, & pour les agens de la pofte aux lettres, la condamnation à cinq années de fers, fauf les cas de force majeure légalement conftatés.

XI. Les fonctionnaires publics, ou tous autres agens foumis à une refponfabilité folidaire, & qui auront averti la Convention du défaut de furveillance exacte, ou de l'inexécution d'une loi, dans le délai de quinze jours, feront exceptés des peines prononcées par ce décret.

XII. Les confifcations ordonnées par les précédens articles feront verfées dans le tréfor public ; après toutefois avoir prélevé l'indemnité due au citoyen léfé par l'inexécution ou la violation d'une loi, ou par un abus d'autorité.

CHAPITRE II.

*Etabliſſement & organiſation des comités, & indemnités accordées
à leurs membres.*

*Décret portant établiſſement dans chaque commune, d'un comité compoſé de
douze citoyens chargés de recevoir les déclarations des étrangers.*

21 mars 1793. — 23 mars. (n°. 598).

La Convention nationale, conſidérant qu'à l'époque où des deſpotes
coaliſés menacent la République, plus encore par les efforts de leurs intrigues que par le ſuccès de leurs armes, il eſt de ſon devoir de prévenir les
complots liberticides ;

Conſidérant qu'ayant reçu du peuple Français la miſſion de lui préſenter
une conſtitution fondée ſur les principes de la liberté & de l'égalité, elle
doit, en redoublant de ſurveillance, empêcher que les ennemis de l'intérieur
ne parviennent à étouffer le vœu des patriotes ; & ne ſubſtituent des volontés
privées à la volonté générale :

Voulant enfin donner aux magiſtrats du peuple tous les moyens d'éclairer
le mal, & d'en arrêter les progrès, décrète ce qui ſuit :

ARTICLE PREMIER.

Il ſera formé dans chaque commune de la République, & dans chaque
ſection de communes diviſées en ſections, à l'heure qui ſera indiquée à
l'avance par le conſeil général, un comité compoſé de douze citoyens.

II. Les membres de ce comité, qui ne pourront être choiſis ni parmi les
eccléſiaſtiques, ni parmi les ci-devant nobles, ni parmi les ci-devant ſeigneurs de l'endroit & les agens des ci-devant ſeigneurs, ſeront nommés
au ſcrutin, & à la pluralité des ſuffrages.

III. Il faudra, pour chaque nomination, autant de fois *cent votans* que
la commune ou ſection de commune contiendra de fois mille ames de
population.

IV. Le comité de la commune, ou chacun des comités des ſections de
commune, ſera chargé de recevoir pour ſon arrondiſſement les déclarations
de tous les étrangers actuellement réſidant dans la commune, ou qui pourront y arriver.

V. Ces déclarations contiendront les noms, âge, profeſſion, lieu de
naiſſance & moyens d'exiſter du déclarant.

VI. Elles ſeront faites dans les huit jours après la publication du préſent
décret ; le tableau en ſera affiché & imprimé.

VII. Tout étranger qui aura refusé ou négligé de faire sa déclaration devant le comité de la commune ou de la section sur laquelle il résidera, dans le délai ci-dessus prescrit, sera tenu de sortir de la commune sous vingt-quatre heures, & sous huit jours du territoire de la République.

VIII. Tout étranger né dans les pays avec les gouvernemens desquels les Français sont en guerre, qui, en faisant sa déclaration, ne pourra pas justifier devant le comité, ou d'un établissement formé en France, ou d'une profession qu'il y exerce, ou d'une propriété immobiliaire acquise, ou de ses sentimens civiques, par l'attestation de six citoyens domiciliés depuis un an dans la commune, ou dans la section, si la commune est divisée en sections, sera également tenu de sortir de la commune sous vingt-quatre heures, & sous huit jours du territoire de la République : dans le cas contraire, il lui sera délivré un certificat d'autorisation de résidence.

IX. Les étrangers qui n'auront pas en France de propriété, ou qui n'y exerceront pas une profession utile, seront tenus, sous les peines y portées, outre les certificats de six citoyens, de donner caution jusqu'à concurrence de la moitié de leur fortune présumée.

X. Tous ceux que la disposition des précédens articles excluroit du territoire français, & qui n'en seroient pas sortis au délai fixé, seront condamnés à dix ans de fers, & poursuivis par l'accusateur public du lieu de leur résidence.

XI. Les déclarations faites devant le comité seront, en cas de contestations, soit sur lesdites déclarations, soit sur la décision, portées devant le conseil général ou devant l'assemblée de la section, qui statueront sommairement & définitivement ; & à cet effet, lorsque le conseil ou les sections d'une commune suspendront leur séance, il sera préalablement indiqué sur le regiftre, l'heure à laquelle le retour de la séance sera fixé.

XII. Hors les cas de convocation extraordinaire, desquels l'objet, la nécessité ou la forme seront constatés sur le regiftre, toute délibération arrêtée dans l'intervalle de suspension des séances est annullée par le fait ; le président & le secrétaire qui l'auront signée, seront poursuivis devant le tribunal de police corectionnelle, & condamnés à trois mois de détention.

XIII. Tout étranger saisi dans une émeute, ou qui seroit convaincu de l'avoir provoquée ou entretenue par voie d'argent ou de conseil, sera puni de mort.

Décret interprétatif de l'article III de la Loi du 21 mars, relatif à la formation d'un comité de surveillance dans chaque section.

30 mars 1793. — *même jour.* (n°. 654).

La Convention nationale, interprétant l'article III de la loi du 21 mars courant, décrète que sur mille citoyens ayant droit de voter dans la section,

il faudra les suffrages de cent pour l'élection des membres qui doivent compo-
ser le comité de surveillance.

*Décret qui ordonne le renouvellement des comités de surveillance des étrangers
des différentes sections de Paris, dans la formation desquels la loi de leur
établissement a été violée, & qui leur défend de se qualifier Comités révolutionnaires.*

26 mai 1793. — 29 *du même mois.* (n°. 915.)

La Convention nationale, après s'être fait rendre compte par son comité
de législation, des motifs de plusieurs mandats d'arrêt qui ont été décernés
par le comité de surveillance des étrangers de la section de l'Unité, contre
différens citoyens de la même section, décrète ce qui suit :

A R T I C L E   P R E M I E R.

Les scellés apposés chez les citoyens *Leroux, Porro, Boissieu, Seigniaud,*
feront levés dans le cas où ils ne l'auroient point encore été, par un des juges
de paix voisin de la section de l'Unité, par eux requis. Les papiers & autres
effets trouvés sur ces particuliers lors de leur arrestation, leur feront rendus
s'ils ne contiennent rien de criminel.

II. Le citoyen *Letellier*, professeur au collége des Quatre-Nations, fera à
l'instant mis en liberté.

III. Le ministre de l'intérieur se fera rapporter tous les procès-verbaux de
nomination de tous les comités de surveillance des étrangers des différentes
sections de Paris, & notamment celui de la section de l'Unité. Il poursuivra
le renouvellement de tous ceux dans la formation desquels la loi de leur établissement aura été violée ; il rendra compte, dans le délai de trois jours, de
l'exécution de cet article.

IV. Il est défendu aux comités de section établis pour la surveillance des
étrangers, de se qualifier *comités révolutionnaires*, & d'excéder les pouvoirs
qui leur sont attribués par la loi du 21 mars, sous les peines portées au code
pénal contre les auteurs d'actes arbitraires.

V. La Convention nationale, voulant tarir la source des plaintes qui lui
sont parvenues relativement à l'ignorance où on laisse la plupart des détenus,
des causes de leur arrestation, enjoint aux ministres de la justice & de
l'intérieur de donner les ordres les plus précis dans leurs départemens respectifs, pour que les articles VI du titre II, & V & VI du titre XIII de la
loi du 16 septembre 1791, sur la police de sûreté, faits pour prévenir un
inconvénient aussi grave, soient exactement observés.

Décret

Décret qui maintient provisoirement les comités de salut public établis dans les départemens de la République.

4 juin 1793. — *6 du même mois.* (954.)

La Convention nationale décrète que les comités de salut public établis dans les départemens de la République, soit par les commissaires de la Convention nationale, soit par les autorités constituées, pour veiller au maintien de la tranquillité publique, sont provisoirement maintenus sous la condition de référer de toutes leurs opérations aux comités de sûreté générale & de salut public de la Convention nationale.

Renvoie à son comité de salut public pour lui présenter un mode d'organisation.

Décret relatif aux comités de salut public & sociétés populaires.

13 juin. — 13 *du même mois.* (1006.)

La Convention nationale décrète ce qui suit :

A R T I C L E   P R E M I E R.

Seront immédiatement & provisoirement élargis les membres des comités de salut public & des sociétés populaires mis en état d'arrestation à Toulouse, & par-tout ailleurs où des autorités constituées qui se font coalisées pour établir le fédéralisme, ou qui ont pris des arrêtés contraires à la loi & aux décrets de la Convention, se seroient permis de pareilles arrestations depuis le 1er mai dernier.

II. Il est fait défense aux autorités constituées de troubler les citoyens dans le droit qu'ils ont de se réunir en sociétés populaires.

III. Le présent décret sera envoyé par des couriers extraordinaires.

Décrets relatifs à la composition des comités de salut public, & à l'indemnité accordée à leurs membres.

5 septembre 1793. — *même jour.* (1484.)

La Convention nationale décrète :

A R T I C L E   P R E M I E R.

Il sera présenté dans le jour même, par les comités de salut public de
Code des Comités de surveillance, &c.   C

Paris, la lifte de leurs membres au confeil général de la commune, qui eft autorifé à les épurer & à en nommer d'autres provifoirement.

II. Seront exclus de ces comités tous les ci-devant nobles & les prêtres non mariés.

Du même jour.

La Convention nationale décrète :

ARTICLE PREMIER.

Il fera accordé une indemnité de trois livres par jour aux membres des comités de falut public.

II. Les fonds néceffaires à cette indemnité feront fournis par une contribution établie fur les riches.

Décret relatif à l'indemnité des membres compofant les comités révolutionnaires des fections de Paris.

18 brumaire. — 24 *du même mois.* (1871.)

La Convention nationale, après avoir entendu fon comité des finances, décrète :

ARTICLE PREMIER.

L'indemnité des membres compofant les comités révolutionnaires des fections de Paris, eft portée à 5 livres par jour, depuis leur entrée en fonctions, attendu la continuité de leurs travaux.

II. Cette fomme fera avancée par le tréfor public, & recouvrée fur les détenus.

III. Pour effectuer ces paiemens & recouvremens, il fera formé par la municipalité de Paris un état de la dépenfe effective, occafionnée par l'organifation de ces comités, d'après les bafes du préfent décret, & le montant de cette dépenfe fera réparti fur les détenus par un rôle particulier, à la diligence du procureur de la commune. Le recouvrement en fera fait par les percepteurs des contributions ordinaires, qui en verferont le produit au tréfor public.

IV. Ceux qui feront reconnus avoir été détenus injuftement, obtiendront décharge des fommes pour lefquelles ils auront été compris dans le rôle. Cette décharge fera arrêtée par le département, à vue des arrêtés portant le renvoi des détenus.

Décret qui ordonne l'envoi aux comités révolutionnaires des lois dont l'exécution leur eft confiée.

13 feptembre 1793. — 16 *du même mois.* (1547.)

La Convention nationale décrète que toutes les lois relatives à la sûreté générale, & dont l'exécution est confiée aux comités révolutionnaires, feront envoyées à ces comités dans toute l'étendue de la République.

Décret qui ordonne que les comités de salut public porteront le nom de comités de surveillance.

25 septembre. — *26 du même mois.* (1606.)

La Convention nationale, après avoir entendu le rapport du comité de salut public, décrète que le comité de salut public de la Convention nationale portera seul cette dénomination; les autres comités de ce nom établis dans les diverses sections ou départemens de la République, feront appelés *comités de surveillance.*

Décret relatif à l'intitulé des arrêtés & actes des autorités constituées.

5 Brumaire. — *6 du même mois.* (1793.)

La Convention nationale, après avoir entendu le rapport du comité de salut public, décrète qu'il est défendu à toutes autorités constituées, autres que les représentans du peuple, d'intituler *Au nom du Peuple Français*, leurs arrêtés, proclamations ou toute autre espèce d'acte, sous peine d'être poursuivis comme coupables d'attentat à l'unité & l'indivisibilité de la République.

Décret portant qu'il sera ouvert dans chaque comité revolutionnaire , un registre des Offrandes faites à la Patrie en Chemises, Bas & Souliers.

19 Brumaire — *20 du même mois.* (1859.)

La Convention nationale invite tous les bons citoyens à faire des offrandes à la patrie en chemises, bas, souliers, pour être distribués aux braves défenseurs qui composent nos armées; elle décrète qu'il sera ouvert, dans chaque comité révolutionnaire, ou dans chaque municipalité où il n'y auroit point de comité, un registre pour y inscrire les offrandes , & les noms de ceux qui les font.

Elle charge son comité de la guerre de présenter, dans le plus court délai, un projet de décret pour le rassemblement de toutes ces offrandes, & leur distribution aux troupes.

Décret qui exclut les Parens & Alliés jusqu'au quatrième degré , des mêmes Comités de Surveillance.

7 Frimaire — *9 du même mois.* (1931.)

La Convention nationale , sur la proposition d'un membre , décrète que les parens & alliés jusqu'au quatrième degré inclusivement , ne pourront être membres du même comité de surveillance.

Décret qui défend aux Autorités conftituées, autres que les Repréfentans du Peuple & Tribunaux, d'intituler leurs Actes, Au nom du Peuple Français.

14 Frimaire. — 16 du même mois. (1948.)

La Convention nationale, après avoir entendu le rapport du comité de falut public, décrète qu'il eft défendu à toutes autorités conftituées, autres que les repréfentans du peuple & les tribunaux, d'intituler *Au nom du Peuple Français*, leurs arrêtés, proclamations ou toute autre efpèce d'acte, fous peine d'être pourfuivis comme coupables d'attentat à l'unité & à l'indivifibilité de la République.

Décret portant que les municipalités demeurent fpécialement chargées, concurremment avec les comités de furveillance ou révolutionnaires, des fonctions de la police de sûreté générale, pour la recherche des crimes attentatoires à la liberté, à l'égalité, d l'unité & indivifibilité de la République.

18 Nivôfe. — 24 Nivôfe. (2053.)

La Convention nationale, après avoir entendu le rapport de fon comité de légiflation fur les moyens de raccorder les difpofitions de la loi du 11 août 1792 (1), relative à la police de sûreté générale, avec les difpofitions des lois fubféquentes, & de faire ceffer les difficultés qui entravent l'exécution des unes & des autres, décrète ce qui fuit :

A R T I C L E   P R E M I E R.

Les municipalités demeurent fpécialement chargées, concurremment avec les comités de furveillance ou révolutionnaires, des fonctions de la police de sûreté générale, pour la recherche des crimes attentatoires à la liberté, à l'égalité, à l'unité & indivifibilité de la République, à la sûreté intérieure & extérieure de l'Etat, ainfi que des complots tendant à rétablir la royauté ou à établir toute autre autorité contraire à la fouveraineté du peuple.

II. Tous ceux qui auront connoiffance d'un délit de la qualité énoncée en l'article précédent feront tenus d'en donner avis fur-le-champ à la municipalité ou au comité de furveillance ou révolutionnaire, & de faire au fecrétariat de l'un ou de l'autre la remife de toutes les pièces & renfeignemens qui y feroient relatifs.

III. La municipalité ou le comité de furveillance fera fans délai toutes les informations néceffaires pour s'affurer du corps du délit, & de la perfonne des prévenus, s'il y a lieu.

____

(1) Voyez après ce décret la loi rapportée page 28.

IV. Dans le cas où le mandat d'arrêt feroit décerné contre un ou plu-. fieurs prévenus, la municipalité ou le comité de furveillance fera, dans les vingt-quatre heures , paffer au directoire du diftrict les pièces, procès-verbaux ou interrogatoires qui auront déterminé le mandat; & le récépiffé lui en fera adreffé fans délai.

V. Dans les 24 heures fuivantes , le directoire du diftrict fera paffer le tout à l'accufateur public du tribunal révolutionnaire, s'il s'agit de crimes dont la connoiffance exclufive appartient à ce tribunal , ou à l'accufateur public du tribunal criminel du département , s'il s'agit de crimes compris dans les lois des 19 mars, 7 & 10 avril 1793, & 30 Frimaire dernier. Le directoire de diftrict y joindra les notes & renfeignemens qu'il fera en état de fournir ; & il lui en fera pareillement envoyé auffitôt un ré-cépiffé.

VI. Tout dépofitaire de la force publique, & même tout citoyen , peut conduire devant la municipalité ou le comité de furveillance , un homme fortement foupçonné d'être coupable d'un délit contre la sûreté générale , fauf la refponfabilité , dans le cas où il auroit agi méchamment & par envie de nuire.

VII. Les municipalités & les comités de furveillance fe règleront fur les difpofitions de la loi en forme d'inftruction , du 19 feptembre 1791 , con-cernant la police de sûreté ; auquel effet ces difpofitions feront annexées au préfent décret , avec les changemens néceffaires pour les adapter aux ar-ticles ci-deffus.

En cas d'omiffion ou violation de quelqu'une des formes prefcrites par ces difpofitions , le tribunal à qui l'adminiftration de diftrict aura tranfmis les pièces, pourra, fuivant les circonftances, ordonner que les procédures feront renvoyées à la municipalité ou au comité de furveillance qui les aura faites , pour en réparer les défectuofités.

VIII. Dans le cas où l'on porteroit devant un juge-de-paix la dénon-ciation d'un crime de la qualité énoncée au premier article , il fera tenu d'en prononcer le renvoi devant la municipalité ou le comité de furveillance, & de faire remettre au fecrétariat de l'une ou de l'autre les pièces dont la dénonciation pourroit être appuyée, le tout dans les 24 heures ; & il lui fera délivré un récépiffé defdites pièces, ainfi que de fon ordonnance de renvoi.

IX. Réciproquement, les municipalités, comités de furveillance & ad-miniftrateurs de diftrict font tenus de renvoyer pardevant les juges-de-paix les prévenus de délits ordinaires qui peuvent leur être déférés ; & ils ne peuvent les renvoyer immédiatement devant le directeur du juré , que dans le cas où celui-ci eft autorifé par la loi à faire les fonctions d'officier de police de sûreté.

X. Il n'eft point dérogé , par les deux articles précédens , aux difpofitions des lois des 5 & 30 feptembre, 7 & 30 Frimaire derniers, fur l'exercice des fonctions de la police de sûreté dans les délits relatifs au dif-

crédit des affignats , aux fubfiftances , aux malverfations dans les effets &
biens nationaux , à l'embauchage , à la complicité d'émigration , à la fabrication , diftribution & introduction de faux affignats ou fauffe monnoie.

XI. Il n'eft pareillement dérogé en rien , par la préfente loi, aux difpofitions des décrets relatifs à l'arreftation des gens fufpects.

XII. Les difpofitions de la loi du 11 août 1792 , qui ne font pas comprifes
dans la préfente loi , font rapportées.

*Difpofitions extraites de la loi en forme d'inftruction , du 29 feptembre
1791 , & adaptées à la loi ci-deffus.*

La police , confidérée fous fes rapports avec la fûreté générale , doit
précéder l'action de la juftice. La vigilance doit être fon caractère principal : la liberté , la fouveraineté du peuple , le maintien de la République,
font les objets effentiels de fa follicitude.

La loi n'a point créé de nouveaux mandataires pour exercer la police de
fûreté générale ; elle l'a confiée aux municipalités & aux comités de furveillance , ou révolutionnaires , c'eft-à-dire , à des agens déja honorés par
le peuple du dépôt d'une grande confiance.

Ainfi l'on comprend fous le nom général d'officiers de police de fûreté
générale , les officiers municipaux & les membres des comités de furveillance.

Leurs fonctions , en cette qualité , confiftent :

1°. A recevoir les dénonciations qui leur font portées ;

2°. A conftater , par des procès-verbaux , les traces des délits qui en
laiffent quelques-unes après eux , & à recueillir les indications fur les individus qui s'en font rendus coupables ;

3°. A entendre les individus inculpés , & à s'affurer de leurs perfonnes.

§. Ier.

Il eft du droit , & même du devoir des citoyens de dénoncer tous les
délits dont ils ont connoiffance ; mais ce devoir eft encore bien plus facré,
lorfqu'il s'agit d'un attentat , foit contre la liberté & la fouveraineté du
peuple , foit contre l'unité & l'indivifibilité de la République : il n'y a que
des hommes lâches & faits pour ramper à jamais dans l'efclavage , qui puiffent
connoître un fi grand crime , & ne pas le dénoncer.

Rien n'eft plus éloigné des formes obfcures & perfides de la délation , que
la dénonciation civique ; mais elle ne prend le caractère généreux qui la dif-
tingue , & ne devient une véritable dénonciation civique , que par la fermeté
du dénonciateur , lorfqu'il confent à déclarer , fur la réquifition des officiers de
police , qu'il eft prêt à figner & affirmer fa dénonciation. Par cette démarche
le dénonciateur authentique impofe à l'officier de police la néceffité de donner
une fuite à la dénonciation qu'il lui porte , & d'entendre les témoins qu'il lui
indiquera.

Une dénonciation qui ne feroit point appuyée de la fignature & de l'affirmation du dénonciateur, ne feroit plus une dénonciation civique proprement dite, mais un fimple renfeignement qui n'obligeroit les officiers de police à commencer des procédures qu'autant qu'il feroit appuyé de quelques indices.

Le dénonciateur doit, pour juftifier, autant qu'il lui eft poffible dans ce premier moment, les faits qu'il allègue, amener avec lui les témoins qui en ont connoiffance: cette précaution eft néceffaire, autant pour conftater le degré de croyance que mérite la dénonciation, que pour préparer à la juftice les moyens de juger de la vérité des faits fur lefquels elle aura à prononcer, en lui indiquant d'avance une partie des perfonnes qui en font inftruites, & dans les déclarations defquelles peuvent fe trouver d'utiles renfeignemens qui conduiront à découvrir d'autres témoins.

Les officiers de police doivent donc recevoir les déclarations des témoins produits par le dénonciateur, & en tenir procès-verbal.

Le procès-verbal comprendra les noms & furnoms, l'âge, la demeure & la qualité du témoin.

Si le dénonciateur n'amenoit pas avec lui des témoins, mais fe contentoit d'en indiquer, les officiers de police doivent alors les faire comparoître devant eux, & fe conformer, pour leur audition, à tout ce qui a été dit des témoins amenés par le dénonciateur.

Cette évocation des témoins doit fe faire en vertu d'une cédule délivrée par les officiers de police, laquelle eft notifiée aux témoins, foit par un huiffier, foit par un gendarme, foit par un garde national de fervice. Cette cédule doit indiquer le jour, l'heure & le lieu de la comparution des témoins.

<h3 style="text-align:center">§. I I.</h3>

Tout délit dont l'exiftence & les circonftances peuvent être conftatées par un procès-verbal, doit l'être ainfi dans l'inftant le plus voifin du temps où il a été commis.

En effet, plus cet acte fuit de près l'époque où le délit a eu lieu, & plus les renfeignemens font véridiques & propres, foit à faire connoître le délit en lui-même, foit à défigner quel en eft l'auteur: il eft donc du devoir des municipalités & des comités de furveillance, auffitôt qu'un délit femblable parvient à leur connoiffance, foit par une dénonciation, foit par la rumeur publique, de nommer à l'inftant un commiffaire qui fe tranfportera fur les lieux, fe fera au befoin accompagner des perfonnes qui feront défignées, par leur art, comme les plus capables d'en apprécier la nature & les circonftances, & après avoir vifité avec elles toutes les traces qu'il pourra découvrir, les confignera dans un procès-verbal.

Toutes les perfonnes qui peuvent donner des renfeignemens utiles doivent comparoître à ce procès-verbal; leurs déclarations doivent y être reçues fommairement ; elles doivent le figner , ou déclarer qu'elles ne le peuvent ou ne le favent, & il doit en être fait mention.

Pour compléter , autant qu'il eft poffible, les notions précieufes qui doivent être recueillies dans le premier inftant , le commiffaire peut défendre que qui que ce foit, jufqu'à la clôture du procès-verbal , forte ou s'éloigne du lieu où il s'eft tranfporté ; & il peut contraindre ainfi les contrevenans , en les faififfant eux-mêmes fur-le-champ, à éclairer la fociété fur les faits qu'il lui importe de connoître.

§. I I I.

Lorfqu'il réfulte, foit d'une dénonciation, foit des pièces remifes par le dénonciateur, foit de la rumeur publique , foit d'un procès-verbal , une preuve quelconque , ou même des indices frappans contre quelques particuliers , les officiers de police peuvent & doivent même l'obliger à comparoître devant eux.

L'ordre qu'ils donnent à cet effet s'appelle *mandat d'amener* : ils ne peuvent refufer de décerner ce mandat toutes les fois qu'un citoyen s'eft rendu dénonciateur civique , en fignant & affirmant la dénonciation.

Les formes requifes dans un *mandat d'amener* font , 1°. la défignation claire & précife , autant que faire fe peut, de l'individu contre lequel il eft décerné; 2°. qu'il foit figné au moins de trois membres, & fcellé du fceau de la municipalité ou du comité de furveillance.

Les mandats d'amener doivent être portés par des agens de la force publique. Le prévenu qui refuferoit d'y obéir, devroit y être contraint par la force.

Il y a deux cas où un prévenu peut être traduit fans mandat d'amener devant les officiers de police.

Le premier eft lorfqu'un commiffaire , foit de la municipalité , foit du comité de furveillance , après avoir pris des renfeignemens fur le lieu où il s'eft tranfporté pour dreffer procès-verbal, trouve des raifons de fufpecter un citoyen. Il peut, en ce cas , le faire faifir fur-le-champ , & le faire conduire, foit devant la municipalité, foit devant le comité de furveillance.

Le fecond cas eft lorfqu'un délinquant eft furpris en flagrant délit. Tout dépofitaire de la force publique, & même tout citoyen , doit alors s'employer de lui-même à le faifir pour le remettre entre les mains des officiers de police.

On doit, à cet égard, confidérer comme équivalent au cas de flagrant délit, celui où un délinquant , furpris au milieu de fon crime , eft pourfuivi à la clameur publique ; & celui où un particulier eft trouvé faifi d'effets, de pièces ou de fignes qui annoncent un attentat ou un complot contre la fûreté générale.

Si le prévenu , amené devant fa municipalité ou le comité de furveillance, détruit les inculpations qui ont décidé à le faire comparoître , & s'il fe juf-
tifie

tifie pleinement, la municipalité ou le comité de furveillance ne doit pas héfiter à le renvoyer en liberté.

S'il ne détruit pas les inculpations, & fi elles demeurent vraifemblables, la municipalité ou le comité de furveillance délivrera un ordre·pour faire conduire le prévenù à la maifon d'atrêt du diftrict. Cet ordre fe nomme *mandat d'arrêt.*

Ce mandat d'arrêt doit contenir le nom & domicile du prévenu, fi celui-ci l'a déclaré, ou faire mention de fon refus de s'expliquer à ce fujet. Il doit contenir aufli le fujet de l'arreftation, être fcellé du fceau de la municipalité ou du comité de furveillance, & être figné de la majorité des membres de l'un ou de l'autre, fauf ce qui a été réglé, par rapport à la municipalité de Paris, par l'article XIII du titre premier de la loi du 19 feptembre 1792.

Les réponfes du prévenu, amené à l'examen des officiers de police, doivent être rédigées en un procès-verbal ·tenu par eux, & figné d'eux & du prévenu. Ce procès-verbal doit être joint aux déclarations des témoins, aux procès-verbaux du corps du délit, & aux autres pièces que la municipalité ou le comité de furveillance eft chargé par la loi d'envoyer à l'adminiftration du diftrict.

Formules des divers actes mentionnés dans l'inftruction ci-deffus.
Dénonciation.

Aux citoyens maire & officiers municipaux, ou préfident & membres du comité de furveillance de la commune de . . . (*cette forme eft pour le cas où la dénonciation eft rédigée par le denonciateur.*)

Pierre, laboureur, demeurant à . . vous repréfente que Claude, ci-devant marquis, demeurant à . . . (*expofer les faits avec toutes leurs circonftances.*) Pourquoi l'expofant déclare qu'il vous dénonce les faits ci-deffus dont il offre d'affirmer la vérité, & qui feront atteftés par les témoins amenés avec lui; demande acte de la remife qu'il fait en vos mains de la perfonne dudit Claude, ainfi que des papiers & emblêmes contre-révolutionnaires dont il a été trouvé faifi, & vous requiert d'agir conformément à la loi.

Le dénonciateur figne à toutes les pages. Les officiers municipaux ou les membres du comité de furveillance fignent de même, & ajoutent au bas ce qui fuit:

La préfente dénonciation, fignée de Pierre, nous a été préfentée le . . l'an . . de la République, à dix heures du matin, par ledit Pierre, lequel a affirmé, fur notre réquifition, que les faits étoient tels qu'il les avoit expofés dans fa dénonciation : en conféquence, nous lui avons donné acte de la remife qu'il fait en nos mains de la perfonne de Claude . . . . . préfent; & attendu la préfence des témoins amenés par Pierre, nous avons ·reçu leurs déclarations fur les faits contenus en fa dénonciation, defquelles déclarations il a été tenu note par notre fecrétaire-greffier, pour fervir & valoir ce qu'il appartiendra. Au furplus, difons que fur-le-champ, *tel*, l'un de

nous, fe tranfportera *en tel endroit*, pour, en fa préfence , être fait vifite
& perquifition dans la maifon dudit Claude, & prendre tous les éclaircifiemens
relatifs au délit qui nous eft dénoncé : à l'effet de quoi ledit Claude fera re-
conduit, fous bonne & sûre garde, à ladite maifon, pour être préfent aux
opérations qui pourront être faites, & recevoir fes déclarations.

*Si le dénonciateur ne rédige pas fa dénonciation, & requiert les membres de la
municipalité ou du comité de furveillance de la rédiger, ceux ci dreffent un procès-
verbal en cette forme :*

L'an . . . de la République, le . . . du mois . . . , dix heures du
matin, s'eft préfenté devant nous, maire & officiers municipaux, *ou* membres
du comité de furveillance de la commune de . . . Pierre, laboureur,
demeurant à . . . lequel nous a requis de recevoir la dénonciation
qu'il vient nous faire des faits ci-après détaillés, à quoi nous avons procédé,
d'après fes déclarations, ainfi qu'il fuit : . . . . . . , . . .
Tous lefquels faits il a affirmé être tels qu'il les a déclarés, & a figné avec
nous au bas de chaque page du préfent acte.

Cédule pour appeler les témoins.

Nous, maire & officiers municipaux ou membres du comité de furveillance
de la commune de ... mandons & ordonnons à tous huifliers, gendarmes &
gardes nationaux d'affigner Charles ..., Paul ..., Antoine..., &c., témoins
indiqués par ..., & tous autres qui pourroient être indiqués par la
fuite, à comparoître en perfonne pardevant nous le . . . heure, pour
faire leurs déclarations fur les faits & circonftances contenues en la dénonciation faite par Pierre . . .

     A   le   *Signé*,

Affignation en vertu de la cédule ci-deffus.

L'an . . . . de la République, le . . . . en vertu de la cédule délivrée par . . . . le . . . . je . . . huiflier . . . .
ou gendarme . . . ou garde national de . . . , ai affigné Charles,
laboureur, demeurant à . . . , à comparoître le . . . , heure,
par devant les citoyens maire & officiers municipaux, *ou* membres du comité de furveillance de . . . , à l'effet de faire fa déclaration fur les
faits contenus en la dénonciation mentionnée en ladite cédule ; lui déclarant
que, faute de comparoître fur la préfente affignation, il y fera contraint
par les voies indiquées par la loi ; & pour qu'il n'en prétexte caufe d'ignorance, je lui ai laiflé copie, tant de ladite cédule que du préfent
acte.

Procès-verbal des déclarations des témoins.

L'an . . . . . de la République, le . . . . . pardevant nous maire

& officiers municipaux , *ou* membres du comité de furveillance de . . .
font comparus *tel & tel* , témoins amenés par . . . . . ou appelés en
vertu de la cédule délivrée par nous, le . . . . à l'effet de déclarer
les faits & circonftances qui font à leur connoiffance, au fujet du délit
mentionné dans la dénonciation faite par Pierre . . , lefquels témoins
ci-deffus nommés ont fait leurs déclarations ainfi qu'il fuit :

Charles , laboureur , demeurant à . . . . âgé de . . . a dit n'être
parent ni allié des dénonciateurs. ni du prévenu, & a déclaré que le . . .
heure . . . . il a vu, &c , & a figné fa déclaration ou déclaré ne
favoir figner.

Mandat d'amener.

Nous maire & officiers municipaux , *ou* membres du comité de furveillance de . . . diftrict de . . . département de . . . mandons
& ordonnons à tous exécuteurs de mandemens de juftice d'amener pardevant nous, en fe conformant à la loi, Claude . . . demeurant à . .
rue . . . âgé d'environ . . . taille de . . . cheveux bruns, pour
être entendu fur les inculpations dont il eft prévenu.

Requérons tous dépofitaires de la force publique de prêter main-forte , en
cas de néceffité, pour l'exécution du préfent mandat.

A , , le , . l'an . . de la République. (*Signatures & fceau.*)

Procès-verbal dreffé par le porteur d'un mandat d'amener.

L'an . . de la République , le . . je . . fouffigné , en vertu du
mandat d'amener, délivré par . . le . . figné d'eux & fcellé, me fuis
tranfporté au domicile de Claude . . demeurant à . . auquel, parlant
à fa perfonne, j'ai notifié le mandat d'amener dont j'étois porteur, le re-
quérant de me déclarer s'il entend y obéir, & fe rendre pardevant lefdits . . à quoi il m'a répondu être prêt à obéir à l'inftant. En conféquence , j'ai conduit ledit Claude pardevant . . pour y être entendu, &
être ftatué à fon égard ce qu'il appartiendra ; & j'ai de tout ce que deffus
dreffé le préfent procès-verbal.

(*Si l'inculpé refufe d'obéir, le porteur du mandat d'amener doit rédiger ainfi
fon procès-verbal.*) Lequel m'a répondu qu'il ne vouloit point obéir audit
mandat d'amener ; je lui ai vainement repréfenté que fa réfiftance injufte ne
pouvoit le difpenfer d'obéir à la loi, & m'obligeoit à ufer des moyens
de force que j'étois autorifé à employer. Ledit Claude s'eft obftiné à refufer d'obéir au mandat. En conféquence, je l'ai faifi au corps, étant affifté
de . . . . & j'ai conduit ledit . . pardevant, &c.

Mandat d'arrêt.

Nous , maire & officiers municipaux , *ou* membres du comité de fur-

veillance de . . . diſtrict de . . . département de . . . mandons
& ordonnons à tous exécuteurs de mandemens de juſtice de conduire en
la maiſon d'arrêt du diſtrict de . . . , Claude . . . , demeurant
à . . . , prévenu de . . . Mandons au gardien de ladite maiſon
d'arrêt de le recevoir : le tout en ſe conformant à la loi. Requérons tous
dépoſitaires de la force publique auxquels le préſent mandat ſera notifié,
de prêter main-forte pour ſon exécution, en cas de néceſſité. (*date,
ſignatures, ſceau.*)

*Décret qui charge ſpécialement les Municipalités des fonctions de la police
de ſûreté générale.*

11 août 1792. — 30 ſeptembre. (2561.)

L'Aſſemblée Nationale, conſidérant que le droit réſervé au corps légiſ-
latif de conſtituer en état d'accuſation les prévenus d'attentats à la ſûreté
générale, lui impoſe plus particulièrement le devoir de pourſuivre toutes
les machinations qui pourroient la compromettre;
Que cette grande police devant s'exercer par-tout où il y a des ma-
chinateurs, des traîtres, appartient naturellement aux fonctionnaires publics
les plus à portée d'en découvrir & d'en ſuivre les trames, aux officiers
dont les fonctions ſont plus intimement liées à l'ordre général qu'il s'agit
de maintenir, aux magiſtrats le plus près du peuple, par lui immédiatement élus, & par cela même les plus dignes de ſa confiance, dans l'exercice
d'un pouvoir qui l'exige toute entière ;
Conſidérant combien il eſt inſtant de donner ſur cet objet à la ſurveillance municipale toute l'étendue & l'activité qu'exige le ſalut public, décrète
qu'il y a urgence.
L'Aſſemblée Nationale, après avoir décrété l'urgence, décrète ce qui
ſuit :

ARTICLE PREMIER.

Les municipalités ſont ſpécialement chargées des fonctions de la police
de ſûreté générale, pour la recherche des crimes qui compromettent, ſoit
la ſûreté extérieure, ſoit la ſûreté intérieure de l'État, & dont l'accuſation
eſt réſervée à l'Aſſemblée Nationale.
II. Tous ceux qui auront connoiſſance d'un délit de la qualité portée
en l'article précédent, ſeront tenus d'en donner avis ſur-le-champ à la
municipalité, & de faire à ſon ſecrétariat la remiſe de toutes les pièces &
renſeignemens qui y ſeront relatifs.
III. La municipalité fera, ſans délai, toutes les informations néceſſaires
pour s'aſſurer du corps du délit, & de la perſonne des prévenus, s'il y
a lieu.
IV. Dans le cas où un mandat d'arrêt ſeroit décerné contre un ou

plufieurs prévenus, la municipalité fera, dans les vingt-quatre heures, paffer au directoire du diftrict une expédition des pièces, procès-verbaux, ou interrogatoires qui auront déterminé le mandat, & le récépiffé lui en fera délivré fans frais.

V. Dans les vingt-quatre heures fuivantes, le directoire du diftrict fera paffer le tout au directoire du département, avec les notes & renfeignemens qu'il fera en état de fournir; il s'en fera pareillement délivrer, fans frais, un récépiffé.

VI. Le directoire du département, dans le même délai de vingt-quatre heures, fera tenu d'adreffer à l'Affemblée Nationale une expédition de toutes les pièces, & y joindra les obfervations qu'il jugera convenables.

VII. Le directeur du jury, le préfident du tribunal criminel & le tribunal de la haute cour nationale, pourront également, dans le cas où, pendant l'inftruction & le jugement des procédures dont ils feroient faifis, il fe trouveroit des pièces propres à établir la preuve d'un délit contre la fûreté générale, décerner des mandats d'arrêt contre les prévenus, à la charge d'adreffer pareillement, dans les vingt-quatre heures, à l'Affemblée Nationale une expédition des pièces d'après lefquelles ils auroient décerné lefdits mandats.

VIII. Tout dépofitaire de la force publique, & même tout citoyen actif, pourra conduire devant la municipalité un homme fortement foupçonné d'être coupable d'un délit contre la fûreté générale, fauf fa refponfabilité dans le cas où il auroit agi méchamment & par envie de nuire.

IX. Les difpofitions de la loi du 29 feptembre, concernant l'exercice de la police de fûreté, & les formes à obferver par les juges-de-paix, feront fuivies par les municipalités en tout ce qui n'eft pas contraire aux difpofitions du préfent décret.

X. Dans le cas où on porteroit devant un juge-de paix la dénonciation d'un crime de la qualité portée au premier article, ou devant la municipalité celle d'un délit de la compétence des tribunaux ordinaires, ils feront tenus d'en prononcer refpectivement le renvoi, & de faire remettre à leurs greffes refpectifs les pièces dont la dénonciation pourroit être appuyée; le tout dans les vingt-quatre heures: & il leur fera délivré, fans frais, un récépiffé defdites pièces & de la délibération en renvoi.

CHAPITRE III.

Police & sûreté générale.

SECTION PREMIÈRE.

Décret portant que tout citoyen surpris en fauffe patrouille, ou déguifé en femme, fera puni de mort.

7 août 1793. — *même jour.* (1341.)

LA Convention nationale, après avoir entendu le rapport de fon comité de falut public, décrète :

ARTICLE PREMIER.

Tous citoyens furpris en fauffe patrouille feront punis de la peine de mort.

II. Tout homme qui fera furpris dans des raffemblemens, déguifé en femme, fera également puni de mort.

III. Le préfent décret fera proclamé dans le jour à Paris.

Décret relatif aux vifites domiciliaires.

5 feptembre 1793. — *même jour.* (1483.)

La Convention nationale rapporte le décret qui prononce la peine de mort contre les vifites domiciliaires faites par les autorités conftituées.

Décret qui défend aux autorités chargées de la police à Paris , de faire arrêter les fonctionnaires publics.

9 feptembre 1793. — *même jour.* (1500.)

La Convention nationale, fur la propofition d'un membre, décrète qu'aucun fonctionnaire public ne pourra être mis en état d'arreftation par ordre des autorités chargées de veiller à la sûreté publique dans la commune de Paris , qu'après en avoir prévenu le comité de sûreté générale, qui prendra les mefures néceffaires pour que le fervice public ne foit point interrompu.

Décret qui enjoint aux femmes de porter la Cocarde tricolore.

21 septembre 1793. — *même jour.* (1575.)

La Convention nationale, sur la proposition d'un membre, décrète
que les femmes qui ne porteront pas la cocarde tricolore, seront punies
la première fois de huit jours de prison ; en cas de récidive, elles
seront réputées suspectes ; & quant à celles qui arracheroient à une autre
ou profaneroient la cocarde nationale, elles seront punies de six années de
réclusion.

*Décret qui déclare nuls les actes faits par des fonctionnaires publics, ou
d'autres citoyens mis hors de la Loi.*

19 Vendémiaire. — 20 *du même mois.* (1690.)

La Convention nationale décrète :

A R T I C L E P R E M I E R.

A compter du jour des décrets qui ont mis ou mettront des fonctionnaires
publics ou d'autres citoyens hors de la loi, tous les actes publics ou privés
qu'ils auront faits, ou auxquels ils auront concouru, demeureront nuls &
sans effet.

II. Les adjudications des domaines nationaux, faites par les administrateurs
mis hors de la loi, sont néanmoins maintenues, sauf, en cas de fraude, à
statuer par la Convention ce qu'il appartiendra.

Décret contenant des mesures pour l'extinction de la mendicité.

24 vendémiaire. — 27 *du même mois.* (1742.)

La Convention nationale, après avoir entendu son comité des secours
publics, décrète :

T I T R E P R E M I E R.

Des travaux de secours.

A R T I C L E P R E M I E R.

Les municipalités remettront tous les ans à l'agence de secours (1) du
canton, sur sa demande, un état de leurs indigens valides, en défi-

____

(1) Les fonctions de l'agence de secours sont déterminées par le décret du 28 juin 1793,
(n°. 116.) paragraphe second, titre troisième.

gnant leur nom, leur fexe, leur âge, l'efpèce de travail dont ils font fufceptibles, les époques auxquelles ils en manquent, & les moyens utiles de le remplacer.

II. L'agence de fecours fera parvenir ces états au directoire du diftrict : elle y joindra fes obfervations, & formera les demandes de fecours qu'elle croira néceffaires pour faire fubfifter par le travail les mendians valides dans les feules faifons mortes.

III. Le directoire du diftrict enverra ces états, avec fon avis, au directoire du département, qui les préfentera au confeil d'adminiftration.

IV. Le confeil d'adminiftration enverra un double de ces états au confeil exécutif, en demandant les fonds qu'il croira néceffaire d'appliquer aux travaux de fecours, fans que néanmoins fa demande puiffe excéder les fommes qui lui feront deftinées d'après les bafes de répartition.

V. Le confeil exécutif préfentera ces états & demandes au corps légiflatif, pour y être ftatué définitivement.

VI. Les travaux de fecours, deftinés aux indigens valides, feront entrepris par adjudication au rabais ; elle fe fera pardevant le directoire du diftrict. Chaque portion de travail fufceptible de divifion, portera fon adjudication particulière.

VII. Les feuls indigens valides y feront admis. Si l'urgence ou la nature du travail exigent d'autres bras, cette néceffité fera conftatée par un commiffaire pris dans le confeil du diftrict, & affifté d'un membre de l'agence de fecours.

VIII. Les travaux de fecours, avant d'être ouverts, feront annoncés par affiches, quinze jours à l'avance, dans toutes les municipalités du diftrict. Les indigens qui s'y rendront, feront tenus de prendre un paffe-port, lorfqu'ils fortiront de leur canton.

IX. Les travaux de fecours dont l'utilité fera reconnue par les corps adminiftratifs être commune à tout un canton, feront ouverts de préférence à ceux dont l'avantage fe borneroit à une municipalité.

X. Il fera ouvert dans les lieux dont la population ou les localités le comporteront, des travaux fédentaires pour ceux des indigens qui ne peuvent fe livrer à des travaux pénibles, ou qui pourroient en manquer dans quelques circonftances.

XI. Les comités d'agriculture & de commerce propoferont les efpèces de travaux publics qui pourront être entrepris, & occuper utilement les bras des indigens valides, en même temps qu'ils fe dirigeront vers l'intérêt de l'agriculture & la profpérité du commerce.

XII. En aucun cas la dépenfe des travaux défignés dans l'article ci-deffus ne pourra être prife fur les fonds de fecours.

XIII. Le prix du falaire des indigens employés aux travaux de fecours, fera fixé aux trois quarts du prix moyen de la journée du travail déterminée pour le canton.

XIV.

XIV. Les confeils d'adminiftration de département feront, fuivant les circonftances & les localités, les réglemens néceffaires pour déterminer les
époques où les travaux de fecours feront ouverts, & pour y maintenir l'activité
& la fubordination; l'exécution en fera confiée aux agences, fous la furveillance des municipalités.

XV. A chaque répartition des fonds, les agences*, avant de percevoir leur
part, feront tenues de rendre compte de ceux qu'elles auront reçus antérieurement.

XVI. En conformité de l'article XV du décret fur l'organifation générale
des fecours publics, toutes diftributions de pain ou d'argent cefferont dans
les cantons, à l'époque du premier établiffement des travaux de fecours.
Tout citoyen qui fera convaincu d'avoir donné à un mendiant aucune efpèce
d'aumône, fera condamné par le juge de paix à une amende de la valeur de
deux journées de travail; l'amende fera double en cas de récidive : les
fommes en feront verfées dans la caiffe deftinée à fournir les fecours à
domicile.

T I T R E   I I.

Des moyens de répreffion.

A R T I C L E   P R E M I E R.

Toute perfonne qui, huit jours après la publication de la loi, fera convaincue d'avoir demandé de l'argent ou du pain dans les rues, ou voies
publiques, fera réputée mendiant, arrêtée par la gendarmerie, ou les gardes
nationales, & conduit au juge de paix du canton.

II. Le juge de paix fera tenu, dans le plus bref délai, d'interroger le mendiant, de conftater le délit par un procès-verbal qui contiendra fon fignale-
ment, d'en envoyer copie au directoire du diftrict, qui en fera parvenir une
expédition au directoire du département & au commandant de la gendarmerie nationale de fon arrondiffement.

III. Si par l'interrogatoire le mendiant eft reconnu domicilié du canton
ou du diftrict, il fera renvoyé avec un paffe-port au lieu de fon domicile,
après avoir entendu lecture de la loi fur la mendicité.

IV. Si le mendiant n'eft point domicilié dans le reffort du diftrict dans
lequel il a été arrêté, & que néanmoins il accufe un domicile, il fera conduit
provifoirement dans la maifon d'arrêt. Le juge de paix écrira à la municipalité
dont il fe fera réclamer; & fi celle-ci reconnoît que le détenu eft fon
domicilié, & non repris de juftice, il fera renvoyé chez lui avec un
paffe-port & aux frais de la nation, s'il n'a devers lui les moyens pour s'y
rendre.

V. A défaut de réponfe de la municipalité dans un délai convenable, le
mendiant fera conduit dans la maifon de répreffion, d'où il pourra fortir

toutes les fois qu'il fera réclamé par fa municipalité, & que fa détention ne fera pas liée à des caufes aggravantes.

VI. Tout mendiant reconnu étranger, fera conduit fur la frontière de la République aux frais de la nation ; il lui fera paffé trois fous par lieue, jufqu'au premier village du territoire étranger.

VII. Les mendians arrêtés, & qui fe trouveront accufés ou violemment foupçonnés de crime, feront conduits dans la maifon d'arrêt pour être jugés.

VIII. Les enfans arrêtés avec les mendians, en feront féparés ; il fera pris tous les renfeignemens néceffaires pour conftater leur état civil : fi leur âge ne les foumet pas au travail, ils feront traités comme les enfans abandonnés ; ils ne pourront être remis à leurs pères avoués, s'ils font vagabonds, que lorfque ceux-ci auront obtenu leur élargiffement par une bonne conduite, & juftifié, à la fuite de leur liberté, d'un an de domicile fixe dans la même municipalité.

T I T R E I I I.

Des maifons de répreffion.

A R T I C L E P R E M I E R.

Les maifons de répreffion feront placées, autant qu'il fera poffible, dans le chef-lieu du département, & hors l'enceinte de la ville ; on choifira de préférence l'emplacement qui réunira le plus de facilités pour y établir des travaux.

II. Tout mendiant arrêté en vertu de l'article Ier. du titre II du préfent décret, & renvoyé à fon domicile, s'il eft repris en mendicité, fera condamné par le juge de paix à un an de détention, conformément aux lois fur la police correctionnelle ; la peine fera de deux années dans le cas de feconde récidive ; les jugemens feront rendus publics dans le reffort du canton.

III. Tout citoyen qui confignera entre les mains du receveur du diftrict une fomme de cent livres, pour répondre de la conduite ultérieure d'un mendiant détenu fans caufes aggravantes, pourra obtenir fon élargiffement, en s'adreffant au tribunal compétent, fur le rapport favorable des adminiftrateurs de la maifon de répreffion : cette fomme fera verfée dans la caiffe de l'adminiftration, fur la preuve que l'homme cautionné eft arrêté pour récidive.

IV. Les mendians qui ne pourront juftifier d'aucun domicile, ceux qui feront en troupes, porteurs d'armes offenfives, munis de faux certificats, ou de faux congés, à l'aide defquels ils défigneroient leur nom, le lieu de leur naiffance ou domicile, qui contreferont des infirmités, qui feront flétris, demanderont avec menace ou infolence, feront arrêtés &

condamnés à une détention d'un an : la peine fera double en cas de récidive.

V. Au moyen des établissemens une fois formés des maisons de répression, les dépôts de mendicité demeurent supprimés : les administrations de département feront connoître au conseil exécutif ceux qui, par leurs localités, pourront être conservés pour la nouvelle organisation ; les autres feront vendus dans la forme prescrite pour l'aliénation des domaines nationaux.

VI. Les mendians actuellement détenus dans les maisons de dépôt sans causes aggravantes, & qui justifieront d'un domicile, feront renvoyés dans leur municipalité avec trois sous par lieue ; les autres feront répartis dans les maisons de répression, d'après les ordres du conseil exécutif.

VII. Ceux actuellement enfermés pour caufe de démence, & qui font aux frais de la nation, feront transférés dans les nouvelles maisons de répression, & continueront d'être à la charge publique. Il fera libre aux parens de réclamer ceux qui font à leurs frais ; ou de les laiffer dans les maisons de répression, en continuant de payer leur penfion fuivant le nouveau prix qui fera fixé par le directoire du département, d'après la valeur actuelle des denrées.

VIII. Les perfonnes détenues pour maladies vénériennes, feront renvoyées, aux frais de la nation, dans les maisons de fanté établies d'après les bafes de l'organifation générale des fecours publics.

IX. Les adminiftrations de département auront la furveillance générale des maifons de répreffion ; ils feront connoître au confeil exécutif les nouveaux emplacemens qu'ils croiront les plus propres & les plus économiques, pour les différentes efpèces de travaux que les localités permettront d'établir, pour employer utilement au-dedans & au-dehors les bras des mendians détenus.

X. Les directoires de département nommeront un directeur refponfable, tenu de réfider dans la maifon de répreffion. Il lui fera payé pour falaire & nourriture un traitement dont le *maximum* ne pourra excéder 2,400 liv. Il demeurera chargé de la conduite de la maifon, de l'exécution du réglement, & rendra compte de fes opérations au comité qui fera établi à cet effet.

XI. Il fera formé, auprès de chaque maifon de répreffion, un comité de furveillance compofé de trois membres, dont un fera pris dans l'adminiftration fupérieure du lieu de l'établiffement, le fecond dans la municipalité, & le troifième dans l'agence de fecours du canton. Ce comité fera renouvelé tous les trois mois ; il tiendra deux féances par décade, dans la maifon de répreffion : le membre du directoire en fera préfident de droit.

XII. Sur l'avis du directoire du département, le comité déterminera le nombre des employés libres pour le fervice de la maifon, fixera le prix de leur falaire & nourriture, réglera le régime intérieur pour la nourriture & entre tien des détenus, leur difcipline & leurs travaux ; il s'affurera tous les jours de l'exécution du réglement.

XIII. Chaque détenu fera obligé au travail qui lui fera indiqué, & qui devra être relatif à fes forces, fon âge & fon fexe. Le directeur évitera tous les moyens de rigueur pour l'y contraindre, hors le cas de rebellion. Il rendra compte dans 24 heures, au comité de furveillance, de la peine infligée. Celui-ci pourra l'adoucir, ou en ordonner de plus graves, fuivant la nature du délit, en obfervant de fe conformer aux lois portées par la police correctionnelle, & d'en inftruire le directoire du département.

XIV. Les détenus pourront adreffer leurs réclamations au directoire du département, qui fe fera rendre compte dans les vingt-quatre heures, par le comité de furveillance, ou enverra un commiffaire fur les lieux pour y faire droit.

XV. Les deux tiers du prix de la journée de travail du détenu ferviront pour payer à la maifon une portion de la nourriture & entretien qu'il lui coûte. Il lui fera fait compte, toutes les décades, de la moitié de fon tiers, & le reftant lui fera remis au moment de fa liberté : en cas de mort, il rentrera dans la caiffe de l'adminiftration.

XVI. Les malades feront tenus dans des falles particulières, & foignés par l'officier de fanté, falarié pour fecourir les indigens du canton.

XVII. Les employés libres pour le fervice de la maifon en formeront la garde ; ils feront armés d'un fufil & d'un fabre. Il y aura jour & nuit une fentinelle à la porte d'entrée de la maifon ; & lorfque des détenus fe rendront à des travaux externes, les employés chargés de les furveiller feront armés.

XVIII. Les maifons de répreffion pourront fervir aux tribunaux de police correctionnelle, pour y placer les condamnés à la réclufion ; ils feront foumis, pendant leur détention, au même règlement que les mendians réprimés.

T I T R E   I V.

De la tranfportation.

A R T I C E   P R E M I E R.

Le Confeil exécutif fera connoître inceffamment à la Convention nationale quel lieu il juge le plus propre à la tranfportation, & quels moyens il faudra employer pour mettre cet établiffement en activité.

II. Tout mendiant domicilié, repris en troifième récidive, fera condamné à la tranfportation.

III. Tout mendiant ou vagabond, arrêté une première fois, & mis dans la maifon de répreffion pour caufes aggravantes, s'il eft repris une feconde fois, fubira la peine de la tranfportation.

IV. Le mendiant ou vagabond qui fera dans le cas de la tranfportation, fera conduit dans la prifon du diftrict, où fon jugement fera prononcé par le tribunal, fur le vu des pièces qui conftateront ou fa troifième récidive, ou les caufes aggravantes de fa détention.

V. Les mendians mis dans les maifons de répreffion, & qui ne pourront juftifier d'aucun domicile après un an de détention, feront condamnés à la tranfportation.

VI. Tout citoyen qui, avant un jugement de tranfportation, confignera entre les mains du receveur du diftrict une fomme de 500 livres, pour répondre de la conduite ultérieure du condamné, empêchera fa tranfportation, & obtiendra fa liberté; mais fi le mendiant eft repris en récidive, la fomme confignée demeurera à la difpofition de l'agence de fecours, & la caution fera en outre condamnée aux nouveaux frais d'arreftation, d'emprifonnement & de tranfportation.

VII. La peine de tranfportation ne pourra être moindre de huit années; elle n'aura lieu que pour les mendians au-deffus de 18 ans, & au-deffous de 60. Elle pourra être prolongée, fi la mauvaife conduite du banni le mérite; comme elle pourra être abrégée dans le cas feulement d'un fervice diftingué rendu à la colonie.

VIII. Le mendiant au-deffous de 16 ans, qui aura encouru la peine de tranfportation, demeurera détenu jufqu'à ce qu'il ait atteint l'âge fixé pour fubir fon jugement. Celui qui aura paffé l'âge de 60 ans, fera condamné à refter toute fa vie dans la maifon de répreffion, à moins que fes infirmités s'oppofant au travail n'exigent fa tranflation à l'hofpice.

IX. Il y aura dans la colonie une adminiftration civile, fous la dénomination de confeil de furveillance, chargée de faire exécuter les ordonnances & réglemens pour la difcipline, l'ordre du travail, la culture, la recette, la vente des productions, & de rendre compte de fes opérations au confeil exécutif.

X. L'organifation du confeil de furveillance fera déterminée, d'après les connoiffances locales que fournira le confeil exécutif, fur la colonie & fur les reffources commerciales qu'elle pourra préfenter.

XI. Il fera établi dans la colonie une force militaire, qui n'aura aucune autorité civile, & ne pourra être employée contre les tranfportés, ou contre les naturels du pays, que fur la réquifition des adminiftrateurs.

XII. Tant que le tranfporté fera dans le terme de fon jugement, il ne pourra travailler que pour le compte de la nation. Il recevra feulement le fixième du prix de la journée du travail fixée pour la colonie. La moitié de cette rétribution lui fera délivrée chaque femaine, & le reftant lui fera confervé pour l'époque de fa liberté.

XIII. Le terme de la liberté étant arrivé, le tranfporté recevra une portion de terrain, tel qu'en travaillant fa fubfiftance puiffe être affurée. La portion du produit de fon travail qui lui aura été confervée, aidera à lui fournir en outils ou denrées les moyens de mettre fon fonds en activité.

XIV. L'adminiftration fe chargera du produit de fes travaux, vendra fes denrées, lui en remettra auffitôt la moitié du prix ; l'autre moitié fervira au rembourfement des dépenfes & entretien de l'établiffement.

XV. Il fera libre au tranfporté, lorfque la colonie ou fa population fera affez étendue, de vendre lui-même fes denrées aux marchands, en continuant de payer à la nation la moitié du produit de fes ventes, à titre d'indemnité.

XVI. Nul tranfporté ne pourra revenir en France qu'il ne fe foit écoulé un an entre le moment de fa liberté & celui de fon retour, & qu'il n'en ait obtenu l'agrément du confeil de furveillance; & dans ce cas, les fonds qui lui auront été concédés rentreront à l'établiffement, fans qu'il puiffe en difpofer autrement.

XVII. Si le tranfporté fe marie dans la colonie, il fera affranchi du quart de fon indemnité à la naiffance d'un enfant, & de la moitié s'il en a plus de trois. Il leur tranfmettra, en toute propriété, le fonds qui lui aura été accordé.

XVIII. Le tranfporté aura en tout temps la faculté de préfenter des pétitions au confeil de furveillance, qui fera tenu d'y faire droit provifoirement, fauf la détermination ultérieure du confeil exécutif.

T I T R E   V.

Du domicile de fecours.

A R T I C L E   P R E M I E R.

Le domicile de fecours eft le lieu où l'homme néceffiteux a droit aux fecours publics.

II. Le lieu de la naiffance eft le lieu naturel du domicile de fecours.

III. Le lieu de naiffance pour les enfans eft le domicile habituel de la mère au moment où ils font nés.

IV. Pour acquérir le domicile de fecours, il faut le féjour d'un an dans une commune.

V. Le féjour ne comptera, pour l'avenir, que du jour de l'infcription au greffe de la municipalité.

VI. La municipalité pourra refufer le domicile de fecours, fi le domicilié n'eft pas pourvu d'un paffe-port & certificats qui conftatent qu'il n'eft point homme fans aveu.

VII. Jufqu'à l'âge de 21 ans, tout citoyen pourra réclamer, fans formalité, le droit de domicile de fecours dans le lieu de fa naiffance.

VIII. Après l'âge de 21 ans, il fera aftreint à un féjour de fix mois avant d'obtenir le droit de domicile, & à fe conformer aux formes prefcrites aux articles IV, V & VI.

IX. Celui qui quittera fon domicile pour en acquérir un fecond, fera tenu aux mêmes formalités que pour le premier.

X. Il en fera de même pour celui qui, après avoir quitté un domicile, voudra y revenir.

XI. Nul ne pourra exercer en même temps dans deux communes le droit de domicile de fecours.

XII. On fera cenfé conferver fon dernier domicile, tant que le délai exigé pour le nouveau ne fera pas échu, pourvu qu'on ait été exact à fe faire infcrire au greffe de la nouvelle municipalité.

XIII. Ceux qui fe marieront dans une commune, & qui l'habiteront pendant fix mois, acquerront le droit de domicile de fecours.

XIV. Ceux qui auront refté deux ans dans la même commune en louant leurs fervices à un ou plufieurs particuliers, obtiendront le même droit.

XV. Tout foldat qui aura combattu un temps quelconque pour la liberté, avec des certificats honorables, jouira de fuite du droit de domicile de fecours dans le lieu où il voudra fe fixer.

XVI. Tout vieillard âgé de 70 ans, fans avoir acquis de domicile, ou reconnu infirme avant cette époque, recevra les fecours de ftricte néceffité dans l'hofpice le plus voifin.

XVII. Celui qui, dans l'intervalle du délai prefcrit pour acquérir le domicile de fecours, fe trouvera par quelque infirmité, fuite de fon travail, hors d'état de gagner fa vie, fera reçu à tout âge dans l'hofpice le plus voifin.

XVIII. Tout malade domicilié de droit ou non, qui fera fans reffources, fera fecouru, ou à fon domicile de fait, ou dans l'hofpice le plus voifin.

Décret relatif aux vêtemens des perfonnes des deux fexes.

8 Brumaire. — *même jour.* (1795.)

La Convention Nationale décrète :

A R T I C L E   P R E M I E R.

Nulle perfonne de l'un & de l'autre fexe ne pourra contraindre aucun citoyen, ni citoyenne, à fe vêtir d'une manière particulière, fous peine d'être confidérée & traitée comme fufpecte, & pourfuivie comme perturbateur du repos public. Chacun eft libre de porter tel vêtement & ajuftement de fon fexe que bon lui femble.

II. La Convention nationale n'entend point déroger aux précédens décrets rendus fur le fait de la cocarde nationale, fur le coftume des prêtres & fur les traveftiffemens, ainfi qu'à tous autres décrets relatifs au même objet.

Décret qui défend les clubs & sociétés populaires de femmes.

9 Brumaire. — *même jour.* (1809.)

La Convention nationale, après avoir entendu son comité de sûreté générale, décrète ce qui suit :

ARTICLE PREMIER.

Les clubs & sociétés populaires de femmes, sous quelque dénomination que ce soit, sont défendus.

II. Toutes les séances des sociétés populaires & celles des sociétés libres des arts doivent être publiques.

Décret concernant ceux qui s'opposeroient à l'exécution des réquisitions du comité de salut public, pour fabrication d'armes.

18 Brumaire. — 19 *du même mois.* (1857.)

La Convention nationale, après avoir entendu le rapport du comité de salut public, décrète que tout citoyen qui s'opposera à l'exécution des réquisitions ou arrêtés faits par le comité de salut public pour la fabrication des armes, sera mis en état d'arrestation, traduit au tribunal criminel du département, & puni de deux ans de fers.

Décret portant que toutes les personnes détenues dans des maisons d'arrêt auront la même nourriture.

26 Brumaire. — 27 *du même mois.* (1886.)

La Convention nationale décrète que les personnes détenues dans toutes les maisons d'arrêt de la République, auront la même nourriture, qui sera frugale. Les riches détenus paieront pour les pauvres.

SECTION II.

Personnes suspectes.

Décrets qui ordonnent l'arrestation des personnes suspectes.

12 août & 17 septembre 1793. — 17 septembre. (1553.)

La Convention nationale, sur la proposition d'un membre, décrète que tous les gens suspects seront mis en état d'arrestation ; renvoie au comité de législation pour présenter incessamment le mode d'exécution.

Du

Du 17 septembre.

La Convention nationale, après avoir entendu le rapport de son comité de législation sur le mode d'exécution de son décret du 12 août dernier, décrète ce qui suit :

A R T I C L E   P R E M I E R.

Immédiatement après la publication du présent décret, tous les gens suspects qui se trouvent dans le territoire de la République, & qui sont encore en liberté, seront mis en état d'arrestation.

II. Sont réputés gens suspects : 1°. ceux qui, soit par leur conduite, soit par leurs relations, soit par leurs propos ou leurs écrits, se sont montrés partisans de la tyrannie ou du fédéralisme, & ennemis de la liberté; 2°. ceux qui ne pourront pas justifier, de la manière prescrite par la loi du 21 mars dernier, de leurs moyens d'exister & de l'acquit de leurs devoirs civiques; 3°. ceux à qui il a été refusé des certificats de civisme; 4°. les fonctionnaires publics suspendus ou destitués de leurs fonctions par la Convention nationale ou par ses commissaires, & non réintégrés, notamment ceux qui ont été ou doivent être destitués en vertu de la loi du 14 août dernier; 5°. ceux des ci-devant nobles, ensemble les maris, femmes, pères, mères, fils ou filles, frères ou sœurs, & agens d'émigrés, qui n'ont pas constamment manifesté leur attachement à la révolution; 6°. ceux qui ont émigré dans l'intervalle du 1er juillet 1789 à la publication de la loi du 8 avril 1792, quoiqu'ils soient rentrés en France dans le délai fixé par cette loi, ou précédemment.

III. Les comités de surveillance établis d'après la loi du 21 mars dernier, ou ceux qui leur ont été substitués, soit par les arrêtés des représentans du peuple envoyés près les armées & dans les départemens, soit en vertu des décrets particuliers de la Convention nationale, sont chargés de dresser, chacun dans son arrondissement, la liste des gens suspects, de décerner contre eux les mandats d'arrêt, & de faire apposer les scellés sur leurs papiers. Les commandans de la force publique, à qui seront remis ces mandats, seront tenus de les mettre à exécution sur-le-champ, sous peine de destitution.

IV. Les membres du comité ne pourront ordonner l'arrestation d'aucun individu sans être au nombre de sept, & qu'à la majorité absolue des voix.

V. Les individus arrêtés comme suspects seront d'abord conduits dans les maisons d'arrêt du lieu de leur détention; à défaut de maison d'arrêt, ils seront gardés à vue dans leurs demeures respectives.

VI. Dans la huitaine suivante, ils seront transférés dans les bâtimens nationaux que les administrations de département seront tenues, aussitôt après la réception du présent décret, de désigner & faire préparer à cet effet.

VII. Les détenus pourront faire transporter dans ces bâtimens les meubles
Code des Comités de surveillance, &c.   F

qui leur feront d'une abfolue néceffité; ils y refteront gardés jufqu'à la paix

VIII. Les frais de garde feront à la charge des détenus, & feront répartis entre eux également : cette garde fera confiée de préférence aux pères de famille & aux parens des citoyens qui font ou marcheront aux frontières. Le falaire en eft fixé, par chaque homme de garde, à la valeur d'une journée & demie de travail.

IX. Les comités de furveillance enverront fans délai, au comité de sûreté générale de la Convention nationale, l'état des perfonnes qu'ils auront fait arrêter, avec les motifs de leur arreftation, & les papiers qu'ils auront faifis fur elles.

X. Les tribunaux civils & criminels pourront, s'il y a lieu, faire retenir en état d'arreftation comme gens fufpects, & envoyer dans les maifons de détention ci-deffus énoncées, les prévenus de délits à l'égard defquels il feroit déclaré n'y avoir pas lieu à accufation, ou qui feroient acquittés des accufations portées contre eux.

Décret relatif aux perfonnes arrêtées en exécution du décret du 17 feptembre dernier.

19 vendémiaire. — 20 *du même mois.* (1688.)

La Convention nationale, après avoir entendu fon comité de furveillance & de sûreté générale, décrète ce qui fuit :

ARTICLE PREMIER.

La Convention nationale déclare qu'elle a entendu, par l'article IX du décret du 17 du mois de feptembre dernier, donner à fon comité de furveillance le pouvoir de mettre en liberté ou de retenir en état d'arreftation les perfonnes arrêtées par les divers comités de furveillance de la République, & même de renvoyer pardevant les tribunaux criminels ou pardevant le tribunal révolutionnaire de Paris, ceux des détenus qui pourroient être fufpects ou prévenus d'un délit national.

II. La Convention nationale, en conféquence de l'article précédent, approuve toutes les arreftations faites, tant par fon comité de furveillance actuel, que par celui qui l'a précédé; elle approuve également les élargiffemens qu'ils peuvent avoir ordonnés, & les renvois qu'ils ont fait faire devant les tribunaux, de certains prévenus, pour y être jugés.

III. Le comité de furveillance & de sûreté générale de la Convention, les comités de furveillance établis dans les différentes communes de la République, & toutes autorités conftituées ne pourront délivrer aucune permiffion de voir les perfonnes détenues, lefquelles, pendant tout le temps que durera leur détention, auront feulement la faculté de correfpondre au dehors par écrit pour la direction de leurs affaires domeftiques, & pourvoir à leurs befoins dans le lieu de leur détention.

IV. Toutes les permiffions accordées jufqu'à ce jour font révoquées, & les concierges des diverfes maifons d'arrêt ne pourront y avoir aucun égard ; ils ne laifferont communiquer les détenus qu'avec les membres du comité de furveillance & de sûreté générale de la Convention, lorfqu'ils fe préfenteront munis d'un arrêté du comité, & au nombre de deux, pour prendre des interrogatoires ou autres éclairciffemens.

V. La difpofition de l'article précédent ne regarde point les prifonniers qui font fous la main des accufateurs publics près les tribunaux criminels & près du tribunal révolutionnaire de Paris.

Décret qui rapporte celui du 27 du dernier mois, concernant les perfonnes fufpectes mifes en état d'arreftation.

3 brumaire. — *même jour.* (1776.)

La Convention nationale, après avoir entendu fon comité de sûreté générale & de furveillance, rapporte le décret qu'elle a rendu le 27 du mois dernier, concernant les perfonnes fufpectes mifes en état d'arreftation.

Décret relatif aux arreftations d'individus non compris littéralement dans la loi du 17 feptembre fur les gens fufpects.

17 frimaire. — 19 *du même mois.* (1954.)

La Convention nationale décrète que, par rapport aux individus non compris littéralement dans la loi du 17 feptembre fur les gens fufpects, contre lefquels les comités révolutionnaires ou de furveillance auroient pris ou croiroient devoir prendre par la fuite des mefures de sûreté, les comités feront tenus d'inférer fur un regiftre qu'ils tiendront à cet effet, les motifs de ces mefures ; les regiftres feront apportés, dans les vingt-quatre heures, aux repréfentans du peuple qui fe trouveront fur les lieux, pour ftatuer définitivement fur la légitimité des mefures ; & dans le cas où il ne fe trouveroit pas de repréfentans fur les lieux, les comités enverront extrait de leurs regiftres, dans le même délai de vingt-quatre heures, au comité de sûreté générale de la Convention, pour prononcer. Les comités révolutionnaires & de furveillance font autorifés à faire exécuter provifoirement les mefures de sûreté qu'ils auront arrêtées.

CHAPITRE III.

Décret contenant des dispositions relatives aux gardiens des scellés.

20 nivôse. — *même jour.* (1035.)

La Convention nationale, après avoir entendu le rapport de son comité de législation, décrète ce qui suit :

ARTICLE PREMIER.

Lorsque des scellés apposés par autorité publique se trouveront brisés, les personnes à qui la garde en étoit confiée, & tous ceux qui seront prévenus d'avoir coopéré à leur rupture, seront sur-le-champ mis en état d'arrestation.

II. A cet effet le mandat d'arrêt sera décerné, & toutes les fonctions de la police de sûreté seront exercées à leur égard, savoir :

1°. Par la municipalité ou le comité de surveillance du lieu, s'il s'agit de scellés apposés sur les effets ou papiers de personnes arrêtées ou poursuivies pour crimes contre-révolutionnaires ;

2°. Par les fonctionnaires désignés dans les articles II & III de la loi du 7 frimaire, relative aux malversations dans les biens nationaux, s'il s'agit de scellés apposés sur des effets ou papiers appartenant à la République (*voyez* le décret ci-après) ;

3°. Par les juges de paix, s'il s'agit d'autres scellés.

III. Les gardiens des scellés brisés & les autres individus qui auront été arrêtés comme prévenus de leur rupture, seront traduits sans délai, dans le premier des trois cas énoncés en l'article précédent, au tribunal saisi de la connoissance du procès principal, qui les jugera dans la même forme que l'accusé sur les papiers ou effets duquel les scellés avoient été apposés ;

Dans le second cas, au tribunal criminel du lieu du délit, pour y être procédé ainsi qu'il est prescrit par la loi du 7 frimaire ;

Dans le troisième cas, devant le directeur du juré, lequel sera tenu de les déférer sans délai au juré d'accusation.

IV. Dans ce dernier cas, le juré d'accusation ne se déterminera pour donner sa déclaration à l'égard des gardiens des scellés brisés, que par le fait matériel du bris, sans qu'il puisse examiner si, ou non, ils en sont auteurs ou complices.

V. Tout gardien de scellés, & tout individu qui sera convaincu d'avoir méchamment & à dessein brisé des scellés, sera, ainsi que ses complices, puni :

De mort, en cas de bris de scellés apposés sur les papiers & effets de personnes prévenues de crimes contre-révolutionnaires ;

De vingt-quatre années de fers, en cas de bris de scellés apposés sur des effets ou papiers appartenant à la République ;

De douze années de fers, en cas de bris de fcellés appofés fur des effets ou papiers appartenant à des particuliers.

VI. Tout gardien de fcellés qui ne fera pas convaincu d'être auteur ou complice de leur rupture, mais qui ne prouvera pas qu'elle eft l'effet d'une force majeure, fera déclaré incapable d'exercer aucune fonction ou agence publique, & condamné, par forme de police correctionnelle, à deux années d'emprifonnement.

VII. La préfente loi fera dans le jour publiée dans le département de Paris, & envoyée fous trois jours au plus tard à tous les autres départemens.

Décret relatif à l'arreflation & à la forme de procéder contre les prévenus de malverfations dans la garde, régie ou vente des biens appartenant à la République.

7 Frimaire. — *9 du même mois.* (1934.)

La Convention nationale, après avoir entendu le rapport de fon comité de légiflation fur les doutes qui fe font élevés dans l'exécution des articles XIII & XV de la loi du 24 avril 1793, relatifs aux malverfations qui fe commettent dans la vente des meubles & immeubles appartenant à la République, décrète ce qui fuit :

A R T I C L E   P R E M I E R.

Toute procédure ayant pour objet les fouftractions, divertiffemens ou malverfations quelconques, commis dans la garde, régie ou vente des biens meubles ou immeubles appartenant à la République, par les membres ou commiffaires des corps adminiftratifs, par les prépofés au féqueftre, inventaire ou vente, par les gardiens ou dépofitaires de ces biens, fera portée directement au tribunal du lieu du délit, fans inftruction préalable, foit pardevant le juge de paix, foit pardevant le juré d'accufation, & fans qu'il foit befoin de renvoi fpécial ni d'autorifation particulière.

II. A cet effet, les accufateurs publics des tribunaux criminels décerneront les mandats d'arrêt, & drefferont les actes d'accufation contre les prévenus.

III. Seront également valables les mandats d'arrêt décernés contre les prévenus par les municipalités, les comités de furveillance, les directoires de diftrict, les procureurs-fyndics de diftrict, les juges de paix, les commiffaires de police, & les commiffaires nationaux des tribunaux civils.

IV. Tout fonctionnaire public compris dans les deux articles ci-deffus, qui négligera de mettre en état d'arreftation les prévenus des malverfations mentionnées dans l'article premier, lorfqu'elles feront venues à fa connoiffance, foit qu'elles aient été commifes avant ou après la publication du préfent décret, fera pourfuivi & puni comme fauteur & complice de ces délits.

V. Les prévenus traduits au tribunal criminel feront interrogés & jugés dans la même forme que s'ils avoient été mis précédemment en état d'accufation.

VI. Néanmoins chacun des jurés énoncera fon opinion publiquement, & la déclaration du jury fera formée à la majorité des voix.

VII. Les jugemens qui interviendront d'après la déclaration du jury, ne feront en aucun cas fujets au recours en caffation.

SECTION III.

Militaires fufpects.

Décret contenant des mefures de furveillance, relatives à la réfidence des Militaires.

5 feptembre 1793. — 6 *du même mois.* (1487.)

La Convention nationale, après avoir entendu le rapport de fon comité de falut public, décrète :

ARTICLE PREMIER.

Tout militaire démiffionnaire, deftitué, fufpendu, ou qui n'a pas de lettres de fervice, autre que ceux qui font en état d'arreftation ; tout officier d'adminiftration civile ou militaire, de terre ou de mer, également deftitué ou fufpendu, ou qui n'a pas de lettres de fervice, fera tenu, dans vingt-quatre heures, de fe retirer dans fa municipalité, en prenant un paffe-port du miniftre de la guerre ou de la marine, fous peine de dix ans de fers.

II. Toute perfonne défignée dans l'article premier, & qui appartiendroit à une municipalité qui ne feroit pas à vingt lieues des frontières, fera tenue de prendre un domicile à cette diftance, pour y être mife en furveillance par la municipalité du lieu qu'elle aura choifi.

III. Ceux qui font compris dans les articles I & II feront tenus d'avertir les miniftres de la guerre & de la marine du lieu de la réfidence qu'ils auront choifie.

IV. Tout militaire en activité de fervice, ou tout ordonnateur civil ou militaire, de terre ou de mer, fera tenu de fortir de Paris dans vingt-quatre heures, pour retourner à fon pofte, fous peine de deftitution & d'être mis en état d'arreftation comme perfonne fufpecte, à moins qu'il ne foit fpécialement autorifé par les miniftres de la guerre ou de la marine à prolonger fon féjour à Paris.

V. Les perfonnes défignées dans l'article II ne pourront fe rendre à

Paris que fur l'ordre ou la permiffion expreffe du minifre de la guerre ou de la marine.

VI. Ceux mis en état de furveillance ne pourront s'abfenter, pour vingt-quatre heures, fans la permiffion de la municipalité : le paffe-port fera mention de l'état de furveillance dans lequel ils feront.

VII. Sont exceptés des précédens articles ceux qui auroient quitté le fervice pour bleffures conftatées.

VIII. Toute perfonne qui auroit été dans les ci-devant maifons militaires de Louis Capet ou de fes frères, ou qui auroit été dans la garde décrétée par l'affemblée légiflative pour le ci-devant roi, fera affujettie aux difpofitions de l'article premier du préfent décret.

IX. Les membres compofant les corps adminiftratifs & les municipalités, font perfonnellement refponfables de l'exécution du préfent décret.

X. Le miniftre de la guerre fera tenu de faire partir, dans vingt-quatre heures, tous les militaires qui fe trouvent, foit à Paris, foit ailleurs, pour leur faire rejoindre leurs drapeaux, à l'exception feulement de ceux qui font bleffés ou malades.

XI. Toutes perfonnes qui logent des militaires, font tenues de le déclarer au comité de falut public de leurs fections, ou à leurs municipalités, fous peine d'être rangées dans la claffe des gens fufpects, & d'être punies comme tels.

Du 6 feptembre.

La Convention nationale décrète ce qui fuit :

Article additionnel au décret du 5 feptembre 1793.

XII. Les militaires fufpendus de leurs fonctions, qui font tenus de quitter la ville de Paris en exécution du décret d'hier, ne pourront rentrer dans leurs municipalités, qu'autant qu'elles fe trouveront éloignées au moins de vingt lieues des armées de la république ou des frontières.

Second décret additionnel.

11 feptembre 1793. — 12 *du même mois.* (1517.)

La Convention nationale, après avoir entendu le rapport de fon comité de falut public, décrète :

ARTICLE PREMIER.

Sont compris dans l'article premier du décret du 5 de ce mois, tous militaires démiffionnaires depuis le 14 juillet 1789.

II. Tout officier qui, après s'être retiré conformément à la loi du 5 feptembre, reviendroit à Paris, fera puni de la peine de dix ans de fers.

III. Il eft défendu à tout officier qui, en vertu du même décret, fe retirera de Paris, d'en approcher plus près de vingt lieues.

IV. Aucun officier ne pourra éluder la difpofition de la préfente loi, en alléguant qu'il eft né ou domicilié à Paris; il fera tenu de choifir un domicile au moins à vingt lieues de Paris, des frontières & des armées.

Troifième décret additionnel.

20 feptembre 1793. — 21 *du même mois*. (1579.)

La Convention nationale décrète que les difpofitions des décrets des 5 & 11 de ce mois, relatifs aux militaires qui font à Paris, ne concernent pas ceux qui y ont leur domicile depuis l'année 1789, & qui pourront en juftifier par leur infcription fur les rôles de la contribution mobiliaire, & prouver leur réfidence fans interruption par les certificats des fections fur lefquelles ils ont réfidé.

Quatrième décret additionnel.

15e. jour du 1er. mois. — 16e. (1656.)

La Convention nationale, après avoir entendu le rapport du comité de falut public, décrète :

ARTICLE PREMIER.

Ceux qui fervoient en qualité de fous-officiers & foldats dans les gardes françaifes, dans les grenadiers à cheval, & les gendarmes de Lunéville, & qui font employés dans les armées de la république, ne font pas compris dans les difpofitions de la loi du 5 feptembre dernier, à moins qu'ils n'aient donné des preuves d'incivifme.

II. Les généraux en chef font chargés, fur leur refponfabilité perfonnelle, de faire rappeler à leur pofte les foldats & fous-officiers qui fervoient dans les gardes-françaifes, les grenadiers à cheval & les gendarmes de Lunéville, & qui en ont été éloignés par une fauffe application de la loi du 5 feptembre dernier.

III. L'état major de l'armée du Rhin enverra à la Convention nationale, les motifs pour lefquels il a appliqué à ces foldats & fous-officiers le décret du 5 feptembre.

IV. Le décret du 5 feptembre ne peut être appliqué aux foldats & aux officiers des armées de la république.

SECTION

SECTION IV.

Jeunes gens de la première réquisition.

Décret relatif aux Citoyens qui prétendront être dispensés d'obéir à la réqui-sition pour cause de maladie ou d'infirmités.

22 Vendémiaire. — *même jour.* (1706.)

La Convention nationale, après avoir entendu le rapport de son comité de la guerre, décrète ce qui suit :

ARTICLE PREMIER.

Tout citoyen mis en réquisition pour le service des armées, qui prétendra être dispensé d'obéir à la réquisition pour cause de maladie ou d'infirmités, sera tenu de faire constater son état par un médecin ou chirurgien, qui sera nommé à cet effet par l'administration du district du lieu où il se trouvera; le certificat délivré par le médecin ou chirurgien sera visé par ladite administration, qui sera autorisée à vérifier de nouveau l'état du citoyen à qui le certificat aura été délivré.

II. Tout citoyen mis en réquisition, tout militaire en activité de service, qui fera attester faussement qu'il est malade ou infirme, sera réputé suspect, & , comme tel, mis en état d'arrestation jusqu'à la paix ; sans préjudice de plus forte peine, s'il y avoit un faux matériel dans la fabrication du certificat de maladie.

III. Tout médecin ou chirurgien qui sera convaincu d'avoir fait de faux certificats de maladies ou d'infirmités, soit à des citoyens mis en réquisition, soit à des militaires en activité de service, sera puni de deux ans de fers.

Décret qui prononce des Peines contre les Citoyens de la première réquisition qui ne se rendroient pas à leur destination, & contre leur Famille.

2 Frimaire. — *7 du même mois.* (1928.)

La Convention nationale décrète :

Les citoyens compris dans l'effet de la première réquisition, qui se seroient cachés ou auroient abandonné leur domicile, pour se soustraire à l'exécution de la loi, & qui ne se présenteront pas dans la décade qui suivra la publication du présent décret, pour se rendre à leur destination, seront censés émigrés, & , comme tels, soumis, eux & leur famille, à toutes les dispositions des lois concernant les émigrés & les parens des émigrés. (Art. XVIII.)

Code des Comités de surveillance, &c.   **G**

Les municipalités & les comités de furveillance des communes font fpé-cialement chargés de dreffer la lifte de ces citoyens, & d'en faire paffer copie à la Convention nationale.

SECTION V.

Fourniffeurs & Agens infidèles.

Décret relatif aux dépôts de Chevaux appartenant à la République.

29 Septembre 1793. — 19 *Vendémiaire.* (1681.)

La Convention nationale charge les administrations de département, de diftrict, les municipalités, de furveiller les dépôts de chevaux appar-tenant à la république, de dénoncer tous les abus qui pourroient fe com-mettre par les fourniffeurs, marchands, infpecteurs & agens de dépôts, d'en pourfuivre la punition. Elle recommande fpécialement les établiffe-mens importans, au zèle, au patriotifme & à la furveillance des fociétés populaires des chefs-lieux de département, de diftrict & de canton, qu'elle charge également de dénoncer lefdits abus.

Décret qui ordonne un Inventaire des Marchandifes ouvrées ou non ouvrées dans tous les magafins de la République.

2 Octobre 1793. — 4 *du même mois.* (1643.)

La Convention nationale décrète qu'il fera fait un inventaire dans tous les magafins de la République, par des commiffaires nommés par les ad-miniftrateurs de département, de diftrict ou municipalité dans l'arrondiffe-ment defquels ces magafins fe trouvent; que la qualité des différentes mar-chandifes ouvrées ou non ouvrées fera conftatée en préfence des commif-faires & gardes-magafins chargés de les infpecter & conferver; & que toutes les fois qu'il fera démontré que ces infpecteurs, commiffaires des guerres ou autres auront prévariqué, procès-verbal en fera dreffé, & les prévenus envoyés de fuite par les adminiftrations au tribunal révolutionnaire, pour y être jugés conformément aux lois.

Décret qui enjoint aux Entrepreneurs & Régiffeurs des charrois militaires de remettre les pièces de leurs comptes dans le délai de quatre décades, fous peine d'arreftation.

29 Brumaire. — 30 *du même mois.* (1906.)

La Convention nationale, ouï le rapport de fes comités des finances &

de l'examen des marchés, fubfiſtances, habillemens & charrois militaires, décrète :

ARTICLE PREMIER.

Les entrepreneurs & régiſſeurs des différens ſervices des charrois militaires, ſupprimés par le décret du 25 juillet dernier (vieux ſtyle), qui devoient, aux termes dudit décret, compter de clerc-à-maître avant le 1.er octobre ſuivant, dépoſeront, dans le délai de quatre décades à partir de ce jour, les pièces de leurs comptes ès mains des commiſſaires nommés à cet effet par la tréſorerie nationale.

II. Ceux deſdits entrepreneurs & régiſſeurs qui, après l'expiration dudit délai, n'auroient pas ſatisfait aux diſpoſitions de l'article ci-deſſus, feront mis en état d'arreſtation ; les ſcellés ſ ront appoſés ſur leurs papiers, meubles & effets, & ils feront contraints au paiement d'une amende de cinq cents livres par jour, juſqu'à ce que la remiſe de leurs pièces comptables ſoit effectuée.

III. Dans les huit premiers jours de leur détention ils feront tenus de nommer des fondés de pouvoir, à l'effet de pour eux aſſiſter à la levée des ſcellés, produire les pièces comptables & être préſens au débat de leurs comptes ; ſinon il ſera nommé d'office & à leurs frais des commiſſaires *ad hoc* par la commiſſion des finances.

Décret relatif aux Citoyens qui ont paſſé des Marchés avec l'Adminiſtration Centrale de la fabrication d'armes de Paris.

18 Frimaire. — 1 *Nivoſe.* (1984.)

La Convention nationale, après avoir entendu le rapport du comité de ſalut public, décrète que les citoyens qui ont paſſé des marchés avec l'adminiſtration centrale de la fabrication extraordinaire d'armes de Paris, pour quelques objets relatifs à cette fabrication, & qui ne rempliront pas, aux termes prescrits, leurs engagemens, feront traités comme per-ſonnes ſuſpectes, ſans préjudice des pourſuites ordinaires pour le fait de l'inexécution des conventions.

Décret relatif aux commiſſaires du conſeil exécutif ou autres, qui, après la révocation de leurs pouvoirs, auroient continué leurs fonctions ; & aux citoyens incorporés dans les armées ſoi-diſant révolutionnaires, qui ne ſe ſeroient pas ſéparés après le licenciement prononcé par la loi du 14 de ce mois.

27 Frimaire. — 28 *du même mois.* (1964.)

La Convention nationale, ſur la propoſition d'un membre, décrète ce qui ſuit :

A R T I C L E   P R E M I E R.

Il est enjoint aux accusateurs publics de pourfuivre & faire punir , conformément à l'article VI de la section V du titre Ier de la seconde partie du code pénal, tout commiffaire, agent ou délégué des repréfentans du peuple, du conseil exécutif, du miniftre de la guerre ou autres, qui, depuis la révocation de fes pouvoirs, prononcée, foit par des décrets de la Convention nationale, foit par des arrêtés du comité de falut public, foit par toute autre autorité inveftie de ce droit, aura continué ou continueroit ci-après l'exercice de fes fonctions.

II. Tous citoyens incorporés dans les armées foi-difant révolutionnaires, licenciées par la loi du 14 de ce mois, qui ne fe feroient pas féparés, & qui n'auroient pas remis leurs armes aux municipalités des lieux où ils fe trouveront, dans les vingt-quatre heures de la publication du préfent décret, feront punis de dix années de fers. Ceux de leurs officiers de tout grade qui feroient dans le même cas, fubiront la peine de mort.

III. Les accufateurs publics & autres agens de l'ordre judiciaire qui négligeroient la pourfuite & la punition des délits énoncés dans les deux articles précédens, feront punis fuivant la rigueur de la cinquième fection de la loi du 14 frimaire courant.

S E C T I O N   V I.

Eccléfiaftiques & Culte religieux.

Décret relatif aux eccléfiaftiques fujets à la déportation ou à des peines corporelles.

30 Vendémiaire. — 2 *Brumaire.* (1760)

La Convention nationale , après avoir entendu le rapport de fon comité de légiflation , décrète ce qui fuit :

A R T I C L E   P R E M I E R.

Les prêtres fujets à la déportation, pris les armes à la main, foit fur les frontières , foit en pays ennemi ;

Ceux qui auront été ou fe trouveront faifis de congés ou paffe-ports délivrés par des chefs français émigrés, ou par des commandans des armées ennemies , ou par les chefs des rebelles ;

Et ceux qui feront munis de quelques fignes contre-révolutionnaires feront, dans les vingt-quatre heures, livrés à l'exécuteur des jugemens criminels & mis à mort, après que le fait aura été déclaré conftant par une commiffion

militaire formée par les officiers de l'état-major de la division dans l'étendue
de laquelle ils auront été arrêtés.

II. Ceux qui ont été ou feront arrêtés fans armes dans les pays occupés
par les troupes de la République, feront jugés dans les mêmes formes &
punis des mêmes peines, s'ils ont été précédemment dans les armées ennemies
ou dans des raffemblemens d'émigrés ou de révoltés, ou s'ils y étoient à
l'inftant de leur arreftation.

III. La commiffion fera compofée de cinq perfonnes prifes dans les différens grades de la divifion.

IV. Le fait demeurera conftant, foit par une déclaration écrite revêtue
de deux fignatures, ou d'une feule fignature confirmée par la dépofition d'un
témoin, foit par la dépofition orale & uniforme de deux témoins.

V. Ceux de ces eccléfiaftiques qui rentreront, ceux qui font rentrés fur
le territoire de la République, feront envoyés à la maifon de juftice du tribunal criminel du département dans l'étendue duquel ils auront été ou feront
arrêtés; & après avoir fubi interrogatoire, dont il fera retenu note, ils feront,
dans les vingt-quatre heures, livrés à l'exécuteur des jugemens criminels, &
mis à mort, après que les juges du tribunal auront déclaré que les détenus
font convaincus d'avoir été fujets à la déportation.

VI. Les moyens de conviction contre les prévenus, en cas de dénégation
de leur part, réfulteront de la dépofition uniforme de deux témoins que les
détenus étoient dans le cas de la déportation.

VII. Si les accufés demandent à juftifier de l'extrait du procès-verbal contenant leur preftation de ferment, & qu'ils n'en foient pas porteurs, les
juges pourront leur accorder un délai ftrictement néceffaire, ou le leur refufer
fuivant les circonftances: fi le délai eft accordé, les juges feront tenus d'en
rendre compte au miniftre de la juftice, qui en inftruira fur-le-champ le comité
de fûreté générale de la Convention nationale.

VIII. Si les prévenus ne juftifient de leur preftation de ferment dans le
délai accordé par le tribunal, ils feront livrés à l'exécuteur des jugemens
criminels. Les juges en inftruiront pareillement le miniftre de la juftice, &
celui-ci le comité de fûreté générale.

IX. Dans le cas où ils produiroient le procès-verbal de leur ferment de
liberté & égalité, conformément au décret du 14 août 1792, l'accufateur
public eft autorifé à faire preuve, tant par pièces que par témoins, que les
accufés ont rétracté leur ferment, ou qu'ils ont été déportés pour caufe d'incivifme, aux termes de l'article II du décret du 21 avril dernier; & cette
preuve acquife, ils feront mis à mort: dans le cas contraire, ils feront mis
en liberté.

X. Sont déclarés fujets à la déportation, jugés & punis comme tels, les
évêques, les ci-devant archevêques, les curés confervés en fonctions, les
vicaires de ces évêques, les fupérieurs & directeurs des féminaires, les vicaires
des curés, les profeffeurs de féminaires & de collèges, les inftituteurs
publics & ceux qui ont prêché dans quelque églife que ce foit, depuis la

loi du 5 février 1791 , qui n'auront pas prêté le ferment preſcrit par l'art. XXXIX du décret du 24 juillet 1790, & réglé par les articles XXI & XXXVIII de celui du 12 du même mois , & par l'article II de la loi du 27 novembre de la même année, ou qui l'ont rétracté, quand bien même ils l'auroient prêté depuis leur rétractation ;

Tous les eccléſiaſtiques féculiers ou réguliers, frères convers & lais, qui n'ont pas ſatisfait au décret du 14 août 1792 & 21 avril dernier, ou qui ont rétracté leur ferment ;

Et enfin tous ceux qui ont été dénoncés pour cauſe d'incivifme, lorſque la dénonciation aura été jugée valable, conformément à la loi dudit jour 21 avril.

XI. Les difpoſitions de l'article II de ladite loi ne ſont point applicables aux vieillards âgés de plus de ſoixante ans, aux infirmes & caducs qui ſe trouveront dans les cas prévus par les articles I, II & V du préſent décret.

XII. Les eccléſiaſtiques qui ont prêté le ferment preſcrit par les lois des 24 juillet & 27 novembre 1790, ainſi que celui de liberté & égalité dans le temps déterminé, & qui feront dénoncés pour cauſe d'incivifme, feront embarqués fans délai, & transférés à la côte de l'oueſt de l'Afrique, depuis le vingt-troiſième degré ſud juſqu'au vingt-huitième.

XIII. La dénonciation pour cauſe d'incivifme fera faite par fix citoyens du canton, & jugée par le directoire du département, ſur l'avis du diſtrict. (*Idem*, art. II.)

XIV. Les eccléſiaſtiques mentionnés en l'article X, qui, cachés en France, n'ont point été embarqués pour la Guyane françaiſe, feront tenus, dans la décade de la publication du préſent décret, de ſe rendre auprès de l'adminiſtration de leurs départemens reſpectifs, qui prendront les meſures néceſſaires pour leur arreſtation, embarquement & déportation, en conformité de l'article XII.

XV. Ce délai expiré, ceux qui feront trouvés ſur le territoire de la république, feront conduits à la maifon de juſtice du tribunal criminel de leur département, pour y être jugés conformément à l'article V.

XVI. La déportation, la réclufion & la peine de mort, prononcées d'après les difpoſitions de la préfente loi, emporteront confifcation des biens.

XVII. Les prêtres déportés volontairement & avec paſſe-ports, ainſi que ceux qui ont préféré la déportation à la réclufion, ſont réputés émigrés.

XVIII. Tout citoyen eſt tenu de dénoncer l'eccléſiaſtique qu'il ſaura être dans le cas de la déportation, de l'arrêter ou faire arrêter, & conduire devant l'officier de police le plus voiſin ; il recevra cent livres de récompenſe.

XIX. Tout citoyen qui recéleroit un prêtre ſujet à la déportation, fera condamné à la même peine.

Décret relatif aux abdications des ministres de tout culte.

23 brumaire. — *même jour.* (1869.)

La Convention nationale décrète :

ARTICLE PREMIER.

Toutes les autorités constituées sont autorisées à recevoir des ecclésiastiques & ministres de tout culte, la déclaration qu'ils abdiquent leur
qualité.

II. Les listes certifiées de ces déclarations seront, tous les quinze jours,
envoyées au comité d'instruction publique.

Décret relatif à la liberté des cultes.

18 frimaire. — 1er. *nivôse.* (1976.)

La Convention nationale, considérant ce qu'exigent d'elle les principes
qu'elle a proclamés au nom du Peuple français, & le maintien de la tranquillité publique, décrète :

ARTICLE PREMIER.

Toutes violences & mesures contraires à la liberté des cultes, sont défendues.

II. La surveillance des autorités constituées & l'action de la force publique
se renfermeront à cet égard, chacune pour ce qui les concerne , dans les
mesures de police & de sûreté publique.

III. La Convention nationale, par les dispositions précédentes, n'entend
déroger en aucune manière aux lois ni aux précautions de salut public contre
les prêtres réfractaires ou turbulens, ou contre tous ceux qui tenteroient
d'abuser du prétexte de la religion, pour compromettre la cause de la
liberté : elle n'entend pas non plus improuver ce qui a été fait jusqu'à ce
jour en vertu des arrêtés des représentans du peuple, ni fournir à qui que
ce soit le prétexte d'inquiéter le patriotisme & de ralentir l'essor de l'esprit
public. La Convention invite tous les bons citoyens, au nom de la patrie,
à s'abstenir de toutes disputes théologiques ou étrangères au grand intérêt
du Peuple Français, pour concourir de tous leurs moyens au triomphe de la
République & à la ruine de tous ses ennemis.

L'adresse en forme de réponse au manifeste des rois ligués contre la
République, décrétée par la Convention nationale , le 15 frimaire, sera
réimprimée par les ordres des administrations de district, pour être répandue

& affichée dans l'étendue de chaque diftrict : elle fera lue, ainfi que le préfent décret, au plus prochain jour de décadi, dans les affemblées de commune & de fection , par les officiers municipaux ou les préfidens de
fection.

*Décret qui deftine au foulagement de l'humanité fouffrante & à l'Inftruction
publique, les Presbytères des Communes qui auront renoncé au culte public.*

25 Brumaire. — 26 *du même mois.* (1880.)

La Convention nationale décrète que les presbytères & paroiffes fitués
dans les communes qui auront renoncé au culte public, ou leur produit,
feront deftinés à fubvenir au foulagement de l'humanité fouffrante & à
l'inftruction publique.

Charge les comités de finances, d'inftruction & de fecours, de fe réunir
pour préfenter un projet de loi qui règle l'exécution du préfent décret.

SECTION VII.

Receveurs des Loteries.

*Décret qui déclare fufpects ceux qui contreviendront aux décrets concernant les
Loteries.*

28 Vendémiaire. — 30 *du même mois.* (1758.)

La Convention nationale, fur le rapport de fon comité des finances,
décrète:

ARTICLE PREMIER.

La loterie de France continuera d'être régie par trois adminiftrateurs dont
le traitement eft fixé à fix mille livres.

II. Les bureaux des loteries étrangères , les bureaux clandeftins fur la loterie de France , les loteries particulières , fous quelque dénomination
qu'elles foient établies , font fupprimés ; & ceux qui contreviendront au
préfent décret, feront pourfuivis devant les tribunaux de police municipale,
condamnés à la reftitution des fommes reçues pour les billets diftribués ;
en trois mille livres d'amende , & traités comme gens fufpects.

Décret additionnel fur la fuppreffion de toutes les Loteries.

25 Brumaire. — *même jour.* (1896.)

La Convention Nationale décrète :

ARTICLE

ARTICLE PREMIER.

Les loteries, de quelque nature qu'elles foient & fous quelque dénomination qu'elles exiftent, font fupprimées.

II. Il ne pourra être fait d'autres tirages, à compter de ce jour, que ceux qui devoient avoir lieu à raifon des mifes autorifées pendant le courant du préfent mois.

III. Le comité des finances eft chargé de préfenter fans délai un projet de décret fur les mefures à prendre pour affurer les intérêts particuliers.

IV. L'infertion du préfent décret au bulletin tiendra lieu de promulgation.

SECTION VIII.

Etrangers.

Décret qui annulle tous traités d'alliance & de commerce paffés entre la France & les Puiffances avec lefquelles elle eft en guerre, & défend l'introduction en France de diverfes marchandifes étrangères.

1er. mars 1793. — 4 *du même mois.* (498.)

La Convention nationale, après avoir entendu fes comités de commerce, de défenfe générale & de la guerre, confidérant que la conduite hoftile des puiffances coalifées contre la République, eft une infraction aux traités antérieurs, décrète ce qui fuit :

ARTICLE PREMIER.

Tous traités d'alliance ou de commerce exiftant entre l'ancien gouvernement français & les puiffances avec lefquelles la République eft en guerre, font annullés.

II. Huit jours après la publication du préfent décret, il ne pourra être introduit dans l'étendue du territoire de la République, tant par mer que par terre, des velours & étoffes de coton, des étoffes de laine connues fous le nom de cafimir, des bonneteries d'aucune efpèce, des ouvrages d'acier poli, des boutons de métal, & des faïances de terre de pipe ou de grès d'Angleterre, venant de l'étranger, fous peine de confifcation, conformément à l'article Ier du titre V de la loi du 22 août 1791.

III. A compter du 1er avril prochain, il ne pourra également, & fous les mêmes peines, être importé en France, ni admis au paiement des droits du tarif, aucun objet ou marchandife manufacturé à l'étranger, qu'en juftifiant qu'ils auront été fabriqués dans des états avec lefquels la République ne fera point en guerre.

Code des comités de furveillance, &c.   H

IV. Cette juſtification ſera faite par certificats délivrés par les conſuls de France réſidant dans ces états, ou à défaut de conſuls, par les officiers publics. Ils contiendront l'atteſtation formelle que ces objets ou marchandiſes auront été manufacturés dans les lieux même où les certificats ſeront délivrés.

V. Les objets trouvés en contravention au préſent décret, ſeront vendus trois jours après la confiſcation définitivement prononcée. La moitié du produit net des objets vendus, appartiendra & ſera remiſe, auſſitôt après la vente, à tous particuliers qui auroient dénoncé leſdits objets, ou concouru à leur arreſtation.

VI. Ne ſont point compris dans la préſente prohibition, 1°. les marchandiſes provenant des priſes faites ſur l'ennemi, pour raiſon deſquelles la loi du 19 février dernier aura ſa pleine & entière exécution; 2°. les agrès ou apparaux de navire, les bois de conſtruction, les ancres de fer, les armes & munitions de guerre, les viandes ſalées, les fers blancs ou noirs non ouvrés, les vaſes de verre ſervant à la chymie; tous leſquels objets ſeront admis au paiement des droits de tarif du 15 mars 1791.

VII. Les objets & marchandiſes dont l'introduction eſt prohibée, tant par le préſent décret que par les lois antérieures, qui proviendroient de l'échouement de quelques navires ſur les côtes de France, pourront être introduits dans le territo re de la République, en payant; ſavoir, les objets précédemment prohibés & ceux compris dans l'article II ci-deſſus, vingt pour cent de leur valeur; & ceux énoncés en l'article III, une moitié en-ſus des droits fixés par le tarif.

VIII. La Convention nationale, jalouſe de ne laiſſer aucun doute ſur les intentions & la loyauté de la nation françaiſe, déclare qu'elle autoriſe tous chargemens d'objets non prohibés, faits ſur navires neutres dans les ports de la République; ordonne en conſéquence qu'il ſera fait mention du préſent article dans les paſſe-ports qui leur ſeront délivrés, pour les mettre à l'abri de toutes inſultes de la part des navires français armés en courſe.

IX. La Convention nationale charge le conſeil exécutif proviſoire, de faire, pour l'exécution du préſent décret, toutes proclamations néceſſaires.

Décret portant que les étrangers non domiciliés en France avant le 14 juillet 1789, ſeront mis en état d'arreſtation.

1ᵉʳ. août 1793. — *même jour.* (1307).

La Convention nationale décrète que les étrangers des pays avec leſquels la République eſt en guerre, & non domiciliés en France avant le 14 juillet 1789, ſeront mis ſur-le-champ en état d'arreſtation, & le ſcellé appoſé ſur leurs papiers, caiſſes & effets; charge la commiſſion des fix de lui préfenter demain un projet de loi fur les étrangers en général.

Décret qui déclare traîtres à la patrie les Français qui placeroient des fonds fur les comptoirs ou banques des pays avec lefquels la République eſt en guerre.

1ᵉʳ. août 1793. — 2 août. (1316.)

La Convention nationale décrète que tous Français qui placeroient des fonds fur les comptoirs ou banques des pays avec lefquels la République eſt en guerre, font déclarés traîtres à la patrie.

Décret qui ordonne la faifie & le féqueſtre des biens & des propriétés que les fujets & vaſſaux du roi d'Eſpagne ont en France.

16 Août 1793. — *même jour.* (1373)

La Convention Nationale, après avoir entendu le rapport de fes comités de falut public & de légiſlation, décrète:

ARTICLE PREMIER.

Les biens & les propriétés que les fujets & vaſſaux du roi d'Eſpagne ont en France, fous quelque dénomination qu'ils puiſſent être, foit en immeubles, foit en meubles, en marchandifes, rentes viagères ou perpétuelles, feront faifis & féqueſtrés au nom de la République.

II. Le produit en fera appliqué à l'indemnité & aux fecours dus aux citoyens français qui ont été expulfés ou dépouillés de leurs biens en Efpagne. Le réfidu du produit de ces biens, s'il y en a, fera employé à dédommager les Français qui auront fouffert quelque perte ou préjudice de la part des armées efpagnoles.

III. Il fera furfis, jufqu'à ce qu'il en ait été autrement ordonné, à toutes pourfuites qui pourroient être exercées contre les Français expulfés d'Efpagne par leurs créanciers, en vertu de titres antérieurs à leur expulfion.

IV. Les moyens d'exécution du décret ci-deſſus, feront préfentés fous trois jours par le comité des finances,

H 2

Décret relatif à l'exécution de celui du 16 de ce mois, concernant le séquestre des biens des Espagnols, situés en France.

26 Août 1793. — *même jour.* (1439).

La Convention nationale décrète :

ARTICLE PREMIER.

Le ministre de l'intérieur lui rendra compte des mesures qu'il a prises pour l'exécution du décret du 16 de ce mois, concernant le séquestre mis sur les biens des Espagnols, situés ou déposés en France.

II. Tous dépositaires de biens appartenans aux Espagnols ou aux domiciliés en Espagne, de quelque nature qu'ils soient & sous quelque forme qu'ils soient représentés, seront tenus d'en faire leur déclaration à la municipalité du lieu de leur résidence, dans les vingt-quatre heures après la publication de la présente loi, sous peine d'une amende égale à la valeur du dépôt qu'ils auroient caché.

III. Ces dépositaires demeureront séquestrés de ces biens, jusqu'à ce qu'il en soit autrement ordonné.

Décret contenant des mesures de sûreté, relatives aux étrangers qui se trouvent en France.

6 septembre 1793. — *7 du même mois.* (1479).

La Convention nationale, considérant que les puissances ennemies de la République, violant les droits de la guerre & des gens, se servent des hommes même en faveur de qui la nation française exerce journellement des actes de bienfaisance & d'hospitalité, pour les diriger contre elle ; & que le salut public lui recommande des mesures de sûreté, que ses principes d'union & de fraternité avoient jusqu'ici rejetées, décrète ce qui suit :

ARTICLE PREMIER.

Les étrangers nés sur le territoire des puissances avec lesquelles la République française est en guerre, seront mis en état d'arrestation dans les maisons de sûreté, jusqu'à ce que, par l'Assemblée nationale, il en soit autrement ordonné.

II. Sont exceptés de cette disposition, les artistes, les ouvriers & tous ceux qui sont employés dans des ateliers ou manufactures, à la charge par eux de se faire attester par deux citoyens de leur commune, d'un patriotisme connu.

III. Sont également exceptés ceux qui, n'étant ni ouvriers ni artistes, ont depuis leur séjour en France donné des preuves de civisme & d'attachement à la révolution française.

IV. Pour prouver leurs principes, les étrangers seront tenus, dans la huitaine qui suivra la publication de la présente loi, de se rendre à l'assemblée du conseil-général de la commune ou de la section dans l'étendue de laquelle ils demeurent, & de présenter, savoir, les artistes & ouvriers, les deux citoyens qui doivent les attester; & les autres, les pièces ou les preuves justificatives de leur civisme.

V. Tout citoyen aura droit d'opposer contre les uns ou les autres, les faits parvenus à sa connoissance, qui éleveroient quelques soupçons sur la pureté de leurs principes; & si ces faits se trouvent réels & constatent contre eux de justes causes de suspicion, ils seront mis en état d'arrestation.

VI. Si leur civisme est reconnu, les officiers municipaux ou de la section leur déclareront que la République française les admet au bienfait de l'hospitalité; leurs noms seront inscrits sur la liste des étrangers, qui sera affichée dans la salle des séances de la maison commune, & il leur sera délivré un certificat d'hospitalité.

VII. Ils ne pourront sortir ou se transporter nulle part sans être munis de leur certificat, qu'ils seront tenus de produire toutes les fois qu'ils en seront requis par les autorités constituées; & ceux qui enfreindront cette disposition seront mis en état d'arrestation comme suspects.

VIII. La même peine aura lieu contre ceux qui auront exercé l'agiotage, ou qui vivent de leurs rentes, sans industrie ou propriétés connues.

IX. Ceux qui seront convaincus d'espionnage, ou d'avoir ménagé des intelligences, soit avec les puissances étrangères, soit avec des émigrés ou tous autres ennemis de la France, seront punis de mort, & leurs biens déclarés appartenir à la République.

X. Ceux qui, après la huitaine de la publication de la présente loi, ne se feront pas présentés devant leur municipalité ou section, pour obtenir leur certificat d'hospitalité, seront punis de dix années de fers, à moins qu'ils ne justifient qu'ils en ont été empêchés pour cause de maladie ou d'absence.

XI. Ceux qui seront découverts sous un déguisement ou travestissement quelconque, ou qui seront supposés d'une nation différente de celle sur le territoire de laquelle ils sont nés, seront punis de mort.

XII. Les étrangers nés dans les pays avec lesquels la République est en guerre, qui entreroient en France après la publication de la présente loi, seront déclarés conspirateurs, & comme tels punis de mort.

XIII. Les enfans des étrangers qui ont été envoyés en France pour leur éducation, auront la liberté d'y rester, pourvu que les personnes chez qui ils demeurent, répondent de leur civisme.

XIV. Dans le cas où, après seize ans révolus, ils ne seroient attestés par aucun citoyen d'un civisme connu, il leur sera délivré un certificat sur lequel leur itinéraire fera tracé jufqu'à la frontière; & ils feront tenus de fortir de la République dans le délai de quinzaine au plus tard.

XV. Quant aux étrangers nés chez les puiffances avec lefquelles la République françaife n'eft point en guerre, ils feront affujettis, pour conftater leur civifme, aux mêmes formalités que les précédens; & dans le cas où le certificat d'hofpitalité leur feroit refufé, ils feront également tenus de fortir du territoire de la République dans le délai ci-deffus fixé. En conféquence, la Convention nationale rapporte fon décret en faveur des étrangers déferteurs.

XVI. Il eft enjoint aux autorités conftituées de tenir ftrictement la main, à l'exécution de la préfente loi, à peine de répondre perfonnellement des évènemens.

Décrets qui étendent aux Anglais les mefures prifes contre les Efpagnols & autres étrangers avec le pays defquels la République eft en guerre.

Des 7, 13 & 14e. jours de feptembre 1793, (vieux ftyle), an fecond de la République françaife, une & indivifible.

PREMIER DÉCRET.

Du 7 feptembre 1793.

La Convention nationale, fur la pétition du département, convertie en motion par un membre, décrète que les mefures employées contre les Efpagnols, feront étendues aux Anglais, & en général, contre tous étrangers avec le pays defquels la République eft en guerre; en conféquence, que tous les étrangers qui font actuellement en France, feront mis en état d'arreftation, & que leurs biens feront confifqués au profit de la République.

SECOND DÉCRET.

Du 13 feptembre 1793.

La Convention nationale, ouï le rapport de la commiffion des finances & du comité de commerce, rapporte le décret du 7 de ce mois, en ce qui concerne les mefures prefcrites à l'égard des biens appartenant en France à tous autres étrangers qu'aux Efpagnols.

TROISIÈME DÉCRET.

Du 14 feptembre 1793.

La Convention nationale, ouï la pétition de la fociété des amis de la

liberté & de l'égalité, féante à Paris, convertie en motion par plufieur
membres, fufpend l'exécution du décret par lequel elle a rapporté la l
du 7 feptembre qui étendoit aux Anglais les mefures prifes contre le
Efpagnols.

*Décret qui déclare traîtres à la patrie & hors de la loi les Français qui on
accepté ou accepteroient des fonctions publiques dans les parties du territoir
français envahies par l'ennemi.*

7 feptembre 1793. — 22 du même mois. (1587.)

La Convention nationale décrète ce qui fuit :

A R T I C L E   P R E M I E R.

Tous les Français qui ont accepté ou accepteroient ci-après des fonctions
publiques dans les parties du territoire de la République envahies par les
puiffances ennemies, font déclarés traîtres à la patrie & hors de la loi.

II. Tous les biens des perfonnes mentionnées dans l'article précédent,
font confifqués au profit de la République.

*Décret relatif aux ouvriers, artiftes, & autres citoyens utiles, originaires
d'Angleterre, & vivant de leur induftrie en France.*

9 feptembre 1793. — même jour. (1505.)

La Convention nationale, expliquant l'art. IV de fon décret de ce jour (1),
déclare que dans les difpofitions de cet article, elle n'a pas entendu
comprendre les ouvriers, artiftes & autres citoyens utiles, originaires d'Angleterre, vivant de leur induftrie, de leur commerce & du travail de leurs
mains, lefquels en étoient déja exceptés par la loi du 6 feptembre : charge
le miniftre de l'intérieur de faire publier dans le jour le préfent décret,
avec une proclamation qui tranquillife les citoyens paifibles.

---

(1) « Les Anglais qui, fur le territoire de la République, ont été en état de détention,
» conformément à la Loi du 6 de ce mois, ou qui le seroient en vertu de la même Loi, se-
» ront soigneusement resserrés sous la responsabilité individuelle des corps administratifs : ils
» seront regardés comme otages, et répondront sur leur tête de la conduite que l'amiral Hood et
» les sections de Toulon tiendront à l'égard des repréfentans du peuple, Bayle et Beauvais, de
» la femme et de l'enfant du général Lapoype et des autres patriotes opprimés ou incarcérés à
» Toulon ».

 CHAPITRE III.

Décret contenant une exception à la loi contre les étrangers.

17 Vendémiaire. — 27 *du même mois.* (1746.)

La Convention nationale, après avoir entendu le rapport de son comité de légiflation fur la pétition de Louis-Nicolas Lépy, né en Allemagne de père & mère français, & rentré fix femaines après fa naiffance, avec fa mère, en France, où il a toujours réfidé depuis, & où il eft employé en qualité de fergent-major dans une compagnie de la garde parifienne, par laquelle il demande s'il eft fujet à la loi contre les étrangers;

Paffe à l'ordre du jour, motivé fur ce que la loi n'atteint pas les citoyens nés de père & mère français en pays étranger, lorfqu'ils ont habité la France, & y ont joui des droits de citoyen.

Décret qui profcrit du fol de la République toutes marchandifes fabriquées ou manufacturées dans les pays foumis au gouvernement britannique.

18 Vendémiaire — 19 *du même mois.* (1678.)

La Convention nationale, après avoir entendu le rapport du comité de falut public, décrète ce qui fuit:

ARTICLE PREMIER.

Toutes marchandifes fabriquées ou manufacturées en Angleterre, en Ecoffe, en Irlande, & dans tous les pays foumis au gouvernement britannique, font profcrites du fol & territoire de la République françaife.

II. L'adminiftration des douanes eft tenue, fous la refponfabilité perfonnelle des adminiftrateurs & des prépofés, de veiller à ce qu'il ne foit introduit ni importé en France, aucune defdites marchandifes. Les adminiftrateurs & prépofés qui auroient permis ou fouffert l'introduction ou importation defdites marchandifes en France, feront punis de vingt ans de fers.

III. Toute perfonne qui, à compter du jour de la publication du préfent décret, fera importer, importera, introduira, vendra ou achetera directement ou indirectement des marchandifes manufacturées ou fabriquées en Angleterre, fera punie de la même peine portée en l'article précédent.

IV. Toute perfonne qui portera ou fe fervira defdites marchandifes importées depuis la publication du préfent décret, fera réputée fufpecte & punie comme telle, conformément au décret rendu le 17 feptembre dernier.

V. Toutes affiches, placards & enfeignes conçus en langue anglaife, ou indiquant des magafins de marchandifes anglaifes, ou portant des fignes ou des dénominations anglaifes, ainfi que tous journaux qui annonceroient ou publieroient la vente de pareilles marchandifes, font profcrits, fous peine

de

de vingt ans de fers contre les auteurs & propriétaires desdites affiches, placards, enseignes & journaux.

VI. Les Français propriétaires de marchandises angloises seront tenus de faire leur déclaration, dans quinzaine, devant les municipalités des lieux où ils résident, d'y faire constater la facture. Les municipalités en feront passer les états au conseil exécutif.

VII. Toutes les marchandises de fabrique ou de manufacture angloise, existant dans les divers magasins ou boutiques, seront remises dans des dépôts indiqués par le conseil exécutif, sauf indemnité pour lesdits propriétaires & marchands, qui sera réglée d'après les états & les factures qui seront remis en vertu de l'article précédent.

Décret qui ordonne l'arrestation de tous les sujets du roi de la Grande-Bretagne, actuellement dans l'étendue de la République.

19 Vendémiaire. — 20 *du même mois.* (1687.)

La Convention nationale, après avoir entendu le rapport de son comité de législation, décrète ce qui suit :

A R T I C L E   P R E M I E R.

Tous les meubles, immeubles, créances, rentes, & généralement tous les biens, toutes les sommes & effets quelconques appartenans ou dus, en France ou dans les colonies françaises, à des Anglois, Écossois, Irlandois, Hanovriens de l'un & l'autre sexe, & généralement à des sujets du roi de la Grande-Bretagne, sont confisqués au profit de la République, & seront, à la réception du présent décret, saisis & mis sous la main des régisseurs des domaines nationaux.

II. Tout détenteur, fermier, débiteur ou dépositaire de biens, effets, sommes, créances & autres objets ci-dessus désignés, est tenu d'en faire la déclaration, dans les vingt-quatre heures qui suivront la publication du présent décret, à l'administration de son district, sous peine de dix années de fers, & d'une amende égale à la valeur de l'objet non déclaré ; la moitié de cette somme sera adjugée au dénonciateur.

III. Toute quittance ou décharge de sommes ou effets ci-dessus désignés, qui n'auroit pas été enregistrée avant ce jour, est nulle ; chaque receveur des droits d'enregistrement est tenu, à peine de destitution, de faire arrêter ses registres par le juge de paix de sa résidence.

IV. Tous les Anglois, Écossois, Irlandois, Hanovriens de l'un & l'autre sexe, & généralement tous les sujets du roi de la Grande-Bretagne, qui sont actuellement dans l'étendue de la République, seront, à l'instant de la réception du présent décret, mis en état d'arrestation dans des maisons de sûreté, & les scellés seront apposés sur leurs papiers.

Code des Comités de surveillance, &c.   I

V. Celui qui logeroit ou receleroit quelqu'un! des individus ci-deffus défignés, & n'en feroit pas fa déclaration dans les vingt-quatre heures, fera puni de dix années de fers.

VI. La même peine aura lieu contre tout fonctionnaire public qui feroit convaincu de négligence dans l'exécution du préfent décret.

VII. Sont exceptés du préfent décret les ouvriers nés fujets du roi de la Grande-Bretagne, qui font depuis fix mois en activité de fervice dans les manufactures de France, & les enfans placés dans les écoles françaifes au-deffous de l'âge de douze ans. Les fcellés feront néanmoins appofés fur leurs papiers.

VIII. Le préfent décret fera envoyé à tous les départemens par des couriers extraordinaires.

IX. La rédaction du préfent décret, arrêtée dans la féance d'hier, eft rapportée.

Décret qui excepte de la loi relative à l'arreftation des étrangers, les époufes des citoyens des Etats-unis de l'Amérique.

5 Brumaire. — *même jour.* (1785.)

La Convention nationale, après avoir entendu la pétition des citoyens Américains, fur la propofition d'un membre, décrète que les époufes des citoyens des Etats-unis de l'Amérique, quel que foit le lieu de leur naif-fance perfonnelle, font exceptées de la loi relative à l'arreftation des étrangers.

Décret qui excepte les Médecins de la loi fur les étrangers.

13 Brumaire. — 18 *du même mois.* (1855.)

La Convention nationale, fur la motion d'un membre, interprétant la loi fur les étrangers, décrète que les médecins, comme ouvriers de fanté, font compris, en cette qualité, dans l'exception de l'article IX concernant les ouvriers.

CHAPITRE IV.

Armoiries, signes de royauté & de féodalité, brevets & décorations militaires.

Décret portant qu'il ne sera plus fait usage du papier marqué des anciennes empreintes portant les attributs de la royauté.

4 juillet 1793. — *même jour.* (1140.)

LA Convention nationale, instruite que, sur le papier timbré qui se distribue dans Paris, les empreintes du timbre portent encore les attributs de la royauté, décrète qu'il ne sera plus fait usage du papier marqué des anciennes empreintes; en conséquence, les citoyens qui en sont approvisionnés, le rapporteront dans les bureaux de la régie, pour être échangé.

Décret qui ordonne d'effacer les attributs de la royauté, sculptés ou peints sur les monumens publics à Paris.

4 juillet 1793. — *même jour.* (1150).

La Convention nationale, sur l'observation d'un membre, qu'il existe encore dans Paris des monumens où l'on voit des attributs de la royauté, ou des inscriptions en l'honneur des rois, ou des allégories fastueuses prodiguées à *Louis XIV*, entre autres sur les portes Saint-Denis & Saint-Martin, décrète ce qui suit:

ARTICLE PREMIER.

Que la municipalité de Paris donnera des ordres pour que, dans toute l'étendue de son arrondissement, tous les objets sculptés ou peints sur les monumens publics, soit civils, soit religieux, qui présentent des attributs de royauté, ou des éloges prodigués à des rois, soient effacés ou changés.

II. Que pour la conservation de ces monumens, & pour que l'exécution du présent décret ne soit pas indifféremment confiée à des citoyens qui pourroient ne pas y apporter les connoissances nécessaires pour la conservation de ces mêmes monumens, il sera formé une commission composée de quatre membres de la commission des monumens, établie par un décret, de six artistes nommés par la société des arts, tenant ses séances au Louvre.

III. Que cette commission convoquée par le procureur de la commune, sera chargée seule de veiller à l'exécution du présent décret, & sera autorisée à proposer à la municipalité les changemens nécessaires.

IV. Que le préfent fera exécuté avant la fin de juillet fur tous les monumens.

V. Charge le miniftre de l'intérieur de faire affembler la commiffion des
monumens & les artiftes, de leur donner connoiffance du préfent décret,
& de faire procéder à la nomination des commiffaires.

*Décret qui ordonne la confifcation, au profit de la Nation, des maifons &
autres édifices portant des armoiries.*

1er. août 1793. — *même jour.* (1310.)

La Convention nationale, fur la motion d'un membre, décrète que
dans huitain , à compter de la publication du préfent décret, toutes les
maifons, édfices, parcs, jardins, enclos, qui porteroient des armoiries,
feront confifqués au profit de la nation.

*Décret qui ordonne aux corps adminiftratifs & municipalités de détruire les
portraits & effigies des rois dans le local de leurs établiffemens.*

2 feptembre 1793. — *même jour.* (1468.)

La Convention nationale décrète qu'à l'exemple de ce qui s'eft paffé dans
la journée du 10 août dans la ville de Bar-fur-Ornin, tous les corps adminiftratifs & toutes les municipalités de la République, feront tenus de
détruire & livrer aux flammes les portraits & effigies des rois qui peuvent
fe trouver dans le local de leurs établiffemens, de faire fondre les buftes
& ftatues repréfentant auffi les rois, de quelque métal qu'ils foient, &
de faire brifer ceux qui font en pierre, marbre, plâtre ou autres matériaux.

*Décret relatif à l'enlèvement des fignes de royauté & de féodalité dans les
églifes & autres monumens publics.*

14 feptembre 1793. — 8 Vendémiaire. (1794.)

La Convention nationale décrète que les officiers municipaux des communes feront exécuter le décret du 4 juillet, fur la fuppreffion des armoiries
& fignes de la royauté dans les églifes & tous autres monumens publics,
dans le courant du mois, à compter de la publication du préfent décret,
& ce, fous peine de deftitution.

Les dépenfes relatives à l'exécution du préfent décret feront fupportées,
pour chaque commune, par le département, & payées par le receveur du
diftrict, fur les mémoires arrêtés par le confeil général de chaque municipalité.

Décret portant que les fleurs-de lys marquées sur les milles qui bordent les routes, seront remplacées par le bonnet de la liberté.

20 septembre 1793 — 4 octobre. (1638).

La Convention nationale, sur la proposition d'un membre, décrète que le bonnet de la liberté sera substitué aux fleurs-de-lys marquées sur les milles qui bordent les routes de France.

Décret qui prescrit un terme pour l'enlèvement des signes de royauté, & les formes qui devront précéder la confiscation des terrains & édifices sur lesquels on les aura laissé subsister.

18 Vendémiaire. — 20 du même mois. (1701.)

La Convention nationale, après avoir entendu le rapport de son comité de législation sur la pétition du citoyen *Vaudeuil*, relative à une délibération de la municipalité de Saint-Germain, du 17 septembre dernier, confirmée par le département du Loiret le 19 du même mois, qui déclare sa maison confisquée au profit de la république, pour y avoir laissé subsister, après le délai fixé par le décret du 1er. août, deux girouettes en forme de lion sur le toit, & une fleur-de-lys sur une grille de fer servant de clôture à une avenue ;

Considérant que c'est devant le conseil exécutif provisoire que doivent se porter immédiatement les réclamations des individus qui se prétendent lésés par les délibérations des corps administratifs ;

Considérant qu'il importe d'étendre aux emblêmes de la royauté la peine prononcée par le décret du 1er. août, relativement aux armoiries, décrète ce qui suit :

ARTICLE PREMIER.

Il n'y a lieu à délibérer sur la pétition du citoyen *Vaudeuil*, sauf à lui à se pourvoir pardevant le conseil exécutif provisoire, qui examinera si les girouettes en forme de lion, ci-dessus mentionnées, doivent être considérées comme armoiries.

II. Les propriétaires ou usufruitiers des parcs, jardins, enclos & édifices qui porteront encore, soit dans leurs clôtures, soit dans leur bâtisse, des signes de royauté, tels que les fleurs-de-lys & autres, seront tenus de les faire enlever dans les huit jours après la publication du présent décret, faite en présence de chaque commune convoquée à cet effet. Les officiers municipaux veilleront à l'exécution de cette mesure ; & si elle n'est pas remplie dans les huit jours qui suivront l'avertissement fraternel qu'ils seront tenus de donner aux citoyens en retard, les parcs, jardins, enclos & bâti-

mens fur lefquels ces fignes auront été ainfi à deffein & fciemment confervés, feront confifqués au profit de la République.

III. La confifcation fera proclamée par les adminiftrations de département,
fur les procès-verbaux des municipalités, vifés par les adminiftrations de
diftrict, & conftatant par énonciation expreffe que le préfent décret a été
publié dans la commune de la fituation de l'objet confifqué.

IV. Les formes prefcrites par l'article précédent feront également obfervées
pour l'exécution du décret du 1ᵉʳ. août, relatif aux armoiries.

*Décret qui ordonne de faire retourner les plaques de cheminées ou contre-feux
. portant des fignes de féodalité.*

21 Vendémiaire. — *même jour.* (1710.)

La Convention nationale décrète que les propriétaires de maifons, &,
à leur défaut, les locataires ou fermiers aux frais defdits propriétaires, feront
tenus, fous un mois pour tout délai, fous les peines portées par la loi, de
faire retourner toutes les plaques de cheminées ou contre-feux qui porteroient des fignes de féodalité, ou l'ancien écu de France, foit qu'ils aient
trois fleurs-de-lys ou un plus grand nombre; le tout provifoirement & jufqu'à
ce qu'il ait été établi des fonderies en nombre fuffifant dans toute l'étendue
de la République.

*Décret qui autorife la démolition des châteaux forts appartenans aux ci-devant
feigneurs.*

28 Vendémiaire. — 30 *du même mois.* (1756.)

La Convention nationale autorife les repréfentans du peuple délégués
dans les départemens & près les armées de la République, à faire démolir
les châteaux forts appartenans aux ci-devant feigneurs.

Décret relatif aux fignes de royauté & de féodalité qui fe trouvent fur les cartes.

1ᵉʳ Brumaire — 2 *du même mois.* (1771.)

La Convention nationale, fur la propofition d'un membre, tendant à faire
difparoître des jeux de cartes les fignes de royauté & de féodalité qui s'y
trouvent, paffe à l'ordre du jour, motivé fur ce que cet objet eft du reffort
de la police, & que c'eft aux municipalités à faire exécuter la loi à cet égard.

Décret qui défend d'employer dans la fabrication des papiers, des formes ou transparens portant des attributs de royauté.

1er. Brumaire. — 2 *du même mois.* (1779.)

La Convention nationale, après avoir entendu le rapport du comité de salut public, décrète que tous les fabricans de papiers & propriétaires de papeteries, ne pourront plus employer de formes ou transparens portant des fleurs-de-lys ou autres attributs de la royauté, sous peine de confiscation des papiers & instrumens de l'art. Les noms de liberté, d'égalité & de République française, une & indivisible, y seront substitués.

Le ministre de l'intérieur rendra compte, dans un mois, de l'exécution du présent décret.

Décret interprétatif de celui du dix-huitième jour du premier mois, qui ordonne l'enlèvement des signes de royauté & de féodalité.

3 Brumaire. — 4 *du même mois.* (1783.)

La Convention nationale, après avoir entendu son comité d'instruction publique sur les abus qui se commettent dans l'exécution de son décret du 1e. jour, 1er. mois, qui a pour objet de faire disparoître tous les signes de royauté & de féodalité dans les jardins, parcs, enclos & bâtisses ;

Considérant qu'en donnant à ce décret une extension que la Convention n'a pas entendu lui donner, on le rendroit destructif des monumens des arts, de l'histoire & de l'instruction ;

Considérant que l'industrie & le commerce de la France perdroient bientôt la supériorité qu'ils ont acquise dans plusieurs branches sur l'industrie & le commerce de nos voisins, si l'on n'empêchoit dans cette circonstance les écarts de l'ignorance & les entreprises de la cupidité & de la malveillance, décrète ce qui suit :

ARTICLE PREMIER.

Il est défendu d'enlever, de détruire, mutiler, ni altérer en aucune manière, sous prétexte de faire disparoître les signes de féodalité ou de royauté dans les bibliothèques, les collections, cabinets, musées publics ou particuliers, non plus que chez les artistes, ouvriers, libraires ou marchands, les livres imprimés ou manuscrits, les gravures, dessins, les tableaux, bas-reliefs, statues, médailles, vases, antiquités, cartes géographiques, plans, reliefs, modèles, machines, instrumens, & autres objets qui intéressent les arts, l'histoire & l'instruction.

II. Les monumens publics transportables, intéressant les arts ou l'histoire, qui portent quelques-uns des fignes profcrits qu'on ne pourroit faire difparoître fans leur caufer un dommage réel, feront transférés dans le mufée le plus voifin, pour y être confervés-pour l'inftruction nationale.

III. Les propriétaires de meubles ou uftenfiles d'un ufage journalier, font tenus d'en faire difparoître tous les fignes profcrits, fous peine de confifcation.

Les objets de ce genre qui font en vente font exceptés, fans que la vente puiffe en être retardée.

IV. Les objets indiqués dans les articles I & III qui auroient été enlevés chez quelques citoyens par une fauffe application de la loi du 18 du premier mois, feront reftitués dans le plus court délai, fauf à pourfuivre enfuite les propriétaires, s'ils ne fe conformoient pas fur-le-champ au préfent décret.

V. Les meubles, uftenfiles & pièces d'orfévrerie dépofés dans les monts-de-piété ou lombards, chez les notaires, mis en féqueftre ou fous le fcellé, ne feront foumis à la recherche ordonnée par le préfent décret, que lorfqu'ils feront remis dans les mains du propriétaire.

VI. Dans le cas de réimpreffion des livres, gravures, cartes géographiques des bibliothèques publiques & particulières, il eft défendu aux imprimeurs ou éditeurs de réimprimer les priviléges du roi, ou les dédicaces à des princes, feigneurs, alteffes, &c. non plus que les vignettes, culs-de-lampe, frontifpices, fleurons ou autres ornemens qui rappelleroient les fignes profcrits. Il leur eft pareillement défendu d'imprimer aucune dédicace à des étrangers avec des titres profcrits en France.

VII. Les fabricans de papiers ne pourront fe fervir déformais de formes fleurdelyfées ou armoriées; les imprimeurs, relieurs, graveurs, fculpteurs, peintres, deffinateurs, ne pourront employer comme ornement aucun de ces mêmes fignes.

VIII. Dans les bibliothèques nationales, les livres qui feront déformais reliés, porteront le chiffre R. F. (République Françaife), & les emblêmes de la liberté & de l'égalité. Les eftampilles porteront les mêmes lettres & les mêmes emblêmes.

IX. Le comité d'inftruction publique & le comité des monnoies, nommeront chacun un membre pour examiner les médailles des rois de France, dépofées dans la bibliothèque nationale & dans les autres dépôts publics de Paris, afin de féparer & conferver celles qui intéreffent les arts & l'hiftoire, & livrer toutes les autres au creufet.

X. Les fociétés populaires & tous les bons citoyens font invités à mettre autant de zèle à faire détruire les fignes profcrits fur les objets indiqués dans les décrets précédens & dans le préfent décret, qu'à affurer la confervation des objets ci-deffus énoncés, comme intéreffant effentiellement les arts, l'hiftoire & l'inftruction.

Décret

Décret relatif aux dépenses de l'enlèvement des signes de royauté dans les églises & autres monumens publics.

7 Brumaire. — 8 *du même mois.* (1807.)

La Convention nationale décrète comme article additionnel à la loi du 14 septembre dernier sur la suppression des armoiries & signes de la royauté dans les églises & tous autres monumens publics, que les municipalités distrairont des dépenses, celles faites pour détruire ou changer les signes de la royauté & de la féodalité sur les monumens & édifices déclarés nationaux, entretenus aux frais de la République, lesquelles dépenses seront acquittées sur le trésor public par le ministre de l'intérieur, sur les mémoires réglés par les municipalités & visés par les directoires de district.

Décret qui ordonne l'anéantissement des poinçons & matrices d'assignats portant des emblèmes de royalisme.

10 Brumaire. — 11 *du même mois.* (1819.)

La Convention nationale, après avoir entendu son comité des finances, section des assignats & monnoies ;

Considérant que les besoins du service exigent que les coupures de l'assignat de soixante-quinze livres, & celles de dix & quinze sols décrétées le 6 du premier mois, soient converties ; savoir, celle de soixante-quinze livres en celle de vingt-cinq livres, & celle de dix & quinze sols, en celle de cinq livres ;

Considérant en outre que tous les emblèmes de royalisme & les effigies du dernier tyran, gravées & fondus pour être imprimés sur les assignats, doivent être anéantis comme les assignats qui portoient ces empreintes ; décrète ce qui suit :

ARTICLE PREMIER.

Les cent millions d'assignats de soixante-quinze livres, les soixante millions d'assignats de quinze sols, & les quarante millions d'assignats de dix sols, décrétés le sixième du premier mois, seront convertis en une pareille somme d'assignats ; savoir, ceux de soixante-quinze livres en une pareille somme d'assignats de vingt-cinq livres, & ceux de dix & quinze sols en une pareille somme d'assignats de cinq livres, dont la fabrication sera sur-le-champ mise en activité, d'après les formes déterminées par la section des assignats & monnoies.

II. L'archiviste est autorisé à passer sur-le-champ les marchés avec les fabricans de papier.

Code des Comités de surveillance, &c.   K

III. Il fera procédé fans délai à l'anéantiffement de tous les poinçons d'acier, matrices de cuivre, fontes, formes, filigranes & tous autres objets de quelque nature qu'ils foient, dépofés aux archives de la République, ayant fervi à la fabrication des affignats, & repréfentant les attributs du royalifme & l'effigie du dernier tyran.

IV. Cette opération fera faite en préfence de deux commiffaires de la fection des affignats, par l'archivifte de la République & le directeur des artiftes de l'adminiftration des affignats.

V. Il fera dreffé un procès-verbal defcriptif de chaque pièce anéantie, lequel après l'opération fera comparé avec les procès-verbaux d'entrée defdites pièces aux archives de la République.

VI. La tréforerie nationale tiendra à la difpofition des directeurs de la fabrication des affignats, la fomme de cent mille livres par mois, par fupplément aux fonds décrétés le 11 feptembre dernier, pour les dépenfes de la fabrication.

Décret relatif aux fignes de royauté ou de féodalité qui peuvent fe trouver fur les poids & mefures de la République.

16 Brumaire. — 17 *du même mois.* (1852.)

La Convention nationale, fur la propofition qui lui eft faite par un de fes membres, décrète qu'on ne fera point obligé d'ôter les fignes de royauté ou de féodalité qui peuvent fe trouver fur les poids & mefures de la République, attendu leur renouvellement prochain.

Décret relatif aux militaires poffeffeurs de brevets, ou commiffions portant des fignes de royauté ou de féodalité.

25 Brumaire. — *même jour.* (1875.)

La Convention nationale, fur la propofition d'un membre, décrète que tout militaire poffeffeur de brevets, commiffions ou lettres de fervice, expédiés avec les fignes odieux de la royauté & de la féodalité, fera tenu de les faire paffer dans le délai de deux mois au miniftre, qui lui adreffera une nouvelle expédition du brevet ou de la commiffion de fon grade, *au nom de la République.*

Décret qui enjoint aux citoyens revêtus de décorations, de les dépofer fous huitaine à leur municipalité.

28 Brumaire. — 29 *du même mois.* (1900.)

La Convention nationale décrète que tous les citoyens ci-devant décorés de la croix de Saint-Louis ou autres décorations, qui ne les auront pas déposées à leur municipalité avec les titres des ci-devant décorations, dans le délai de huit jours après la publication du préfent décret, feront fufpects par le fait; & les municipalités, comités révolutionnaires & autres autorités, font chargés fous leur refponfabilité de les faire arrêter.

CHAPITRE V.

Matières d'or & d'argent.

Décret qui caffe des arrêtés par lefquels on obligeoit les poffeffeurs de numéraire à le dépofer à la caiffe du diftrict.

6 Brumaire. — 17 *du même mois.* (1851.)

LA Convention nationale, après avoir entendu la lecture de deux arrêtés du comité de furveillance de Montauban, qui ont pour objet d'obliger tous les poffeffeurs de numéraire à le dépofer à la caiffe du diftrict, pour être enfuite, à la diligence du receveur, tranfporté & verfé à la tréforerie nationale, caffe ces arrêtés, & néanmoins les renvoie au comité des finances.

Décret qui fufpend l'exécution d'un arrêté de l'un des repréfentans du peuple près de l'armée du Centre & de l'Oueft, tendant à obliger les citoyens à dépofer l'or & l'argenterie qu'ils poffèdent.

23 Brumaire. — *même jour.* (1868.)

La Convention nationale, fur la motion d'un membre, qui expofe que dans le département de l'Allier, un des repréfentans du peuple près de l'armée du Centre & de l'Oueft, a pris, les 29 & 30 feptembre dernier (vieux ftyle), un arrêté tendant à obliger les citoyens qui poffèdent de l'or ou de l'argent monnoyé, ainfi que de l'argenterie, foit en lingots, foit en vaiffelle, foit en bijoux, &c. &c. à porter ces objets au comité de furveillance de leur diftrict dans le délai de quinzaine, à peine d'être déclarés fufpects, décrète :

ARTICLE PREMIER.

L'arrêté ci-deffus mentionné demeure provifoirement fufpendu, & il ne pourra être donné aucune fuite à fon exécution, jufqu'à ce qu'elle ait pris pour tous les départemens une détermination uniforme & générale fur cet objet d'une importance majeure.

II. Le miniſtre de la juſtice ſera partir dans le jour un courier extraordinaire pour porter ce décret au directoire du département de l'Allier, qui l'enverra ſans délai à tous les diſtricts de ſon arrondiſſement.

Décret qui accorde des récompenſes à ceux qui découvriront des matières d'or, d'argent, & des diamans enfouis ſous terre, ou cachés.

23 Brumaire. — *même jour.* (1865.)

La Convention nationale, après avoir entendu le rapport de ſon comité de ſûreté générale & de ſurveillance, décrète ce qui ſuit:

ARTICLE PREMIER.

Tout métal d'or & d'argent monnoyé ou non monnoyé, les diamans, bijoux, galons d'or & d'argent, & tous autres meubles ou effets précieux qu'on aura découverts ou qu'on découvrira enfouis dans la terre ou cachés dans les caves, dans l'intérieur des murs, des combles, parquets ou pavés, âtres ou tuyaux de cheminées & autres lieux ſecrets, ſont ſaiſis & confiſqués au profit de la République.

II. Tout dénonciateur qui procurera la découverte de pareils objets, recevra le vingtième de leur valeur en aſſignats.

III. La Convention nationale autoriſe ſon comité de ſûreté générale à verſer au tréſor public le produit de tout ce qui a été ſaiſi & apporté juſqu'à ce jour audit comité, en ſuivant le mode déterminé par les articles ci-après.

IV. Les effets & l'or & argent ſaiſis juſqu'à ce jour & qui pourront l'être à l'avenir, ſoit de l'autorité des repréſentans du peuple, ſoit par les comités révolutionnaires, ſoit par les commiſſaires munis des pouvoirs du comité de ſûreté générale, ſeront envoyés d'abord audit comité, avec les procès-verbaux de capture & les inventaires.

V. Le comité de ſûreté générale ne retiendra de ces dépôts que les papiers ſuſpects, les faux aſſignats, s'il y en a, & les pièces de conviction, lorſqu'il ſe trouvera des prévenus ſuſceptibles d'être traduits devant les tribunaux.

VI. L'or & argent, vaiſſelle, bijoux & autres effets qu'l'on uſs, ſeront envoyés ſur-le-champ avec les inventaires au comité des inſpecteurs de la ſalle, qui fera paſſer ſans délai les eſpèces monnoyées à la tréſorerie nationale, & l'argenterie à la monnoie.

VII. A l'égard des bijoux, meubles & autres effets, ils ſeront vendus à l'enchère, à la diligence du même comité, qui en fera paſſer le produit à la tréſorerie, & en rendra compte à la Convention nationale.

Décret qui caffe tous les arrêtés relatifs aux échanges forcés des matières &
monnoies d'or & d'argent..

11 Frimaire. — 15 *du même mois.* (1944.)

La Convention nationale caffe tous les arrêtés des corps adminiftratifs,
municipaux & des comités révolutionnaires, relatifs à l'échange forcé des
matières & monnoies d'or & d'argent, & les arrêtés des repréfentans du
peuple qui ordonnent ces échanges.

Décret relatif aux taxes faites par des comités révolutionnaires ou des autorités
incompétentes.

16 Frimaire. — 18 *du même mois.* (1952.)

La Convention nationale décrète que les taxes faites fur des citoyens dans
toute l'étendue de la République, par des comités révolutionnaires ou foi-
difant tels, ou par des autorités incompétentes à cet effet, feront verfées,
pour la partie perçue, dans le tréfor national, par les adminiftrations de
diftrict, chacune en ce qui les concerne dans leur arrondiffement, qui en
pourfuivront, fous leur refponfabilité, la remife par ceux qui en auront
fait la recette. Ces derniers feront refponfables auprès des adminiftrations,
& feront pourfuivis comme comptables jufqu'à l'apurement définitif de leur
recette.

CHAPITRE VI.

Certificats de civifme.

Décret relatif aux certificats de civifme.

31 janvier 1793. — 2 février. (379.)

LA Convention nationale , fur la propofition d'un de fes membres , décrète qu'en aucun cas les confeils-généraux des communes , les adminif-trations de diftrict & de département , ne feront tenus d'expliquer les caufes de leur refus de donner, vérifier & approuver les certificats de civifme exigés par les lois.

Décret relatif aux certificats de civifme exigés des receveurs de diftrict , fonctionnaires publics non élus par le peuple , & employés payés par les deniers de la République.

5 février 1793. — 6 du même mois. (397.)

LA Convention nationale , après avoir entendu le rapport de fon comité de légiflation , décrète ce qui fuit :

ARTICLE PREMIER.

Les receveurs de diftrict ne pourront être élus ni continuer l'exercice de leurs fonctions , qu'en produifant un certificat de civifme , donné par le confeil-général de la commune du lieu de leur réfidence , vérifié & approuvé par les directoires de diftrict de département.

II. Si, dans la huitaine de la publication de la préfente loi , les certificats de civifme ne font pas produits , les directoires de diftrict demeurent auto-tifés à convoquer les confeils-généraux , pour remplacer les receveurs de diftrict non produifant certificats de civifme.

III. Les nominations & remplacemens des receveurs , qui ont été faites jufqu'à préfent par les confeils-généraux , font confirmés.

IV. Tous les fonctionnaires publics non élus par le peuple , & les employés payés des deniers de la République , feront tenus dans le délai de quinzaine , à partir de la publication de la préfente loi , de juftifier d'un certificat de civifme aux directoires de département , lefquels dans le même délai feront tenus d'en informer le confeil exécutif, auquel appartient la nomination defdits emplois.

V. Le confeil exécutif fera tenu de rendre compte de l'exécution de la préfente loi dans le même mois , à compter du jour de fa publication.

*Décret relatif aux fonctionnaires publics auxquels il a été refusé des certifi-
cats de civisme.*

1 mars 1793. — 4 *du même mois.* (500.)

La Convention nationale, après avoir entendu la lecture d'une lettre du
ministre de l'intérieur par *intérim*, qui demande si des notaires auxquels
on a refusé des certificats de civisme, peuvent continuer leurs fonctions
jusqu'à ce qu'il ait été pourvu à leur remplacement, passe à l'ordre du
jour, motivé sur l'existence de la loi, & sur ce que tout fonctionnaire
public doit cesser de l'être à l'instant qu'il est reconnu ne pas réunir les
qualités civiques prescrites par la loi.

Décret sur les certificats de civisme exigés par les pensionnaires de l'état.

30 juin 1793. — *même jour.* (1109.)

La Convention nationale, après avoir entendu le rapport de son comité
des finances, confirme son décret du 16 de ce mois, qui ordonne qu'aucune pension ne pourra être payée aux differens pensionnaires de l'état, que
sur la présentation d'un certificat de civisme.

II. Les lois précédemment rendues sur les formalités à remplir pour
obtenir le paiement des pensions constituées sur l'état, seront exécutées;
mais pour la validité des paiemens, il suffira de rapporter avec la quittance
de la partie prenante, un certificat de la forme du modèle annexé au
présent décret.

---

*Département de........... district de......... commune de......... Sur
le rapport fait au comité général de la commune, par les commissaires nommés à cet effet, que le citoyen......... demeurant d......... municipalité
de............ ou section de....... né le.......... qui demande un certificat de civisme, a subi les trois jours d'affiches prescrits, & qu'à l'appui de
sa demande est joint l'avis de sa section sur son civisme, ainsi que la quittance
de la totalité de sa contribution patriotique, celle de son imposition mobiliaire
de l'année entière 1792 & années antérieures; ensemble, 1°. le certificat
qui atteste que ledit citoyen...... n'a point été compris sur la liste des émigrés
de ce département, & que ses biens n'ont point été mis en séquestre; 2°. celui de
la section de son domicile, constatant qu'il réside dans la République depuis
le 9 mai 1792; sans interruption jusqu'à ce jour;
Le conseil-général arrête & déclare que le présent lui est délivré pour certificat de civisme, conformément aux lois des 30 janvier, 5 février & 19 juin
de la présente année.*

(Suit le signalement du citoyen........)

FAIT à la maifon de.......... le......... 1793 , l'an deuxième de la République une & indivifible.

(Suivent les fignatures.)

Nota. Ce certificat doit être vérifié , approuvé par les membres du directoire du diftrict & du département, & enregiftré.

Décret relatif aux fonctionnaires publics fufpendus par une autorité fupérieure.

5 août 1793. — *même jour.* (1332.)

La Convention nationale décrète que tout fonctionnaire public fufpendu provifoirement, ou deftitué par une autorité fupérieure pour caufe d'incivifme, ou comme fufpect, ne peut plus exercer aucun des emplois qui exigent un certificat de civifme, encore qu'il l'ait obtenu antérieurement à fa fufpenfion ou deftitution.

Décret qui ordonne que les certificats de civifme feront revifés par les comités de furveillance & de falut public.

10 feptembre 1793. — 21 *du même mois.* (1578.)

La Convention nationale, après avoir entendu fon comité de falut public, décrète ce qui fuit :

Les certificats de civifme accordés par les municipalités & confeils-généraux des communes, & vifés par les départemens & les diftricts, & ceux qui le feront à l'avenir, feront revifés par le comité de furveillance & de falut public établis dans les différentes villes de la République, &, à défaut, par un comité établi *ad hoc*, compofé de fix membres pris dans les fociétés populaires, à peine de nullité.

C H A P I T R E

CHAPITRE VII.

Subsistances & marchandises de première nécessité.

SECTION PREMIÈRE.

ACCAPAREMENS.

Décret contre les Accapareurs.

16 juillet 1793. — 28 *du même mois.* (1171.)

LA Convention nationale, considérant tous les maux que les accapareurs font à la société par des spéculations meurtrières sur les plus pressans besoins de la vie & sur la misère publique, décrète ce qui suit:

ARTICLE PREMIER.

L'accaparement est un crime capital.

II. Sont déclarés coupables d'accaparement ceux qui dérobent à la circulation, des marchandises ou denrées de première nécessité, qu'ils achètent & tiennent enfermées dans un lieu quelconque, sans les mettre en vente journellement & publiquement.

III. Sont également déclarés accapareurs ceux qui font périr ou laissent périr volontairement les denrées & marchandises de première nécessité.

IV. Les denrées & marchandises de première nécessité font le pain, la viande, le vin, les grains, farines, légumes, fruits, le beurre, le vinaigre, le cidre, l'eau-de-vie, le charbon, le suif, le bois, l'huile, la soude, le savon, le sel, les viandes & poissons secs, fumés, salés ou marinés, le miel, le sucre, le chanvre, le papier, les laines ouvrées & non ouvrées, les cuirs, le fer & l'acier, le cuivre, les draps, la toile, & généralement toutes les étoffes, ainsi que les matières premières qui servent à leur fabrication, les soieries exceptées.

V. Pendant les huit jours qui suivront la proclamation de la présente loi, ceux qui tiennent en dépôt, dans quelque lieu que ce soit de la République, quelques-unes des marchandises ou denrées désignées dans l'article précédent, seront tenus d'en faire la déclaration à la municipalité ou section dans laquelle sera situé le dépôt desdites denrées ou marchandises. La municipalité ou section en fera vérifier l'existence, ainsi que la nature & la quantité des objets qui y sont contenus, par un commissaire qu'elle nommera à cet effet, les municipalités ou sections étant autorisées à lui attribuer une indemnité relative aux opérations dont il sera chargé, laquelle indemnité sera fixée par une délibération prise dans une assemblée générale de la municipalité ou section.

Code des Comités de surveillance, &c.   L

VI. La vérification étant finie, le propriétaire de denrées ou marchandises déclarera au commissaire, sur l'interpellation qui lui en sera faite, & consignée par écrit, s'il veut mettre lesdites denrées ou marchandises en vente, à petits lots & à tout venant, trois jours au plus tard après sa déclaration. S'il y consent, la vente sera effectuée de cette manière, sans interruption & sans délai, sous l'inspection du commissaire nommé par la municipalité ou section.

VII. Si le propriétaire ne veut pas ou ne peut pas effectuer ladite vente, il sera tenu de remettre à la municipalité ou section copie des factures ou marchés relatifs aux marchandises vérifiées existant dans le dépôt. La municipalité ou section lui en passera reconnoissance, & chargera de suite un commissaire d'en opérer la vente suivant le mode ci-dessus indiqué, en fixant les prix de manière que le propriétaire obtienne, s'il est possible, un bénéfice commercial d'après les factures communiquées; cependant, si le haut prix des factures rendoit ce bénéfice impossible, la vente n'en auroit pas moins lieu sans interruption, *au prix courant* desdites marchandises; elle auroit aussi lieu de la même manière, si le propriétaire ne pouvoit livrer aucune facture. Les sommes résultant du produit de cette vente, lui seront remises dès qu'elle sera terminée, les frais qu'elle aura occasionnés étant préalablement retenus sur ledit produit.

VIII. Huit jours après la publication & proclamation de la présente loi, ceux qui n'auront pas fait les déclarations qu'elle prescrit, seront réputés accapareurs, & comme tels punis de mort; leurs biens seront confisqués, & les denrées ou marchandises qui en feront partie, seront mises en vente ainsi qu'il est indiqué dans les articles précédens.

IX. Seront punis de mort également ceux qui seront convaincus d'avoir fait de fausses déclarations, ou de s'être prêtés à des suppositions de nom de personnes ou de propriétés, relativement aux entrepôts & marchandises. Les fonctionnaires publics ainsi que les commissaires nommés pour suivre les ventes, qui seroient convaincus d'avoir abusé de leurs fonctions pour favoriser les accapareurs, seront punis de mort.

X. Les négocians qui tiennent des marchandises en gros, sous cordes, en balle ou en tonneau, & les marchands débitans en détail, connus pour avoir des magasins, boutiques ou entrepôts ouverts aux acheteurs, seront tenus, huit jours après la publication de la présente loi, de mettre à l'exté rieur de chacun de ces magasins, entrepôts ou boutiques, une inscription qui annonce la nature & la quantité des marchandises & des denrées de première nécessité qui pourroient y être déposées, ainsi que le nom du propriétaire, faute de quoi ils seront réputés accapareurs. Les fabricans seront obligés, sous la même peine, de déclarer la nature & la quantité des matières premières qu'ils ont dans leurs ateliers, & d'en justifier l'emploi.

XI. Les fournisseurs des armées, autres que les négocians & marchands cités dans l'article précédent, produiront à leurs municipalités ou sections, extrait des marchés qu'ils ont passés avec la République; ils indiqueront les achats qu'ils ont faits en conséquence, ainsi que les magasins ou entrepôts qu'ils auroient établis. S'il étoit prouvé que lefdits entrepôts ou magafins ne font pas néceffités par la teneur des marchés, & que les denrées ou marchandifes de première néceffité qui y font dépofées, ne font pas deftinées aux armées, ceux qui auroient établi ces magafins ou dépôts, feroient traités comme accapareurs.

XII. Tout citoyen qui dénoncera des accaparemens, ou des contraventions quelconques à la préfente loi, aura le tiers du produit des marchandifes & denrées fujettes à confifcation; un autre tiers fera diftribué aux citoyens indigens de la municipalité dans l'enceinte de laquelle fe trouveront les objets dénoncés; le dernier tiers appartiendra à la République.

Celui qui dénoncera des marchandifes ou denrées détruites volontairement, recevra une gratification proportionnée à la gravité de la dénonciation.

Le produit de toutes les autres marchandifes & denrées confifquées en vertu de la préfente loi, fera partagé par moitié entre les citoyens indigens de la municipalité qui aura procédé auxdites confifcations, & la République.

XIII. Les jugemens rendus par les tribunaux criminels en vertu de la préfente loi, ne feront pas fujets à l'appel. Un décret particulier de la Convention nationale ou du Corps légiflatif annoncera l'époque où cette loi ceffera d'être en vigueur.

XIV. Dès que la préfente loi fera parvenue aux autorités conftituées, elles en ordonneront la lecture dans leur féance publique, & la feront afficher & proclamer au fon de la caiffe, afin que perfonne ne puiffe en prétexter l'ignorance.

Décret qui détermine l'emploi du produit des confifcations prononcées contre les accapareurs, & le mode du règlement des indemnités dues aux commiffaires pour leurs recherches.

27 Brumaire. — 28 *du même mois.* (1894.)

La Convention nationale, après avoir entendu fon comité des finances, décrète:

ARTICLE PREMIER.

Les confifcations prononcées & à prononcer contre les accapareurs, appartiendront en totalité à leurs communes refpectives; le décret qui en ordonnoit le partage eft rapporté.

II. Les indemnités dues aux commiffaires pour la recherche des accapareurs, feront réglées fans frais par les confeils-généraux des communes & payées fur le montant des confifcations; en cas d'infuffifance de celles-ci, l'excédant fera payé fur les fous additionnels deftinés aux charges locales.

SECTION II.

Maximum *des grains , subsistances & marchandises de première nécessité.*

Décret relatif aux subsistances.

4 mai 1793 — *même jour.* (803.)

La Convention nationale, après avoir entendu le rapport de ses comités d'agriculture & de commerce réunis, décrète :

ARTICLE PREMIER.

Immédiatement après la publication du présent décret, tout marchand, cultivateur ou propriétaire quelconque de grains & farines, fera tenu de faire à la municipalité du lieu de son domicile, la déclaration de la quantité & de la nature des grains ou farines qu'il possède, & par approximation, de ce qui lui reste de grains à battre. Les directoires de district nommeront des commissaires pour surveiller l'exécution de cette mesure dans les diverses municipalités.

II. Dans les huit jours qui suivront cette déclaration, les officiers municipaux ou des citoyens par eux délégués à cet effet, vérifieront les déclarations faites, & en dresseront le résultat.

III. Les municipalités enverront sans délai au directoire de leur district, un tableau des grains & farines déclarés & vérifiés ; les directoires de districts en feront passer sans retard le résultat au directoire de leur département qui en dressera un tableau général, & le transmettra au ministre de l'intérieur & à la Convention nationale.

IV. Les officiers municipaux sont autorisés, d'après une délibération du conseil général de la commune, à faire des visites domiciliaires chez les citoyens possesseurs de grains ou farines, qui n'auroient pas fait la déclaration prescrite par l'article premier, ou qui seroient soupçonnés d'en avoir fait de frauduleuses.

V. Ceux qui n'auront pas fait la déclaration prescrite par l'article premier, ou qui l'auroient faite frauduleuse, seront punis par la confiscation des grains ou farines non déclarés, au profit des pauvres de la commune.

VI. Il ne pourra être vendu des grains ou farines que dans les marchés publics ou ports où l'on a coutume d'en vendre, à peine d'une amende, qui ne pourra être moindre de trois cents livres, & plus forte de mille livres, tant contre le vendeur que contre l'acheteur solidairement.

VII. Pourront néanmoins les citoyens s'approvisionner chez les cultivateurs, marchands ou propriétaires de grains de leur canton, en rapportant
un certificat de la municipalité du lieu de leur domicile, constatant qu'ils ne
font point commerce de grains, & que la quantité qu'ils se proposent
d'acheter, & qui sera déterminée par le certificat, leur est nécessaire pour
leur consommation d'un mois seulement, sans qu'ils puissent excéder cette
quantité.

Les municipalités seront tenues d'avoir des registres de ces certificats sous
le numéro correspondant à celui porté sur chacun d'eux.

VIII. Les directoires de département sont autorisés, d'après l'avis des
directoires de district, à établir des marchés dans tous les lieux où ils
seront jugés nécessaires, sans qu'ils puissent supprimer aucun de ceux actuellement existans.

IX. Les corps administratifs & municipaux sont également autorisés, chacun dans leur arrondissement, à requérir tout marchand, cultivateur ou propriétaire de grains ou farines, d'en apporter aux marchés la quantité nécessaire pour les tenir suffisamment approvisionnés.

X. Ils pourront aussi requérir des ouvriers pour faire battre les grains
en gerbes, en cas de refus de la part des fermiers ou propriétaires.

XI. Les directoires de département feront parvenir leurs réquisitions aux
directoires de district, & ceux-ci aux municipalités, qui seront tenues d'y
déférer sans délai.

XII. Nul ne pourra se refuser d'exécuter les réquisitions qui lui feront
adressées, à moins qu'il ne justifie qu'il ne possède pas de grains ou farines
au-delà de sa consommation jusqu'à la récolte prochaine ; & ce, à peine
de confiscation des grains ou farines excédant ses besoins ou ceux de ses
colons, métayers, journaliers & moissonneurs.

XIII. Le conseil exécutif provisoire est autorisé, sous la surveillance du
comité de salut public, à prendre toutes les mesures qui seront jugées
nécessaires pour assurer l'approvisionnement de la République.

X.V. Le ministre de l'intérieur est également autorisé à adresser aux
départemens dans lesquels il existera un excédant de subsistances, les réquisitions nécessaires pour approvisionner ceux qui se trouveroient n'en avoir
pas une quantité suffisante.

XV. Tout citoyen qui voudra faire le commerce de grains ou farines,
sera tenu d'en faire la déclaration à la municipalité du lieu de son domicile ; il lui en sera délivré extrait en forme, qu'il sera tenu d'exhiber dans
tous les lieux où il ira faire ses achats ; & il sera constaté en marge, par
les officiers préposés dans ces lieux à la police des marchés, la quantité de
grains ou farines qu'il y aura achetée.

XVI. Tous marchands en gros ou tenant magasins de grains ou farines,
seront tenus d'avoir des registres en règle où ils inscriront leurs achats &
leurs ventes, avec indication des personnes auxquelles ils auront acheté
ou vendu.

XVII. Ils feront tenus en outre de prendre des acquits-à-caution dans le lieu de leurs achats, lefquels feront fignés du maire & du procureur de la commune du lieu, ou, en leur abfence, par des officiers municipaux; de les faire décharger avec les mêmes formalités dans le lieu de la vente, & de les repréfenter enfuite à la municipalité du lieu de l'achat, le tout à peine de confifcation de leurs marchandifes, & d'une amende qui ne pourra être moindre de trois cents livres, ni excéder mille livres.

XVIII. Ces acquits-à-caution feront délivrés gratuitement fur papier non timbré, portés fur des regiftres tenus par les municipalités.

XIX. Tous agens du gouvernement pour les approvifionnemens de l'armée & de la marine, tous commiffionnaires de grains, foit des corps adminiftratifs, foit des municipalités, feront affujettis aux mêmes formalités, & en outre, de faire porter fur leurs acquits-à-caution, le prix de leurs achats.

XX. Il eft expreffément défendu aux dénommés dans l'article précédent de faire aucun commerce de grains ou farines pour leur propre compte, à peine de confifcation & d'une amende qui ne pourra être moindre de la valeur des grains ou farines confifqués, ni excéder dix mille livres.

XXI. Il eft également défendu à tous fonctionnaires publics de s'intéreffer directement ni indirectement dans les marchés du gouvernement, à peine de mort.

XXII. Les bladiers ou marchands de grains en détail feront difpenfés de la tenue des regiftres, ordonnée par l'article XVI, & feront feulement aftreints à prendre des acquits-à-caution, conformément à l'article XVII de la préfente loi.

XXIII. Les lois relatives à la libre circulation des grains & farines, continueront à être obfervées, & il ne pourra y être porté aucun trouble ni empêchement, en s'affujettiffant toutefois aux formalités prefcrites par la préfente loi.

XXIV. Les municipalités veilleront avec foin à entretenir le bon ordre & la tranquillité dans les marchés publics.

XXV. Pour parvenir à fixer le *maximum* du prix des grains dans chaque département, les directoires des diftricts feront tenus d'adreffer à celui de leur département, le tableau des mercuriales des marchés de leur arrondiffement, depuis le 1er janvier dernier jufqu'au premier mai préfent mois.

Le prix moyen réfultant de ces tableaux, auquel chaque efpèce de grains aura été vendue entre les deux époques ci-deffus déterminées, fera le *maximum*, au-deffus duquel le prix de ces grains ne pourra s'élever.

Les directoires de département les déclareront dans un arrêté qui fera, ainfi que les tableaux qui y auront fervi de bafes, imprimé, envoyé à toutes les municipalités de leur reffort, publié, affiché & adreffé au miniftre de l'intérieur.

XXVI. Ce *maximum* ainfi fixé décroîtra dans les proportions fuivantes. Au premier juin prochain, il fera réduit d'un dixième, plus d'un autre

vingtième fur le prix reftant au premier juillet, d'un trentième au premier
août, & enfin d'un quarantième au premier feptembre.

XXVII. Tout citoyen qui fera convaincu d'avoir vendu ou acheté des
grains ou farines au-delà du *maximum* fixé, fera puni par la confifcation
defdits grains & farines, s'il en eft encore en poffeffion, & par une amende
qui ne pourra être moindre de trois cents livres, ni excéder mille livres,
folidairement entre le vendeur & l'acheteur.

XXVIII. Ceux qui feront convaincus d'avoir, méchamment & à deffein,
gâté, perdu ou enfoui des grains ou farines, feront punis de mort.

XXIX. Il fera accordé fur les biens de ceux qui feront convaincus de
ces crimes, une récompenfe de mille livres à celui qui les aura dénoncés.

XXX. Les municipalités, commis de douanes & autres prépofés veilleront avec exactitude & fous leur refponfabilité à l'exécution des lois contre
l'exportation des grains & farines à l'étranger.

XXXI. Le préfent décret fera envoyé par des courriers extraordinaires
dans tous les départemens.

Décret qui fixe un maximum *du prix des grains, farines & fourrages, & prononce des peines contre l'exportation.*

11 feptembre 1793. — 15 *du même mois.* (1519.)

La Convention nationale, après avoir entendu le rapport de fa commiffion
des fix fur les fubfiftances, décrète ce qui fuit :

ARTICLE PREMIER.

Immédiatement après la publication du préfent décret, tout cultivateur
ou propriétaire fera tenu de faire à la municipalité du lieu où fes grains
font fitués, la déclaration de la quantité & de la nature des grains qu'il
a récoltés, & féparément de ceux qui peuvent lui être reftés de la récolte
des années précédentes. Les directoires de diftrict nommeront des com-
miffairs pour furveiller l'exécution de cette mefure dans les municipalités.

II. Tous cultivateurs ou dépofitaires de grains ou farines feront pareillement tenus de faire à leur municipalité, la déclaration de la quantité &
de la nature des grains & farines qu'ils poffèdent; & cette déclaration
fera inférée féparément dans les tableaux indiqués ci-après.

III. Dans les huit jours qui fuivront la promulgation de la loi, les municipalités enverront au directoire de leur diftrict, un tableau des grains
& farines déclarés; les directoires de diftrict en feront paffer, dans
la huitaine fuivante, le réfultat au directoire de leur département, qui en
dreffera un tableau général, & le tranfmettra, auffi dans la huitaine fuivante, au miniftre de l'intérieur, qui en fera paffer un duplicata à la Convention nationale.

IV. Les officiers municipaux feront tenus de faire des vifites domiciliaires chez les citoyens poffeffeurs de grains & farines, qui n'auoient pas fait la déclaration prefcrite par les articles I & II, ou qui feroient foupçonnés d'en avoir fait de fauffes.

V. Ceux qui n'auront pas fait leur déclaration dans le terme de huit jours, ou qui en auroient fait de frauduleufes, feront punis par la confifcation des grains & farines non déclarés. Le produit de cette confifcation appartiendra à la commune, & dans le cas où il y auoit un dénonciateur, il aura droit à la moitié de la valeur.

VI. Les municipalités qui n'auront pas fourni dans le délai prefcrit la déclaration demandée, ou qui auront négligé de faire des vifites domiciliaires pour vérifier les déclarations, paieront une amende à raifon de cent livres par chaque officier municipal, & le double pour le procureur de la commune. Les officiers municipaux & le procureur de la commune feront folidairement refponfables.

VII. Les directoires de diftrict qui n'auront pas pourfuivi les municipalités en retard dans le délai de la huitaine fuivante, paieront une amende double de celle que chaque municipalité en retard auroit encourue.

VIII. Les diftricts qui, dans le même délai, n'auront pas envoyé leurs états au département, fupporteront une amende de cent livres par chaque membre du directoire, & le double pour le procureur-fyndic : ces amendes feront folidaires.

IX. Les départemens qui auront négligé d'envoyer ces états dans le même délai au miniftre de l'intérieur, paieront une amende de deux cents livres par chaque membre du directoire de ces départemens, & le procureur-général-fyndic en paiera le double : ces amendes feront pareillement folidaires.

X. Le terme propofé pour l'exécution de la loi étant expiré, le miniftre en rendra compte à la Convention nationale ; & s'il exifte dans le tableau général qu'il lui en remettra, des cas d'amendes encourues au terme de la loi par quelques adminiftrations, la Convention décrétera qu'il y a lieu à l'application de la loi, & le receveur du diftrict des lieux pourfuivra le recouvrement de ces amendes de la même manière que celui des deniers publics, fur tous les membres des corps adminiftratifs délinquans.

S E C T I O N   I I I.

Approvifionnement des marchés.

A R T I C L E   P R E M I E R.

Il ne pourra être vendu de grains & farines ailleurs que dans les marchés publics.

II. Quiconque fera convaincu d'avoir vendu ailleurs que dans les marchés, fera puni par la confifcation des grains qu'il aura vendus : & par une amende

double

double du prix de leur valeur : cette amende fera payée moitié par le vendeur & moitié par l'acheteur, au profit de la commune; ils y feront contraints folidairement & par corps, comme pour délit national.

III. S'il exifte un dénonciateur, la valeur de l'objet confifqué lui appartiendra, ainfi que la moitié de l'amende, l'autre moitié au profit de la commune fur l'arrondiffement de laquelle les grains auront été arrêtés.

IV. La confifcation & l'amende feront prononcées par le juge-de-paix du canton, & ce, dans les vingt-quatre heures & fans appel, d'après les preuves écrites & teftimoniales qui lui feront fournies; & le receveur du diftrict acquittera par avance le montant de la partie de l'amende due au dénonciateur, fur la préfentation qu'il pourra faire de la fentence, fauf fon recours contre le délinquant.

V. Les propriétaires de grains & farines ne pourront fe difpenfer, fous prétexte du recenfement, d'apporter leurs grains & farines aux marchés, ni de fatisfaire aux réquifitions qui pourroient leur être faites par les corps adminiftratifs; ils feront feulement tenus de prendre dans leurs municipalités un acquit-à-caution qui conftatera la nature & la quantité de grains qu'ils livreront. Cet acquit-à-caution, vifé par la municipalité du lieu où le grain aura été tranfporté, leur fervira de décharge dans l'opération du recenfement.

VI. Les propriétaires de grains ou farines qui ne prendront point d'acquits-à-caution, outre la confifcation des voitures, chevaux, grains ou farines, qu'ils auront encourue, feront condamnés en mille livres d'amende, payable par corps (comme délit national), applicable, moitié au dénonciateur, moitié à la commune du lieu où les grains ou farines auront été arrêtés; fi c'eft le conducteur lui-même qui dénonce, les chevaux, voitures, grains, farines & amende lui feront entièrement adjugés.

VII. Aucun acquit-à-caution ne pourra être délivré à moins que celui qui le demande ne préfente un citoyen bien connu, domicilié dans l'étendue du diftrict, qui fe foumettra au paiement de la valeur des grains ou farines exportés, fi la rentrée de l'acquit-à-caution dûment acquitté n'a pas lieu dans le délai preferit & énoncé fur l'acquit.

VIII. Si le demandant acquit-à-caution ne peut fournir caution, il fera tenu de configner aux mains du receveur du diftrict, fi c'eft un chef-lieu de diftrict, ou à la municipalité, qui en demeurera refponfable, une fomme pareille à la valeur des grains ou farines exportés. Cette fomme lui fera rendue en rapportant l'acquit déchargé, ou en juftifiant de caufes valables ou jugées légitimes, que les grains ou farines n'ont pu parvenir à leur deftination.

IX. Si l'acquit-à-caution n'eft pas déchargé & remis à la municipalité qui l'aura délivré, deux mois après l'expiration du terme fixé, les fommes dépofées feront acquifes au profit de la commune d'où feront partis les grains ou farines, & par elle employées à une diftribution gratuite de pain en faveur des citoyens néceffiteux qu'elle renferme.

Code des Comités de furveillance, &c.   M

X. Les acquits-à-caution feront imprimés, écrits en toutes lettres, &
conformes au modèle qui fe trouve à la fin de la préfente loi.

XI. Pourront les manouvriers habitans des campagnes où il n'y aura point
de marchés, s'approvifionner pour un mois au plus chez les cultivateurs ou
propriétaires de grains de leur commune, moyennant un bon de leur municipalité, & dont elle tiendra regiftre; ce certificat reftera entre les mains
du vendeur, pour le repréfenter au befoin; les autres confommateurs s'ap-
provifionneront aux marchés les plus voifins.

XII. Les blatiers ou débitans de grains en détail, feront tenus de faire à
leur municipalité la déclaration de l'état qu'ils exercent; il leur en fera délivré
un extrait en forme, qu'ils feront obligés d'exhiber dans tous les lieux où
ils feront leurs achats ou ventes; & il fera conftaté par les officiers municipaux de ces endroits, la quantité & nature de grains qu'ils auront achetés
ou vendus.

XIII. Les blatiers ou débitans de grains & farines en détail, ne pourront
acheter que fur les marchés publics exiftant avant 1790, & aux heures
indiquées par les règlemens de police.

XIV. A compter du jour de la publication du préfent décret, il eft
défendu à tous meûniers, fous peine de dix années de fers, de faire aucun
commerce de grains ou farines.

XV. A compter dudit jour, les meûniers dans toute l'étendue de la
République, feront payés en monnoie courante, & le *maximum* du prix en
fera fixé par les adminiftrations de département, d'après l'avis des diftricts
& des municipalités où font fitués les moulins.

XVI. Tous les meûniers font à la réquifition du miniftre de l'intérieur
& des adminiftrations, pour le fervice public; ceux qui quitteroient leurs
moulins avant d'en avoir prévenu la municipalité du lieu de leur domicile trois mois d'avance, ou qui refuferoient de moudre ou d'obéir aux
réquifitions qui leur en feroient faites, feront condamnés, & par corps,
en une amende de trois mille livres au profit des citoyens indigens de la
commune.

XVII. Les municipalités des lieux où fe tiennent les marchés, veilleront
au maintien de l'ordre & à ce qu'il y foit exercé une bonne police; elles
tiendront des regiftres des achats & ventes qui auront été faits dans chaque
marché, & de leur deftination. L'état des acquits-à-caution qui auront été
délivrés y fera inféré, ainfi que les noms des vendeurs & acheteurs: elles
en enverront l'état au diftrict; celui-ci au département, lequel enverra le
relevé général au miniftre de l'intérieur chaque mois.

XVIII. Les corps adminiftratifs & les municipalités font autorifés, chacun dans leur arrondiffement, à requérir du cultivateur, propriétaire de
grains ou farines, d'en apporter au marché la quantité néceffaire pour le
tenir fuffifamment approvifionné.

XIX. Ils pourront auffi requérir les ouvriers pour faire battre les grains en gerbes. Dans le cas de refus de la part des fermiers ou propriétaires, les batteurs feront payés à leurs dépens.

XX. Les directoires de département feront parvenir leurs réquisitions aux directoires de district; & ceux-ci aux municipalités, qui feront tenues d'y déférer fans délai.

XXI. Nul ne pourra fe refufer d'exécuter les réquifitions qui lui feront adreffées, à peine de confifcation des grains ou farines excédant les befoins de fa maifon jufqu'à la récolte prochaine, & la femence des terres qu'il fait valoir. .

XXII. Le miniftre de l'intérieur fera tenu d'adreffer aux départemens dans lefquels il exiftera un excédant de fubfiftances, les réquifitions néceffaires pour approvifionner les départemens & diftricts qui fe trouveroient n'en pas avoir une quantité fuffifante, en confultant les rapprochemens.

XXIII. Toutes commiffions pour achats de grains, fourrages, fubfiftances, émanées des miniftres de la guerre & de la marine, des adminiftrations des fubfiftances pour les armées, pour la marine, & autres approvifionnemens publics, même celles données pour les approvifionnemens d'une feule commune ou d'un particulier, font annullées ainfi que tous les marchés & arrhemens paffés, foit en vertu de ces commiffions, ou entre particuliers. Les repréfentans du peuple auprès des armées font fpécialement chargés de faire les réquifitions néceffaires pour l'approvifionnement des armées & des places frontières ; & ils feront paffer un *duplicata* de leurs réquifitions au miniftre de l'intérieur.

XXIV. Tant que la guerre durera, la ville de Paris fera approvifionnée de la même manière que les armées de la République & les places de guerre, mais à fes frais. La municipalité fe concertera avec le miniftre de l'intérieur, qui fera tenu de faire les réqufitions néceffaires, & demeure refponfable de leur exécution. Les diftricts de Bourg-de-l'Égalité & de Saint-Denis feront approvifionnés de la même manière. La faculté accordée par l'article XI de cette fection, n'aura pas lieu dans l'étendue du département de Paris.

XXV. Les boulangers de Paris qui voudront quitter l'exercice de leur profeffion, ne pourront le faire qu'en prévenant la municipalité trois mois d'avance, à peine dè deux mille livres d'amende.

XXVI. Le miniftre de l'intérieur pourra, s'il le juge indifpenfable pour les approvifionnemens de Paris, accorder un délai pour l'arrivage des grains & farines commiffiónnés antérieurement au préfent décret. Ce délai ne pourra s'étendre au-delà du terme de huit jours, à compter de la publication de la loi.

XXVII. Au moyen de ce que la ville & le département de Paris feront fournis par voie de réqufition comme les armées, les boulangers de Paris & des communes compofant ce département, ne pourront acheter des

grains ou farines dans aucun marché, à peine de trois mille livres d'a-
mende, payable par corps.

XXVIII. Le miniftre de l'intérieur fera tenu de fournir tous les quinze
jours à la Convention nationale, le tableau énonciatif des départemens où
il a fait fes réquifitions; la quantité & efpèce de grains & farines y fera
exprimée, ainfi que la deftination qu'il aura donnée à chacun d'eux.

XXIX. Les armées de terre & de mer, les villes & ports en état de
guerre ou réputés tels, étant approvifionnés par la voie de la réquifition,
il ne pourra être délivré aucunes commiffions pour acheter des grains & farines
à qui que ce foit; toutes perfonnes qui s'en prétendroient revêtues, feront
mifes en état d'arreftation & condamnées en dix mille livres d'amende,
payable par corps folidairement avec les autorités qui leur auroient délivré
des brevets de commiffion.

SECTION III.

Fixation du maximum *des prix pour les Grains, Farines & Fourrages dans
toute l'étendue de la République.*

ARTICLE PREMIER.

Le prix du quintal, poids de marc, de blé froment, première qualité,
ne pourra excéder quatorze liv. . . ci. . . . . 14 liv.

II. Le prix du quintal, poids de marc, de la plus belle farine de froment,
ne pourra excéder vingt livres, ci. . . . . 20 liv.

III. Le prix du quintal, poids de marc, de blé méteil, première qualité,
compofé de moitié froment & moitié feigle, ne pourra excéder douze
livres, ci. . . . . 12 liv.

IV. Le prix du quintal, poids de marc, de feigle, première qualité, ne
pourra excéder dix livres, ci. 10 liv.

V. Le prix du quintal, poids de marc, de l'orge, pamelle, baillarge,
première qualité, ne pourra excéder neuf livres, ci. . . . . 9 liv.

VI Le prix du quintal, poids de marc, de blé de Turquie, d'Efpagne,
ou maïs, première qualité, ne pourra excéder huit livres, ci. . . 8 liv.

VII. Le prix du quintal, poids de marc, du farrafin ou blé noir, première qualité, ne pourra excéder fept livres, ci. . . . . 7 liv.

VIII. Le prix du quintal, poids de marc, de l'avoine, première qualité, ne pourra excéder quatorze livres, ci. . . . . 14 liv.

IX. Le prix du quintal, poids de marc, du fon, ne pourra excéder fept
livres, ci. . . . . 7 liv.

X. Le prix du quintal, poids de marc, du foin & fainfoin, première
qualité, ne pourra excéder fix livres, ci. . . . . 6 liv.

XI. Le prix du quintal, poids de marc, de luzerne & autres fourrages
de prés artificiel, première qualité, ne pourra excéder 5 liv., ci. . . . 5 liv.

XII. Le prix du quintal, poids de marc, de paille de froment, ne pourra excéder trois livres, ci. . . . . 3 liv.

XIII. Les municipalités des lieux où il existe un marché public pour les grains ou farines, feront tenues, fous la furveillance des diftricts, de faire dreffer d'après la taxe du *maximum* ci-deffus fixé , un tableau comparatif du poids de chaque efpèce de grains ou farines, avec les mefures d'ufage dans l'étendue de leurs arrondiffemens.

Ce tableau fera imprimé & affiché par-tout où befoin fera.

XIV. Indépendamment du prix ci-deffus fixé, il fera ajouté les prix de tranfport de chaque efpèce de grains & fourrages, à compter du lieu du marché où ils auront été achetés, jufqu'à celui de leur deftination.

XV. Le *maximum* du prix de la voiture pour le tranfport par terre des blés, farines, & toutes efpèces de grains & fourrages achetés fur les marchés pour l'approvifionnement d'un canton ou d'un département, ou achetés chez les propriétaires par voie de réquifition, pour ce qui fera deftiné aux armées ou villes en état guerre, ne pourra excéder cinq fous par quintal pour chaque lieue de pofte pour les grandes routes, & fix fous pour les routes de traverfe. Tous rouliers, blatiers, voituriers qui refuferoient de fe conformer à ce prix, pourront être mis en état de réquifition.

XVI. Le prix des tranfports par eau n'étant pas fixé, aura lieu de gré à gré, fans que le *maximum* par quintal puiffe excéder deux fous en defcendant & trois fous en remontant, & n'entrera en addition au prix des grains & fourrages, que pour la réalité de ce qui en auroit été payé, à peine de mille livres d'amende contre les vendeurs & acheteurs, dont moitié applicable au dénonciateur, & l'autre moitié au profit de la commune où les bateaux auront été arrêtés.

XVII. L'indemnité à accorder aux citoyens chargés par les départemens qui feront obligés de s'approvifionner ailleurs que chez eux, ne pourra en aucun cas excéder cinq pour cent du *maximum* porté pour le prix principal de chaque efpèce de grains dans le préfent décret, à peine d'être rejetée du compte, & de dix mille livres d'amende contre l'adminiftration, applicable moitié au profit du dénonciateur, moitié au profit de la République.

SECTION IV.

Des mefures contre l'exportation.

ARTICLE PREMIER.

Le confeil exécutif eft chargé de prendre toutes les mefures de prudence & de force qui font en fon pouvoir, pour faire rentrer fur-le-champ tous les grains, farines & fourrages qui feroient fur les ports & rades maritimes, fur les vaiffeaux qui feroient à la planche, dans les différens ports ou rades, de les faire décharger & rentrer au moins à six lieues de distance dans l'intérieur.

II. Il ne pourra plus exister de magasins ou dépôts de grains ou de farines, dans les ports, rades & villes frontières de la République, & ils ne pourront être plus près qu'à une distance de six lieues, sans néanmoins que cette disposition puisse préjudicier à l'approvisionnement de nos places frontières & maritimes.

III. Tout navire chargé de grains, farines ou fourrages, sorti des ports de la République sans une expédition expresse du conseil exécutif, l'acquit-à-caution & l'autorisation de la municipalité du lieu du départ, sera de bonne prise par-tout où il sera rencontré; & dans le cas où l'équipage le ramèneroit dans un des ports de la République, le prix de la cargaison & du navire sera distribué aux gens de l'équipage, & le capitaine sera puni par dix ans de fers.

IV. Les acquits-à-caution ne pourront être délivrés par les municipalités des villes & ports maritimes, qu'en vertu d'ordres du conseil exécutif. Ces ordres porteront les mêmes numéros que les acquits-à-caution y correspondant, & les municipalités seront tenues, après en avoir fait afficher les copies, de les garder pour les représenter en original toutes les fois que le corps législatif l'exigera.

V. La municipalité qui sera convaincue d'avoir délivré des acquits-à-caution sans cette autorisation, sera censée, par cette négligence coupable, avoir donné lieu à l'exportation à l'étranger, des grains ou farines; & les membres composant cette municipalité, qui auront signé l'acquit-à-caution, seront condamnés solidairement & par corps, en une amende de cinquante mille livres au profit de la République, & en dix mille livres d'indemnité en faveur du dénonciateur.

VI. Les mêmes mesures prescrites par la présente loi pour s'opposer aux exportations le long des côtes de la République, auront lieu sur toutes nos frontières de terre; les autorités constituées civiles & militaires emploieront tous les moyens de surveillance & de force qui sont en leur pouvoir, pour empêcher l'écoulement de nos grains & fourrages dans l'étranger, & leur négligence sera punie des mêmes peines que celles prononcées dans l'article précédent.

VII. Tous les grains arrêtés en contravention au présent décret, seront confisqués & vendus, ainsi que les chevaux, voitures & équipages sur lesquels ils seroient chargés, moitié au profit de ceux qui les auroient arrêtés, l'autre moitié au profit de la commune du lieu de l'arrestation; les conducteurs seront en outre condamnés à six ans de fers; &, s'ils sont eux-mêmes dénonciateurs, ils auront à leur profit le prix de tous les objets confisqués.

VIII. Toute administration de district ou de département qui auroit en sa possession des dépôts de grains & de farines, est obligée, quelle que soit leur destination, d'en faire sa déclaration au ministre de l'intérieur,

& de la faire afficher, à peine de cinquante mille livres d'amende, payable folidairement & par corps, comme délit national.

IX. Les adminiftrateurs des vivres & fubfiftances des armées de terre & de mer, feront obligés dans trois femaines de faire la déclaration fignée d'eux, des quantités & efpèces de grains, farines & fourrages qui exiftent actuellement dans les magafins de la République, à leurs miniftres refpectifs, & ceux-ci en feront paffer un duplicata certifié véritable, au miniftre de l'intérieur, qui le repréfentera à la Convention nationale quand elle l'exigera.

X. Les adminiftrateurs ci-deffus défignés qui n'auroient pas fait lefdites déclarations dans l'efpace de trois femaines à partir de la publication du préfent décret, feront condamnés à dix mille livres par tête, folidairement & par corps, applicables au dénonciateur.

XI. Dans le cas où ces déclarations feroient infidèles ou frauduleufes, ils feront condamnés à payer la valeur des grains ou fourrages qu'ils n'auroient pas déclarés, & en vingt mille livres d'amende payables par corps, & applicables au dénonciateur.

XII. Le préfent décret fera envoyé dans le jour au miniftre de l'intérieur, qui le fera parvenir fur-le-champ aux départemens par des couriers extraordinaires.

(*Voyez le modèle ci-contre.*)

CHAPITRE VII.

MODÈLE D'ACQUIT-A-CAUTION.

Pour la circulation des grains, farines & fourrages.

DÉPARTEMENT
d. . . . .

DISTRICT d. . . . . .

CANTON d. . . . . .

MUNICIPALITÉ
d. . . . .

Nota. Ces lignes doivent contenir les noms, prénoms, profession & domicile.

Nota. Ces lignes doivent indiquer si le grain provient de la récolte du laboureur, ou s'il provient d'un grenier particulier, ou de greniers approvisionnés par la voie de réquisition.

Nota. Ces lignes contiendront les noms, prénoms & le lieu du domicile du soumissionnaire.

Nota. Les municipalités régleront le délai en proportion de l'éloignement.

RÉPUBLIQUE FRANÇAISE.

AU NOM DE LA LOI.

*L**ES corps administratifs & municipaux, & les gardes nationales de la République sont requis de laisser passer librement, même de donner protection, sûreté & force à la voiture du citoyen.* . . . .

. . . .

chargée de. . . . . *quintaux de.* . . . .

. . . . *provenant de* . . . .

. . . .

coûtant. . . . . *le quintal poids de marc, qu'il a déclaré vouloir conduire à.* . . . . *municipalité de.* . . .

. . . . *district de.* . . . . . *département de.* . . . . .

. . . .

& pour sûreté de la sincérité de sa déclaration, il nous a présenté la personne de. . . . .

. . . .

citoyen habitant bien connu de ce canton ou district, lequel a fait dans nos mains la soumission de rapporter dans le délai de. . . . .

. . . .

au dos du présent certificat des maire & officiers municipaux du lieu de la destination, qui atteste l'arrivée desdites marchandises, à peine d'être poursuivi & puni conformément à l'article IX de la IIe. section de la loi du 11 septembre 1793.

Fait au bureau municipal de. . . . . *le.* . . . .

. . . . .179. . . . . *l'an.* . . . *de la République française une & indivisible.*

MODÈLE

MODÈLE DE CERTIFICAT

A mettre au dos des acquits-à-caution.

*Nous maire & officiers municipaux de la commune de. . . .
. . . . district de. . . . . département de. . . .
. . . . certifions que la quantité de. . . . .
quintaux de. . . . . mentionnée en l'acquit-à-caution
de l'autre part, est arrivée à sa destination. En foi de quoi nous
avons signé le présent pour décharge.*
Fait à. . . . . le. . . . . . .

Mettre ici le
cachet de la mu-
nicipalité.

Les maire & officiers municipaux de. . . . . .

. . . .

Décret qui fixe le maximum *du prix des denrées & marchandises de première
néceffité.*

29 Septembre 1793. — *même jour.* (1614.)

La Convention nationale, après avoir entendu le rapport de sa commiffion pour la rédaction d'une loi sur la fixation du *maximum* du prix des
denrées & marchandises de première néceffité, décrète ce qui suit :

ARTICLE PREMIER.

Les objets que la Convention nationale a jugés de première néceffité,
& dont elle a cru devoir fixer le *maximum* ou le plus haut prix, font :

La viande fraîche.	Le bois à brûler.
La viande salée & le lard.	Le charbon de bois.
Le beurre.	Le charbon de terre.
L'huile douce.	La chandelle.
Le bétail.	L'huile à brûler.
Le poiffon salé.	Le fel.
Le vin.	La foude.
L'eau-de-vie.	Le fucre.
Le vinaigre.	Le miel.
Le cidre.	Le papier blanc.
La bière.	Les cuirs.

Code des Comités de furveillance, &c.   N

<table>
<tr><td>Les fers.</td><td>Les toiles.</td></tr>
<tr><td>La fonte.</td><td>Les matières premières qui ſervent</td></tr>
<tr><td>Le plomb.</td><td>aux fabriques.</td></tr>
<tr><td>L'acier.</td><td>Les ſabots.</td></tr>
<tr><td>Le cuivre.</td><td>Les ſouliers.</td></tr>
<tr><td>Le chanvre.</td><td>Les colſat & rabette.</td></tr>
<tr><td>Le lin.</td><td>Le ſavon.</td></tr>
<tr><td>Les laines.</td><td>La potaſſe.</td></tr>
<tr><td>Les étoffes.</td><td>Le tabac.</td></tr>
</table>

II. Parmi les objets énoncés dans la liſte ci-deſſus, le *maximum* du prix du bois à brûler de première qualité, celui du charbon de bois & du charbon de terre, eſt le même qu'en 1790, plus le vingtième du prix. La loi du 19 août ſur la fixation par les départemens des prix des bois de chauffage, charbons & tourbes, eſt rapportée.

Le *maximum* ou le plus haut prix du tabac en carotte, eſt de vingt ſous la livre poids de marc; celui du tabac à fumer eſt de dix ſous; celui de la livre de ſel eſt de deux ſous; celui du ſavon de vingt-cinq ſous.

III. Le *maximum* du prix de toutes les autres denrées & marchandiſes énoncées dans l'article premier, ſera pour toute l'étendue de la République juſqu'au mois de ſeptembre prochain, le prix que chacune d'elles avoit en 1790, tel qu'il eſt conſtaté par les mercuriales ou le prix courant de chaque département, & le tiers en ſus de ce même prix, déduction faite des droits fiſcaux & autres auxquels elles étoient alors ſoumiſes, ſoûs quelques dénominations qu'ils aient exiſté.

IV. Les tableaux du *maximum* au plus haut prix de chacune des denrées énoncées dans l'article premier, ſeront rédigés par chaque adminiſtration de diſtrict, & affichés dans la huitaine de la réception de cette loi, & envoyés aux départemens.

V. Le procureur-général-ſyndic en enverra des copies dans la quinzaine ſuivante au conſeil exécutif proviſoire & à la Convention nationale.

VI. Les commiſſaires de la Convention nationale ſont chargés de deſtituer les procureurs des communes, les procureurs-ſyndics & procureurs-généraux-ſyndics qui n'auroient pas rempli les diſpoſitions des articles précédens dans le délai preſcrit, chacun en ce qui le concerne.

VII. Toutes perſonnes qui vendroient ou acheteroient les marchandiſes énoncées en l'article premier, au-delà du *maximum* du prix déterminé & affiché dans chaque département, paieront, par forme de police municipale, une amende ſolidaire du double de la valeur de l'objet vendu, & applicable au dénonciateur; elles ſeront inſcrites ſur la liſte des perſonnes ſuſpectes, & traitées comme telles. L'acheteur ne ſera pas ſoumis à la peine portée ci-deſſus, s'il dénonce la contravention du vendeur; & chaque marchand ſera tenu d'avoir un tableau apparent dans ſa boutique, portant le *maximum* ou le plus haut prix de ſes marchandiſes.

VIII. Le *maximum* ou le plus haut prix reſpectif des ſalaires, gages, main-d'œuvre & journées de travail dans chaque lieu, fera fixé, à commencer de la publication de cette loi jufqu'au mois de feptembre prochain, par les confeils-généraux des communes, au même taux qu'en 1790, auquel il fera ajouté la moitié de ce prix en fus.

IX. Les municipalités pourront mettre en réquifition & punir, felon le cas, de trois jours de détention, les ouvriers, les fabricans & différentes perfonnes de travail qui fe refuferoient fans caufes légitimes à leurs travaux ordinaires.

X. Les autorités adminiftratives font chargées de veiller à l'exécution des coupes des bois ordinaires & extraordinaires, & au départ.

XI. Les municipalités veilleront aux règlemens des voitures & du mefurage.

XII. Les prix des denrées & marchandifes, ftipulés au-deffus du *maximum* dans les marchés, commiffions & arrhemens faits ou donnés par le gouvernement ou à fon nom par fes agens, feront réduits à ce *maximum* pour toutes les denrées & marchandifes qui n'auront pas été verfées & reçues aux formes ordinaires dans les magafins de la République, ou qui n'auront pas été expédiées & mifes en route avant la date du préfent décret ; fauf cette modification, lefdits marchés, commiffions & arrhemens, ainfi que ceux paffés à des prix inférieurs au *maximum*, feront exécutés comme ils pouvoient & devoient l'être avant le préfent décret.

XIII. Dans les vingt-quatre heures qui fuivront la publication du préfent décret, les adminiftrateurs, régiffeurs, commiffaires, leurs prépofés & tous ceux, fans exception, qui auront été employés aux achats & arrhemens, à faire faire l'emmagafinement & la réception, enfemble ceux qui auront fait des expéditions, feront tenus de fe préfenter aux municipalités des chef-lieux du canton où ils fe trouveront, pour y faire parapher à chaque feuillet, & arrêter à la dernière page par le maire ou premier officier municipal & par le procureur de la commune ou fon fubftitut, & à Paris, par le préfident & le fecrétaire de la fection, les marchés, commiffions, livres, carnets, feuilles d'achat, de réception, emmagafinement ou expédition. Les pièces qui ne feront pas revêtues de cette formalité, ne pourront fervir en aucune manière pour établir des livraifons, réceptions ou expéditions antérieures au préfent décret.

XIV. Ceux des agens de la République, leurs fubordonnés, enfemble les commiffaires des guerre qui porteroient ou fouffriroient qu'on portât par antidate des denrées & marchandifes dans des livres, feuilles ou états de réception, emmagafinement ou expédition à une époque antérieure au préfent décret, feront condamnés & contraints par corps au paiement d'une amende égale aux fommes y exprimées, dont moitié appartiendra à la République & l'autre au dénonciateur, & en outre punis de dix ans de fers.

XV. La même peine aura lieu contre les officiers municipaux, préfidens ou fecrétaires de fection, qui feront convaincus d'avoir antidaté les paraphes & arrêtés ordonnés en l'article XIV , & ils feront folidaires pour le paiement de l'amende.

XVI. La difpofition des articles XI & XIII ci-deffus pour la réduction au *maximum* des denrées & marchandifes non livrées ou expédiées, & pour les préalables à remplir afin de conftater la livraifon ou expédition, fera applicable aux marchés & arrhemens faits entre particuliers; & en cas d'antidate de la part des officiers publics, ils feront punis des peines portées en l'article XV.

XVII. Pendant la guerre, toute exportation de marchandifes ou denrées de première néceffité eft prohibée fur toutes les frontières, fous quelque nom & commiffion que ce foit, le fel excepté.

XVIII. Les objets énoncés ci-deffus allant à l'étranger, & furpris en contravention à la diftance de deux lieues en-deçà de la frontière & fans acquit-à-caution de la municipalité du lieu du conducteur, feront confifqués avec les voitures, bêtes de fomme, ou bâtimens qui les tranfporteroient, au profit de ceux qui les arrêteront; & il y aura peine de dix ans de fers contre les contrevenans, propriétaires ou conducteurs.

XIX. Pour que les équipages de navires neutres ou francifés n'abufent pas du bienfait de l'hofpitalité en enlevant les comeftibles & approvifionnemens des villes & lieux maritimes, au-delà de leurs befoins, ils fe préfenteront à la municipalité, qui leur fera acheter ce qui leur fera néceffaire.

XX. Le préfent décret fera envoyé par des couriers extraordinaires.

Décret qui rectifie une erreur dans la rédaction de l'article XVI du Décret précédent.

26 vendémiaire 1793. — 27 *du même mois.* (1740.)

La Convention nationale, fur l'obfervation faite par un membre, qu'il s'eft commis une erreur dans l'expédition du décret du 29 feptembre 1793, concernant la fixation du *maximum* du prix des denrées & marchandifes, en ce que dans l'article XVI on fe réfère aux articles XI & XIII, tandis que la Convention, dans cet article XVI de ce décret, référoit aux articles XII & XIII; & fur fa motion, déclare que l'article XVI eft conçu ainfi :

« La difpofition des articles XII & XIII ci-deffus, pour la réduction au
» *maximum* des denrées & marchandifes non livrées ou expédiées, & pour
» les préalables à remplir, afin de conftater la livraifon ou expédition,
» fera applicable aux marchés & arrhemens faits entre particuliers; & en
» cas d'antidate de la part des officiers publics, ils feront punis des peines
» portées en l'article XV ».

En conféquence, la Convention nationale décrète que les jugemens des tribunaux, les arbitrages & traités qui ont pu être rendus ou faits d'après l'erreur ci-deffus rectifiée, font déclarés nuls & comme non avenus, & que les parties qui auront payé en conféquence plus qu'elles ne le doivent , pourront réclamer la reftitution de l'excédant.

Le préfent décret fera inféré au bulletin, qui tiendra lieu de publication.

Décret relatif aux fourniffeurs de la République qui font confectionner des bottes & des fouliers dans l'étendue du département de Paris.

20 vendémiare. — 21 *du même mois.* (1696.)

La Convention nationale, après avoir entendu le rapport de fon comité de furveillance, des vivres, habillemens & charois militaires, décrète ce qui fuit :

ARTICLE PREMIER.

Tous les fourniffeurs de la République qui font confectionner des bottes & des fouliers dans l'étendue du département de Paris, font tenus , à peine de confifcation , de les faire vérifier par deux commiffaires , l'un nommé par l'adminiftration de l'habillement & fous fa refponfabilité, l'autre nommé par celle des fections où lefdits ouvrages auront été confectionnés.

II. Les bottes & fouliers qui doivent être verfés dans les magafins de Paris , fubiront la vérification lors de leur entrée dans lefdits magafins. Les bottes & fouliers qui doivent être envoyés dans les départemens feront vérifiés à Paris, avant leur tranfport.

III. La vérification des bottes & des fouliers ne pourra être faite que par un procès-verbal détaillé & revêtu de la fignature de deux commiffaires ci-deffus nommés. Expédition en forme du procès-verbal fera enfuite envoyée au comité de furveillance des vivres , habillemens & charois de la Convention nationale.

IV. Le préfent décret fera adreffé à l'adminiftration de l'habillement , & recommandé fpécialement au zèle & au patriotifme des bons citoyens des fections de Paris, pour fon entière exécution.

. Décret relatif aux fournitures de fouliers à faire pour le fervice des armées par tous les cordonniers de la République.

4 Brumaire. — 5 *du même mois.* (1786.)

La Convention nationale, confidérant qu'aux termes de l'article premier de la loi du 23 août dernier, tous les Français font mis en réquifition permanente pour l' fervice des armées, jufqu'au moment où les ennemis auront été ch   rritoire de la République; confidérant qu'il eft inftant de pou   befoins des défenfeurs de la patrie; après avoir

Code des ·   urveillance , &c.   N 3

entendu le rapport de fon comité de furveillance & d'examen des marchés,
décrète :

A R T I C L E   P R E M I E R.

Pendant trois mois confécutifs, à compter du 15 du courant, tous les
cordonniers de la République feront tenus de remettre à la municipalité
ou fection de leur réfidence, cinq paires de fouliers chaque décade, &
pareille quantité par chaque garçon qu'ils occupent. Les fouliers devront
être de bonne qualité, & conformes à l'inftruction annexée à la préfente loi.

II. Les municipalités en paieront la valeur, qui ne pourra être au-deffus
du *maximum*, & de fuite elles les enverront au chef-lieu de leur diftrict.

III. Les municipalités fourniront les cuirs au prix du *maximum*, aux ouvriers qui n'en auront pas ; les diftricts en pourvoiront également les municipalités, étant autorifés d'en requérir des tanneurs, marchands & de tous
autres détenteurs, en les payant à la taxe.

IV. Il y aura, dans chaque chef-lieu de diftrict, deux cordonniers
experts, ou un plus grand nombre, fi le befoin l'exige, nommés par le
directoire & payés par la nation. Leur falaire ne pourra excéder le double
de celui qui doit être déterminé en conformité de la loi du 29 feptembre
dernier.

V. Si les experts trouvent les fouliers recevables, on les verfera dans
le dépôt défigné par le diftrict ; au cas du contraire fur le rapport vérifié
par le directoire du diftrict & reconnu jufte, celui-ci en prononcera la confifcation au profit des maifons de fecours de fon arrondiffement.

VI. Les fouliers verfés dans le dépôt feront à la difpofition de l'adminiftration de l'habillement ; & en les expédiant, le diftrict fera mettre un
plomb ou fon cachet fur les tonneaux, caiffes ou paniers fervant d'em-
ballage.

VII. Les tanneurs font obligés de vider & remplacer leurs foffes fans
interruption, à peine d'être déclarés fufpects. Ils font tenus de fournir les
cuirs fecs & de bonne qualité, fous peine de confifcation au profit de la
République.

VIII. Les commiffaires aux accaparemens, à leur défaut les confeils
généraux des communes des chef-lieux de canton, feront verfer dans les
magafins de la République, à la première réquifition, tous les fouliers exiftant chez les cordonniers, dans les dépôts & magafins des marchands ou
de tout autre particulier, & propres à l'ufage des foldats.

IX. Les receveurs de diftrict paieront ces fouliers au prix de la taxe.

Ils rembourferont aux municipalités la valeur de ceux qu'elles auront
fournis, ainfi que les frais du tranfport : le tout après la vérification des
experts, & fur l'état certifié par les directoires des diftricts.

Ils feront à l'adminiftration de ces derniers, les avances néceffaires pour
fe procurer des peaux & cuirs tannés.

X. Les receveurs de diftrict pourront, en cas d'infuffifance de fonds provenant de leur recette, en prendre chez le receveur du droit d'enre-giftrement. La tréforerie nationale en tiendra compte aux uns & aux autres.

XI. A caufe de l'urgence, l'infertion de la préfente loi au bulletin fer-vira de publication. La prompte exécution en eft confiée aux corps admi-niftratifs, & la furveillance recommandée au patriotifme des fociétés po-pulaires.

Instruction pour les adminiftrations de diftrict & municipalités.

Proportion que doit avoir une paire de fouliers deftinée pour les troupes, & détail des cuirs qu'on doit employer à leur confection.

> Sur 100 paires, 20 paires à 8 points.
>   30 *idem* à 9 *idem.*
>   30 *idem* à 10 *idem.*
>   10 *idem* à 11 *idem.*
>   10 *idem* à 12 *idem.*

L'empeigne & le quartier, de bon veau ciré.

Le quartier, à coupe carrée, & couture derrière.

Les tirans entiers & de longueur fuffifante.

Les talons, chacun à trois bouts d'un feul morceau.

La première femelle en vache, d'un feul morceau, & coufue à l'em-peigne.

La feconde femelle en bon cuir, fort & bien battu.

On ne demande pas de fouliers de 7 points, parce que cette mefure eft celle qui abonde le plus dans les magafins, & dont nos armées ont le moins de befoin.

Décret portant qu'il fera formé un tarif pour le maximum des marchandifes dans toute l'étendue de la République.

11 brumaire — 12 *du même mois.* (1825.)

La Convention nationale, après avoir entendu le rapport de fon comité de falut public, décrète.

Article premier.

Il fera fait inceffamment, fous les yeux des commiffaires nommés par la commiffion des fubfiftances & des approvifionnemens, un tableau por-tant : 1°. le prix que chaque genre de marchandifes comprifes dans la loi du *maximum*, valoit dans le lieu de leur production ou fabrique en 1790, augmenté d'un tiers ; 2°. un prix fixé par lieue pour le tranfport, à raifon de la diftance de la fabrique ; 3°. cinq pour cent de bénéfice pour le marchand en gros ; 4°. dix pour cent de bénéfice pour le marchand détaillant.

II. Ces quatre bafes formeront irrévocablement le prix de chacune des marchandifes pour toute l'étendue de la République.

III. Le travail des commiffaires chargés de procéder à cette taxation, fera préfenté à la Convention, imprimé & envoyé directement à tous les départemens, diftricts & municipalités.

IV. La Convention nationale voulant venir au fecours de la partie peu fortunée du peuple, décrète qu'il fera accordé une indemnité aux citoyens marchands ou fabricans qui, par l'effet de la loi du *maximum*, juftifieront avoir perdu leur entière fortune, où feront réduits à une fortune au-deffous de dix mille livres de capital.

V. Les citoyens qui fe trouveront dans le cas d'obtenir cette indemnité, préfenteront leurs pétitions aux chef-lieux de diftrict, pour y être ftatué d'après les bafes qui feront préfentées inceffamment par les comités de fecours publics, de commerce & des finances, réunis à la commiffion des fubfiftances & des approvifionnemens. Cette indemnité fera payée par le tréfor public.

VI. Les mefures coërcitives à prendre contre toutes les autorités conftituées qui négligeroient l'exécution du préfent décret, feront préfentées inceffamment par le comité de falut public.

VII. Les fabricans & les marchands en gros qui, depuis la loi du *maximum*, auroient ceffé ou cefferoient leur fabrication & leur commerce, feront traités comme perfonnes fufpectes.

VIII. La commiffion des fubfiftances & des approvifionnemens rendra compte dans un mois, de l'exécution du préfent décret dans les divers départemens de la République.

Décret relatif à la circulation des grains & à l'approvifionnement des marchés.

25 Brumaire. — 26 *du même mois.* (1878.)

La Convention nationale, confidérant que les implacables ennemis de l'égalité & de la liberté continuent de propager l'inquiétude & de répandre l'alarme fur les fubfiftances ; qu'ils font oublier au peuple que le produit d'une récolte commune excède d'un cinquième la confommation ordinaire ; que la dernière récolte a été très-abondante, & peut fuffire à la confommation de plus d'une année ;

Que la malveillance s'efforce d'égarer le peuple, d'empêcher l'approvifionnement des marchés & la circulation des grains deftinés aux armées, de faire retenir toutes les fubfiftances fous prétexte de conferver l'approvifionnement d'une année dans chaque commune & dans chaque canton, tandis que les nombreufes armées qui couvrent les frontières & l'intérieur de la République, exigent la plus grande activité, & ne permettent pas de calculer ce que des befoins éloignés pourront exiger dans une autre faifon;

Que la rapidité de la marche des événemens fait un devoir indifpenfable d'employer fans réferve toutes les reffources locales, de pourvoir à tous les befoins, de mettre de proche en proche en circulation toutes les fubfiftances;

Que des remplacemens fucceffifs feront refluer des fubfiftances dans toutes les parties de la République qui auront le plus fourni aux befoins des armées, & aux difpofitions provifoires du gouvernement;

Que toutes les fubfiftances doivent être expofées & offertes dans chaque département à la confommation, en attendant que les verfemens qui feront toujours faits à temps, comblent le déficit, & remplacent les quantités néceffaires à la confommation ordinaire des habitans;

Que toute difpofition tendant à refferrer les fubfiftances & les reffources locales, feroit un attentat contre la fûreté & le falut de la République;

Que tous les magafins militaires doivent être approvifionnés provifoirement des fubfiftances que fourniffent les départemens; que les places & les marchés doivent être approvifionnés avec le même foin & la même abondance; qu'il fera pourvu fucceffivement au remplacement de l'excédant de confommation;

Qu'une grande économie nationale doit multiplier les reffources, & juftifier que ce n'eft pas en vain que la République a reçu & confacré l'égalité, comme le principe fondamental de fon gouvernement; que les fubfiftances ne doivent plus être un objet de luxe, de prodigalité ou de diffipation; que tous les citoyens doivent fe nourrir du même pain;

Que le pain des troupes devant être boulangé & préparé de manière à fe conferver pendant plufieurs jours, on doit introduire dans les boulangeries des armées un mélange de grains qui concilie le double avantage de faciliter le raffemblement des fubfiftances, & de donner un pain qui puiffe fe conferver lorfque les circonftances exigent qu'on faffe des diftributions pour plufieurs jours, décrète ce qui fuit:

A R T I C L E. P R E M I E R.

Les corps adminiftratifs, les municipalités feront approvifionner les marchés, conformément au décret du 11 feptembre dernier (vieux ftyle.)

II. Les corps adminiftratifs, les municipalités, les citoyens ne pourront s'oppofer à la circulation & au tranfport des grains mis en réquifition pour les armées, pour le département de Paris, & pour l'approvifionnement des marchés, fous quelque prétexte que ce foit, quand même ils prétendroient n'en avoir pas une quantité fuffifante pour leur confommation.

III. La commiffion des fubfiftances & des approvifionnemens fera remplacer fucceffivement & à proportion des befoins réels & effectifs, la quantité de grains qui aura été tirée de chaque commune ou canton, & qni fera néceffaire à la confommation des habitans ou des armées.

IV. La mouture fera uniforme, & il ne pourra être extrait plus de quinze livres de fon par quintal de toute efpèce de grains ; & cependant tout citoyen qui ne fera pas boulanger, pourra faire moudre fes grains plus écomomiquement, & en fera extraire moins de fon.

V. Les boulangers ne pourront faire & vendre qu'une même efpèce de pain.

VI. Pour accelérer l'approvifionnement des armées & diftribuer du pain qui puiffe fe conferver autant que les circomftances peuvent l'exiger, le pain fera compofé de trois quarts de froment & d'un quart de feigle, ou d'un quart d'orge, dans les lieux où l'on ne trouvera pas une quantité fuffifante de feigle.

VII. Il eft recommandé aux commiffaires des guerres, & à tous les agens employés près les armées, de furveiller les boulangeries & la préparation du pain.

Décret qui fixe provifoirement pour Paris la paire de fouliers d'homme à fept livres dix fols.

4 Frimaire. — 10 *du même mois.* (1936.)

La Convention nationale, après avoir entendu le rapport de fon comité de furveillance & d'examen des marchés de l'armée, confidérant que la taxe des fouliers qui a été faite par la municipalité de Paris eft au-deffous de celle indiquée par la loi du 29 feptembre dernier (vieux ftyle), décrète que le *maximum* des fouliers en bonne qualité pour homme, eft provifoirement fixée en ladite ville à fept livres dix fols la paire.

F I N.

A PARIS, DE L'IMPRIMERIE DU DÉPOT DES LOIS,
place de la Réunion, ci-devant grand Carroufel.

TABLE
DES MATIÈRES.

A

P

D

Fin de la Table des matières.

PREMIER SUPPLÉMENT

AU CODE

DES COMITÉS DE SURVEILLANCE
ET RÉVOLUTIONNAIRES,

OU

RECUEIL DE DÉCRETS

DE LA

CONVENTION NATIONALE,

S U R la Police et Sûreté générale, les Détenus, les Étrangers, les Personnes suspectes, et autres décrets relatifs au gouvernement révolutionnaire.

Décret relatif aux citoyens arrêtés et constitués prisonniers dans des départemens où il a été pris des délibérations liberticides.

Des 3 et 4 août 1793. *(vieux style) N.°* (1323)

LA CONVENTION NATIONALE décrète :

ARTICLE Ier. Dans les différens départemens dont les administrateurs ont pris des arrêtés tendant au fédéralisme, à la révolte, des délibérations liberticides, ou donné adhésion à de pareils actes, tous les citoyens qui ont été arrêtés et constitués prisonniers en vertu d'ordres émanés de ces administrations, ou de toutes autres autorités constituées ou non constituées, sous quelque dénomination que ce soit, seront sur-le-champ mis en liberté ; et ceux qui ayant été arrêtés en vertu des délibérations prises par les représentans du peuple dans ces mêmes départemens, ont été depuis élargis par ces administrateurs, seront réintégrés dans les maisons d'arrêt.

A

II. Dans ces mêmes départemens , les armes qui ont été enlevées aux patriotes incarcérés , leur seront rendues ; et les citoyens suspects seront désarmés en exécution des loix précédentes.

III. Il est sursis à l'instruction et à la poursuite des procès criminels intentés depuis le 20 mai dernier , pour faits relatifs à la dernière révolution , et à l'exécution des jugemens qui auroient déja pu être rendus.

IV. Les maires , officiers municipaux , juges de paix et autres fonctionnaires publics qui ont quitté leurs fonctions ,soit par destitution ,soit par démission , les reprendront ; ceux qui les ont remplacés seront tenus de se retirer.

Décret relatif aux agens infidèles , et particulièrement à ceux employés à la suite des armées.

Du 13 septembre 1793. (vieux style)   N.° (1546).

La convention nationale décrète que les sociétés populaires seront invitées à envoyer au Comité de salut public la liste de tous les agens infidèles dont l'incivisme est connu , particulièrement ceux employés à la suite ou pour fournitures des armées , afin que de semblables agens n'usurpent pas plus long-temps les indemnités et les places qui n'appartiennent qu'aux vrais républicains.

Décret qui prescrit les moyens de pourvoir à la culture des terres négligées par les propriétaires ou fermiers réquis pour le service des armées de la république , ou abandonnées pour quelque cause que ce soit.

Du 16 septembre 1793. (vieux style) N.° (1555),

La convention nationale décrète ce qui suit:

Art. Ier. Dans toutes les communes de la république où il y a des terres qui n'ont pas encore reçu la culture nécessaire pour la semaille , à raison du départ des citoyens pour les armées , en vertu de la loi du 23 août dernier , la municipalité du lieu nommera des commissaires pour en faire la visite et en dresser procès-verbal.

II. Aussitôt que la visite et le procès-verbal seront dressés , la municipalité désignera les propriétaires , fermiers et habitans de la commune , qui devront cultiver lesdites terres , en observant une répartition proportionnée à leur moyens relatifs ; on commencera par celles des citoyens les moins aisés.

III. Si les cultivateurs manquent de bras , la municipalité requerra les journaliers , manouvriers de la commune , pour aider les laboureurs jusqu'après leurs semailles.

IV. Les journaliers , manouvriers qui se refuseroient aux réquisitions qui leur seroient faites , d'aider les cultivateurs moyennant leurs salaires ordinaires, y seront contraints sous peine de trois jours de prison, et de trois mois en cas de récidive.

La peine sera prononcée par la police municipale.

V. Les journaliers, manouvriers qui se coaliseront pour refuser leur travail, seront punis de deux années de fers.

VI. Après que les propriétaires, fermiers et autres cultivateurs auront labouré et ensemencé leurs terres, ils seront tenus de labourer et d'ensemencer celles des particuliers qui n'auront point de chevaux, de mulets, de bœufs ni d'instrumens aratoires, en commençant par les terres des citoyens les moins fortunés ; ils ne pourront exiger, pour chaque façon, que le prix ordinaire et tel qu'il étoit en mars dernier.

VII. Aucuns propriétaires de chevaux, mulets bœufs et instrumens aratoires, qui refuseroient de les fournir avec leurs domestiques, d'après les réquisitions qui leur seroient faites, seront condamnés en cinq cents livres d'amende payable par corps, comme délit national, applicables au profit de celui dont le fonds aura manqué d'être cultivé.

VIII. Si les propriétaires, fermiers et cultivateurs avoient abandonné leurs terres, sans avoir laissé de quoi pourvoir aux frais de labour et de semailles, la municipalité en fera dresser le procès-verbal avec le devis estimatif des sommes nécessaires pour les frais de labour, semences, fermage et imposition.

IX. Le directoire du district sera tenu d'ordonner sur-le-champ au receveur de district, de verser aux mains de la municipalité et sous sa responsabilité, les sommes suffisantes pour l'exploitation de ces terres abandonnées.

X. Si le propriétaire ou fermier n'étoit pas rentré dans ses foyers avant la récolte, la municipalité sera tenue de la faire vendre ou recueillir, de faire rentrer dans la caisse du district les sommes avancées, et de verser le surplus aux mains de l'absent, lorsqu'il sera de retour, ou à ses héritiers ou ayans cause.

XI. Si le produit de l'exploitation ne suffisoit point pour remplir les dépenses faites, le *déficit* constaté par la municipalité, visé par le district, sera supporté par la nation.

XII. Le présent décret sera envoyé par le ministre de l'intérieur, et affiché dans toutes les communes de la république.

Décret relatif à la police des ateliers des Ouvriers employés à la Fabrication du Papier-assignat.

Du 24 Septembre 1793 (*vieux style*) N°. (1602).

LA Convention nationale, informée d'après le rapport du comité des assignats, que plusieurs ouvriers employés à la fabrication du papier-assignat dans les différentes manufactures, abandonnent les ateliers sous les prétextes les plus frivoles, qu'ils imposent même une amende aux autres ouvriers qui continuent leur travail, décrète ce qui suit :

ART. Ier. Les ouvriers employés à la fabrication du papier-assignat et qui sont à la réquisition du Conseil exécutif provisoire, ne pourront abandonner leur atelier sans un congé motivé des entrepreneurs, signé par l'inspecteur national, et visé par le représentant du peuple.

II. Elle fait défense auxdits ouvriers de s'imposer entre eux aucunes amendes sous quelle cause et prétexte que ce soit, à peine de deux années de fers, et déclare nulles toutes celles qui auroient été jusqu'à présent prononcées, comme attentatoires à la liberté.

III. Les ouvriers employés dans lesdites papeteries qui auroient des plaintes à porter contre les entrepreneurs, s'adresseront au directoire du district du lieu, lequel, après avoir entendu l'entrepreneur et pris l'avis du commissaire député et de l'inspecteur national, fera droit s'il y a lieu.

IV. Les entrepreneurs ne pourront, à peine de trois mille livres d'amende pour chaque contravention, admettre dans leurs ateliers aucun ouvrier qui ne justifieroit pas d'un congé dans la forme prescrite par l'article premier du présent décret, de l'entrepreneur de la manufacture d'où il sort, visé par la municipalité.

V. Dans le cas où quelques ouvriers troubleroient l'ordre et la tranquillité qui doivent régner dans les papeteries, la Convention nationale charge expressément l'inspecteur national d'en instruire sur-le-champ le Conseil exécutif, qui prendra les moyens convenables pour réprimer les abus et en arrêter les suites.

L'inspecteur national sera même tenu sous sa responsabilité de s'adresser provisoirement au district, qui prendra tous les moyens nécessaires pour contenir les malveillans et les instigateurs, après en avoir conféré avec le représentant du peuple.

VI. Le présent décret sera notifié dans le plus bref délai aux entrepreneurs et ouvriers des manufactures de *Langlée*, *Courtalin*, *le Marais*, *Buges et Essonne*, imprimé et envoyé dans toutes les papeteries de la république, auxquelles les articles II et IV du présent décret seront communs.

Décret qui excepte les Papiers imprimés de la loi sur les Accaparemens.

Du 27 Septembre 1793 (*vieux style*). N°. 1620).

LA Convention nationale décrète que les papiers imprimés, soit en feuilles, soit reliés, ne sont pas compris dans la classe des articles mentionnés dans la loi sur les accaparemens.

Décret qui déclare conspirateurs les Agens infidèles des approvisionne-
mens militaires.

Du 29 Septembre 1793 (*vieux style*) N°. (1615).

La Convention nationale, sur la motion d'un membre, décrète que les fournisseurs qui ont fabriqué les souliers que la section des Droits de l'Homme est venue dénoncer à la séance de ce jour, ainsi que ceux qui les ont reçus pour le compte de la république, sont renvoyés au tribunal révolutionnaire, pour y être poursuivis et jugés comme conspirateurs : elle déclare en outre que, sous la dénomination de *conspirateurs,* sont compris tous les agens, préposés ou autres administrateurs infidèles, qui sont ou ont été chargés des approvisionnemens et fournitures des armées de la république, en quoi qu'ils puissent consister.

Décret qui attribue aux Directeurs du Juré les fonctions d'Officiers de police pour les délits relatifs aux Subsistances.

Du 30 Septembre 1793 (*vieux style*) N°. (1624).

La Convention nationale, après avoir entendu le rapport de son comité de législation, décrète ce qui suit :

Art. Ier. Toute plainte ou dénonciation de délits relatifs aux subsistances, contre lesquels la loi prononce des peines afflictives ou infamantes, sera portée immédiatement devant le directeur du juré du lieu du délit, lequel fera dans ces matières les fonctions d'officier de police

II. Les juges de paix n'en seront pas moins tenus, ainsi que les procureurs de communes, les municipalités, les corps administratifs, les officiers de gendarmerie, les commissaires nationaux près les tribunaux de district, et les accusateurs publics près les tribunaux criminels, de dénoncer sans délai au directeur du juré, même de faire arrêter et traduire devant lui toutes les personnes qui seront prévenues des délits ci-dessus, sous peine d'être poursuivis et punis comme leurs complices.

III. Le directeur du juré sera tenu de dresser l'acte d'accusation dans les vingt-quatre heures de l'arrestation des prévenus et de le soumettre au juré dans la plus prochaine séance ; en cas d'empêchement légitime, il sera remplacé dans cette fonction par le juge qui le suit dans l'ordre du tableau.

IV. L'acte d'accusation et l'examen définitif seront présentés à des jurés spéciaux d'accusation et de jugement, qui seront formés de la manière prescrite par le titre XII de la IIe. partie de la loi du 29 septembre 1791.

Des 1 et 3 Oct. 1793, et 17 du premier mois, an II.

Décret qui autorise les municipalités à arrêter les marchandises et approvisionnemens expédiés pour les villes en état de rébellion.

Du Ier. octobre 1793. (*vieux style*). (N.º 1622).

La convention nationale , après avoir entendu le rapport de son comité de commerce , décrète ce qui suit :

Art. Ier. Les municipalités sont autorisées à arrêter les approvisionnemens et marchandises expédiés pour les villes déclarées en état de rebellion ; elles feront faire inventaire des objets arrêtés , et veilleront à leur conservation.

II. Les arrestations des marchandises chargées pour Lyon depuis la promulgation du décret du 12 juillet, et pour les autres villes déclarées en état de rebellion depuis la publication de celui du 18 août , sont approuvées.

III. Tout citoyen qui réclamera des objets arrêtés et qui étoient destinés pour les villes déclarées en état de rebellion , sera tenu de justifier de la date des chargemens, de la correspondance, des motifs de l'envoi, et de la destination exacte. Toutes les réclamations et piéces à l'appui seront envoyées par les municipalités au comité de commerce qui , après la vérification des faits , fera son rapport à la convention , qui , sur le tableau général , statuera ce qu'il appartiendra.

Décret portant que les dispositions de l'article X de la loi du 17 septembre dernier sur les personnes suspectes , s'étendent aux tribunaux criminels militaires

Du 3 octobre 1793. (vieux style). (N.º 1652).

La convention nationale , après avoir entendu le rapport de son comité de législation sur la proposition faite par plusieurs accusateurs militaires, d'étendre aux tribunaux criminels militaires l'article X de la loi du 17 septembre dernier relative à l'arrestation des gens suspects , passe à l'ordre du jour , motivé sur ce que les tribunaux criminels militaires sont compris sous la dénomination de tribunaux criminels , dans la disposition de l'article ci-dessus.

Décret relatif au civisme des inspecteurs et directeurs des bureaux d'enregistrement.

Du 17e jour du Ier mois an IIe (N.º 1743).

La convention nationale décrète que son comité des finances lui fera incessamment un rapport , dans le quel il lui présentera un nouveau mode d'organisation des bureaux d'enregistrement.

Décrète en outre , que les administrations de district feront passer dans le plus court délai , à son comité des finances , des renseignemens exacts sur le civisme des inspecteurs et directeurs des bureaux d'enregistrement de leur arrondissement , ainsi que sur la conduite qu'ils ont tenue dans les circonstances présentes.

Décret qui met les administrations de subsistances et habillement militaires , sous la surveillance des autorités constituées et des sociétés populaires.

Du 18e jour du Ier mois an II (N°. 1721).

La convention nationale , sur le rapport de son comité des marchés décrète que les dispositions de la loi du 29 septembre dernier , qui a chargé les administrateurs de département et de district , et les sociétés populaires, de surveiller les dépôts de chevaux , leurs fournisseurs et agens , s'étendent à toutes les administrations de subsistances , habillement , équipement, armement, charrois , convois et relais militaires.

Décret portant que les employés des douanes ne pourront se servir de chevaux propres au service, sous peine de destitution et d'arrestation.

Du 26 du Ier mois au II. (N.8 1732).

La convention nationale décrète :

Art. VI. Les employés des douanes ne pourront se servir de chevaux propres au service des différentes armées de la cavalerie. Ceux qui en ont actuellement de propres à ce service , seront tenus , sous peine de destitution et d'être mis en arrestation pendant trois mois , d'en faire leur déclaration dans les vingt-quatre heures , à la municipalité et à l'administration du district de leur résidence. L'administration du district en enverra de suite l'état au comité militaire de la convention nationale , et au ministre de la guerre. Ces chevaux sont mis dès-à-présent en réquisition et à la disposition du ministre, pour être distribués dans les armées. Le prix en sera payé sur les fonds du payeur général de la guerre, suivant l'estimation qui en sera faite , à dire d'experts.

VII. Les régisseurs nationaux des douanes veilleront à l'exécution de l'article précédent , en ce qui concerne leurs employés ; ils auront soin de faire remplacer sur-le-champ leurs chevaux , de manière que le service n'éprouve aucune interruption ; et ils seront responsables de toute négligence ou retard.

Décret relatif à l'arrestation et au jugement des prévenus de fabrication de faux assignats et de fausse monnoie.

Du Ier jour du 2me mois an II. (N.° 1778).

La Convention nationale , après avoir entendu le rapport des comités de finances et de législation , sur la manière de pourvoir à l'indemnité due à la nation par les fabricateurs et distributeurs de faux assignats et fausse monnoie , décrète :

ART. Ier Les biens de ceux qui ont été ou seront condamnés pour crime de fabrication de faux assignats et de fausse monnoie, suot déclarés acquis à la république.

II. Tout commissaire de police , huissier , gendarme , ou autre fonctionnaire public , chargé de l'arrestation d'un prévenu de fabrication ou distribution de faux assignats, ou fausse monnoie , sera tenu , au moment où il exécutera sa mission , (soit qu'il arrête le prévenu , ou que celui-ci soit en fuite) d'apposer les scellés sur les papiers , meubles et effets du prévenu , et d'y établir un gardien , à peine de destitution , et de répondre du dommage que sa négligence aura causé à la république.

III. Celui qui aura fait apposer les scellés , sera tenu d'en donner avis sur-le-champ au commissaire national du district où siègera le juré d'accusation , et à l'accusateur public du tribunal qui devra prononcer définitivement sur leur sort.

IV. Si le prévenu est condamné , l'accusateur public sera tenu , aussitôt après l'exécution du jugement , d'en donner avis au procureur-général-syndic du département , dans l'arrondissement duquel les scellés auront été apposés.

V. Le procureur-général-sindic sera tenu , sous les peines portées par l'article II ci-dessus , de faire procéder sans délai à la levée des scellés et à la vente des biens-meubles et immeubles du condamné , quelque part qu'ils soient situés ; le prix en sera versé dans la caisse de la trésorerie.

VI. La Convention nationale rapporte la disposition du décret du 25 juin dernier , qui charge les commissaires de la trésorerie nationale de la surveillance immédiate en cette partie.

Décret qui déclare suspects les possesseurs des dixmes et autres créances , qui n'auront pas remis leurs titres dans les délais fixés par la loi.

Du 9 brumaire an II (N.° 1820).

Les possesseurs des dixmes , de quelque nature qu'elles soient, et ceux des créances dont la déchéance est définitivement prononcée par l'article I seront tenus de rapporter tous les titres et les piéces qui constatoient leur

créauce

créance ou possession, aux directoires de district, d'ici au premier jour de
nivôse; quatrième mois de l'année républicaine (21 décembre 1793 ,
vieux style) ; et faute de remise dans le délai prescrit, ils sont dès-à-présent
déclarés suspects, et seront comme tels mis en état d'arrestation, à la diligence des procureurs-syndics de district ou des comités de surveillance.
(Art. IV)

Pour mettre les administrations de district en état de connoître les personnes mentionnées à l'article précédent, le directeur général de la liquidation adressera, d'ici au 15 de frimaire, troisième mois de la seconde année
républicaine (6 décembre 1793, vieux style), aux directoires de district ,
les états nominatifs des personnes qui sont en retard, d'après ceux qui lui
ont été adressés en exécution des précédens décrets de suppression, et ceux
des personnes qui ne lui ont remis que des copies collationnées postérieurement au premier septembre 1792 ; il leur fera passer aussi tous les renseignemens qu'il peut avoir. (Art. V)

Les directoires de département feront aussi passer dans le même délai aux
directoires de district, les renseignemens qu'ils peuvent avoir, et la liste
des personnes qui ne leur ont produit que des copies collationnées postérieurement au 1.er septembre 1792. (Art. VI.)

Les directoires de district seront tenus de se procurer chez les notaires
et autres dépositaires publics ou particuliers, ou en consultant les préposés
au droit de l'enregistrement, et par tous les moyens qui sont en leur pouvoir,
la connoissance des détenteurs des titres mentionnés aux articles I.er et IV.
(Art. VII).

Tous les titres et pièces mentionnés aux articles précédens, qui seront
remis aux directoires de district ou qui ont été remis postérieurement au
1.er septembre 1792, soit aux corps administratifs, soit au directeur général
de la liquidation, seront coupés de suite au moins en douze morceaux ,
et vendus à l'enchère par les administrateurs au pouvoir desquels ils se
trouveront, pour le produit en être versé dans les caisses des receveurs de
district, les frais de coupure et vente préalablement prélevés. (Art. VIII).

Le directeur général de la liquidation et les corps administratifs feront
dresser après les délais fixés pour les déchéances, la liste des créanciers
qui faute d'avoir remis leur titres, sont déchus de toute répétition envers
la république ; ils l'adresseront sans délai aux directoires de district, qui
poursuivront les créanciers en retard pour la remise de leurs titres ; et en
cas de refus, ils les feront arrêter comme suspects. (Art. XX).

Les notaires et autres détenteurs des titres, provisions, contrats de vente
et autres pièces qui pourroient constater les créances ou possessions des
objets mentionnés au présent décret, seront tenus de les remettre aux directoires do district, d'ici au 13.e jour de pluviôse, cinquième mois de la seconde année républicaine (1.er février 1794, vieux style), sous les peines
portées par l'article IV. (Art. XXI).

B

Le présent décret sera inprimé demain au bulletin ; tous les journalistes seront tenus de l'imprimer dans leurs feuilles, avec ces mots. *Par ordre de la Convention.* Le directeur général de liquidation avertira par affiches, journaux, avis, et même par lettres chargées lorsqu'il le pourra, les créanciers qui ont remis ou qui ont à remettre à la liquidation des titres afin qu'ils lui adressent leurs nom, prénom et adresse, et qu'ils évitent les déchéances et peines prononcées par le présent décret. (Art. XXVII).

Décret portant que toute Ville de la République qui recevra dans son sein les brigands, ou leur donnera des secours, sera punie comme une ville rebelle.

Du 11 Brumaire an II. (N.º 1824.)

La Convention nationale, après avoir entendu le rapport du comité de salut public, décrète que toute ville de la République qui recevra dans son sein les brigands, ou qui leur donnera des secours, ou qui ne les aura pas repoussés avec tous les moyens dont elle est capable, sera punie comme une ville rebelle ; et en conséquence, elle sera rasée, et les biens des habitans seront confisqués au profit de la République.

Décret qui prononce la peine de mort contre les Geoliers et Gardiens, convaincus d'avoir favorisé l'évasion des personnes détenues.

Du 13 Brumaire an II. (N.º 1831.)

La Convention nationale, après avoir entendu son comité de législation, considérant, que le maintien de l'ordre public exige impérieusement de réprimer, par des mesures sévères, la négligence que les geoliers, gardiens, gendarmes et tous autres préposés semblables, mettent à veiller sur les personnes détenues et confiées à leur garde, décrète ce qui suit.

Art. Iᵉʳ. Lorsqu'il s'évadera une personne détenue, les geoliers, gardiens, gendarmes ou tous autres qui étoient préposés à sa garde, seront mis sur-le-champ en arrestation.

II. Le directeur du juré d'accusation sera tenu, sous peine de forfaiture, de présenter sans retard, un acte d'accusation contre les prévenus.

III. Le juré d'accusation ne se déterminera, pour donner sa déclaration, que par le fait matériel de l'évasion, et sans qu'il puisse examiner s'il a été ou non dans l'intention des prévenus de laisser évader les personnes détenues.

IV. Si les accusés sont déclarés convaincus d'avoir volontairement fait évader ou favorisé l'évasion de la personne confiée à leur garde, ils seront coudamnés à la peine de mort.

V. Si le juré de jugement les acquitte sur la partie intentionnelle du fait de l'évasion, en ce cas le tribunal criminel prononcera leur destitution, et les condamnera, par forme de police correctionnelle, en deux années d'emprisonnement.

VI. Cette peine, ni aucune autre, ne pourront cependant être prononcées, si les prévenus prouvent que l'évasion n'a eu lieu que par l'effet d'une force majeure et imprévue.

Décret qui prohibe les Assignats sur lesquels seroient écrits ces mots :
Au nom du Roi, bon pour........

Du 15 Brumaire an II. (N.º 1844.)

La Convention nationale, instruite que les ennemis de la patrie apposent sur les assignats républicains, des inscriptions anti-civiques, décrète ce qui suit :

Ier. Tous assignats républicains, de quelque valeur qu'ils soient, qui porteroient, soit sur le côté imprimé, soit sur le revers, ces mots : *au nom du Roi, bon pour ....,* ou toute autre marque ayant le caractère d'incivisme, ou même des inscriptions et marques civiques apposées et signées par les ennemis de la république, sont prohibés.

II. Les distributeurs de pareils assignats seront regardés et poursuivis comme fabricateurs de faux assignats.

III. Seront poursuivis comme complices de fabrication de faux assignats, les notaires, juges ou administrateurs qui en référeroient la valeur dans leurs actes, jugemens ou arrêtés.

IV. Les receveurs de deniers publics, qui les recevroient dans leurs caisses, encourront les mêmes peines et seront tenus en outre d'en rétablir la valeur dans leursdites caisses.

Décret qui destine au soulagement de l'humanité souffrante et à l'instruction publique, les presbytères des communes qui auront renoncé au culte public.

Du 25 brumaire an II (N.º 1880)

La Convention nationale décrète que les presbytères et paroisses situés dans les communes qui auront renoncé au culte public, ou leur produit, seront destinés à subvenir au soulagement de l'humanité souffrante et à l'instruction publique.

Charge les comités de finance, d'instruction et de secours de se réunir pour présenter un projet de loi qui règle l'exécution du présent décret.

Décret portant que les prêtres mariés ou dont les bans ont été publiés, ne seront point sujets à la déportation ni à la réclusion.

Du 25 brumaire an II. (N.º 1904.)

La Convention nationale décrète ce qui suit :

ART. Ier. Les ministres du culte catholique qui se trouvent actuellement mariés ; ceux qui antérieurement au présent décret auront réglé les conditions de leur mariage par acte authentique , ou seront en état de justifier de la publication de leur bans , ne sont point sujets à la déportation ni à la réclusion, quoiqu'ils n'ayent pas prété le serment prescrit par les lois des 24 juillet et 27 novembre 1790.

II. Néanmoins , en cas d'incivisme , ils peuvent être dénoncés et punis ; conformément à la loi du 30 vendemiaire dernier.

III. La dénonciation ne pourra être jugée valable , si elle n'est faite par trois citoyens d'un civisme reconnu par la société populaire ou les autorités constituées.

ART IV. Sur la proposition faite de décréter que les prêtres du culte catholique qui abdiquent les fonctions de ce culte , ne peuvent être regardés comme ayant déserté leur poste , la Convention nationale passe à l'ordre du jour , motivé sur ce que les prêtres n'ont jamais été considérés comme fonctionnaires publics , et que le décret qui ordonne aux fonctionnaires publics de rester à leur poste , ne les concerne pas.

Décret qui prononce des peines contre les Citoyens de la première réquisition qui ne se rendroient pas à leur destination , et contre leur famille.

Du 2 frimaire an II. (N.º 1928).

Le ministre de la guerre donnera les ordres les plus prompts pour que les citoyens levés en vertu de la loi du 23 août , se rendent le plutôt possible aux différentes armées de la république , en nombre proportionné aux besoins de chacune , et au vide des cadres qui y existent.

Il indiquera un ou plusieurs points de rassemblement pour chaque armée . et prendra toutes les mesures nécessaires pour que la marche des citoyens se fasse avec célérité et sans engorgement sur les routes (ART. X).

Tout citoyen qui ayant occupé provisoirement un grade quelconque dans les nouveaux bataillons , formés en exécution de la loi du 23 août, ne se conformeroit pas sur-le-champ aux dispositions du présent décret, et se permettroit des propos tendant à exciter du trouble ou à élever des réclamations contre la dissolution de ces nouveaux bataillons , sera réputé suspect , et comme tel , mis en état d'arrestation jusqu'à la paix sans préjudice de plus forte peine , s'il y a lieu. (ART. XVII).

Les citoyens compris dans l'effet de la première réquisition , qui se seroient cachés ou auroient abandonné leur domicile , pour se soustraire à l'exécution de la loi , et qui ne se présenteront pas dans la décade qui suivra la publication du présent décret , pour se rendre à leur destination , seront censés émigrés , comme tels , soumis , eux et leur famille , à toutes les dispositions des lois concernant les émigrés et parens des émigrés.

Les municipalités et les comités de surveillance des communes sont spé-cialement chargés de dresser la liste de ces citoyens , et d'en faire passer copie à la Convention nationale. (ART. XVIII).

Décret d'ordre du jour motivé, sur la question , si un officier municipal peut être membre d'un comité de surveillance.

Du 3 frimaire an II.

La commune de Beloy district de Gonesse , demande si un officier muni-cipal peut être membre d'un comité de surveillance.

Sur la motion d'un membre la Convention nationale passe à l'ordre du jour , motivé sur l'incompatiblité déja décrétée pour les fonctionnaires publics.

Décrets qui ordonnent l'arrestation des ci-devant fermiers généraux , in-tendans et receveurs-généraux des finances.

Du 4 frimaire (N9. 1917).

Ier. Décret. La Convention nationale décrète que tous les ci-devant fermiers-généraux seront mis en etat d'arrestation dans la même maison , que leurs papiers y seront transportés , et que leurs comptes seront prêts dans un mois , à faute de quoi la convention prononcera contre eux ce qu'au cas appartiendra.

Le ministre de la justice , la municipalité de Paris , sont chargés d'exé-cuter le présent décret dans le jour.

II. Décret. La Convention nationale , sur la proposition d'un membre , d'étendre les dispositions du décret qui vient d'être porté contre les fer-miers-généraux , sur tous les intendans et les receveurs généraux des fi-nances , adopte cette proposition , et décréte que tous les intendans et les receveurs-généraux des finances seront mis en état d'arrestation , pour y rendre leurs comptes dans un mois , pour tout délai.

Décret qui ordonne aux chefs des corps militaires d'envoyer l s états de to
les corps de troupes à la solde de la république , sous peine d'être de
titués , et d'être mis en état d'arrestation comme suspects.

Du 8 frimaire , an II. (N.º 1932).

La Convention nationale , aprés avoir entendu le rapport de son comi
de la guerre , décrète ce qui suit :

Art. Ier. Les chefs des régimens , bataillons , détachemens , compagni
franches , et généralement de tous les corps de troupes à la solde de la r
publique , de quelque arme et sous quelque dénomination que ce soi
seront tenus , sous peine d'être destitués et mis en état d'arrestation comn
suspects , d'adresser dans trois jours de la publication du présent décre
tant au comité militaire de la Convention nationale qu'au ministre de
guerre, l'état actuel et effectif de chaque corps tant en hommes qu'en chevau

II. Cet état sera conforme au modèle annexé au présent décret; il se
signé des membres du conseil d'administration , et contiendra la compos
tion du corps , telle qu'elle devroit être , son numéro dans l'arme dont il ser
le nombre effectif d'hommes et de chevaux , l'armée dans laquelle est
corps , le camp , cantonnement ou garnison où il se trouve actuellement
il sera dit si le corps est embrigadé ou non , et s'il l'est ; les bataillo
avec lesquels il est embrigadé seront désignés ;

Enfin , si le corps a été créé postérieurement au premier janvier 1790 ,
sera fait mention de l'époque de sa formation , ainsi que du nom du dépa
tement où il a été levé.

III. Pour justifier de l'exécution des articles précédens , les chefs de chaq
corps feront charger ces états sur les registres des directeurs des postes ; i
en tireront des reçus qui leur seront délivrés *gratis* , et sans qu'ils soie
obligés de payer le port des paquets chargés.

IV. Les payeurs généraux des armées , les quartiers-maîtres ou trésorie
des corps ne pourront , sous peine de destitution et d'arrestation , pay
aucune somme à compte des traitemens ou appointemens des chefs de cor
et des membres des conseils d'administration , qu'après qu'il leur aura é
justifié par les reçus des directeurs des postes , de l'envoi des états me
tionnés aux articles I et II. Ces reçus resteront entre les mains du paye
général de chaque armée, qui en donnera une reconnoissance au quartie
maître ou trésorier.

V. Le ministre de la guerre enverra dans le jour le présent décret
toutes les armées , et donnera les ordres nécessaires pour qu'il parvien
sans délai aux différens régimens , bataillons , et à toutes les compagni
franches ou corps détachés.

Les généraux en chef , les chefs des états-majors et les commissaires-o donnateurs ; veilleront à son exécution , et seront personnellement responsables de toute négligence.

VI. Le comité des décrets de la Convention nationale adressera directement le présent décret aux représentans du peuple envoyés près les armées, qui veilleront à ce qu'il soit promptement promulgué et exécuté ; ils destitueront sur-le-champ et feront mettre en état d'arrestation les chefs de corps , quartiers-maîtres , trésoriers et payeurs des armées qui ne s'y seroient pas conformés.

Décret qui abolit les procédures et jugemens relatifs aux insurrections populaires , occasionnées à raison de l'accaparement et du surhaussement du prix des denrées.

Du 8 frimaire an II (N.º 1933).

La Convention nationale , après avoir entendu le rapport de son comité de législation sur la pétition de *Marie-joseph Carré* , relative à un jugement du tribunal criminel du département de Seine et Oise , confirmé par le tribunal de cassation, qui la condamne à six années de fers , pour avoir pris part aux pillages commis à Paris le 25 février 1793 , et sur la proposition d'un membre , décrète ce qui suit :

ART. Iᵉʳ. Toutes procédures instruites et tous jugemens rendus sur des faits relatifs aux insurrections populaires occasionnées jusqu'à ce jour , à raison de l'accaparement et surhaussement du prix des denrés qui ont été comprises dans la loi du *maximum* , sont abolis

II. Il est défendu à tous officiers de police et juges , de commencer aucune procédure pour les faits mentionnés en l'article précédent, ni de donner aucune suite à celles qui seroient commencées.

III. En conséquence le décret d'ordre du jour du 11 août 1793 , rendu sur le mémoire du tribunal criminel du département de Seine et Oise , relatif aux pillages du 25 février , est rapporté.

IV. Sont exceptés de la présente amnistie les crimes d'incendie ou de meurtre qui auroient pu être commis dans les insurrections ci-dessus mentionnées.

Décret qui déclare suspects les détenteurs de titres relatifs aux domaines ou droits domaniaux qui n'en auront pas fait la déclaration.

Du 10 frimaire an II (N.º 1941).

Afin de procurer à la régie nationale du droit d'enregistrement et des domaines la connoissance des biens mentionnés au présent décret , les dépositaires publics ou particuliers , détenteurs de titres relatifs auxdits domaines ou droits domaniaux , seront tenus d'en faire leur déclaration au directoire du district dans l'arrondissement duquel ils seront domiciliés , dans un mois de la publication du présent décret, sous peine d'être déclarés suspects, et comme tels mis en état d'arrestation. (Article XXVII du paragraphe 6)

La régie nationale du droit d'enregistrement et des domaines prendra copie des dites déclarations : elle indiquera les détenteurs en retard et se transportera de suite accompagnée de deux commissires surveillans, nommés par le directoire de district, dans toutes les archives, dépôts, et greffes publics, même dans les dépôts particuliers pour y rechercher, et se faire remettre sur son récépissé tous les titres, indications de titres ou documens relatifs aux dits domaines et droits domaniaux. Elle les déposera avec un état au secrétariat du district de la situation des biens, et il lui en sera fourni décharge. (ART. XXVIII).

Tous les agens salariés par la république pour la garde particulière des titres relatifs aux domaines et droits domaniaux, soit à Paris, soit dans les départemens sont supprimés : lesdits agens sont tenus de remettre avant leur retraite à la régie nationale du droit d'enregistrement et des domaines, sous la surveillance des commissiares nommés par les corps administratifs, tous les dépôts, états et renseignemens qu'ils peuvent avoir, sous peine d'être déclarés suspects, et comme tels mis en état d'arrestation. (ART. XXX).

Les détenteurs des droits incorporels, féodaux aliénés, confusément avec des droits fonciers, qui ont déja remis leurs titres à la liquidation générale, seront tenus de faire dans le même délai, et sous les mêmespeines, une pareille déclaration. (ART. XXXII).

Le directeur général de la liquidation, et la régie nationale se concerteront pour dresser, après les délais fixés pour la déchéance, la liste des détenteurs, qui, faute d'avoir remis leurs titres, sont déchus de toutes répétitions envers la république ; ils l'adresseront sans délai, aux directoires de district qui poursuivront les détenteurs en retard pour la remise de leurs titres, et en cas de refus, les directoires de district les feront arrêter comme suspects. (ART. XLI du paragraphe 9).

Décret qui annule l'arrêté du Département de l'Yonne, du 3 de ce mois, portant établissemeut d'un comité central qui tiendra dans ses mains les subsistances.

Du 15 frimaire an II.

La Convention nationale, après avoir entendu le rapport du comité de salut public sur une délibération prise le 3 de ce mois, par les administrateurs du département de l'Yonne, portant établissement d'un comité central, composé de 3 citoyens choisis par le Représentant du peuple et les administrateurs, dans le nombre de quatorze qui seront désignés et proposés par les districts, qui tiendra dans ses mains les subsistances de tout le département, et sera

sera fixé à Auxerre ; casse et annule l'arrété du département de l'Yonne du 3
de ce mois ; fait défenses aux administrateurs de former aucuns établissemens,
comités ou commissions, pour quelque objet et sous quelque dénomination
que ce soit ; leur enjoint de se renfermer dans l'éxercice des fonctions
qui leur sont déléguées.

*Décret qui déclare nuls les arrétés des représentans du peuple près les
armées et dans les départemens ou des comités révolutionaires portant
taxe sur des citoyens ou réquisitions de matières d'or et d'argent.*

Du 18 frimaire an II.

Sur la proposition d'un membre , la Convention nationale décrète
que les arrêtés des répresentans du peuple près les armées et dans les départemens ou des comités révolutionnaires ou soi- disant tels et des autorités
constituées incompétentes à cet effet , portant taxe sur des citoyens dans
toute l'étendue de la république ou réquisitions de matières d or et d'argent ,
demeurent nuls et sans effet à compter de ce jour , elle ordonne au surplus
l'exécution du décret du 16 de ce mois.

Le présent décret , ensemble celui du 16 seront insérés dans le bulletin
pour servir de promulgation.

*Décret qui met tous les Cordonniers de la République en réquisition
pour le service des armées.*

Du 18 frimaire an II. (1975.)

La Convention nationale , sur le rapport de son comité de salut public ;
décrète :

Art. I.er A compter du premier Nivôse prochain et jusqu'au dernier
jour de la seconde décade de Pluviôse , tous les cordonniers de la République seront employés exclusivement à fabriquer des souliers pour les
militaires en activité de service. Ceux qui travailleroient pendant cet intervalle pour d'autres particuliers , seront condamnés à la confiscation de
leurs ouvrages , et en outre à une amende de 100 livres au profit du dénonciateur. Ces peines seront prononcées par les administrateurs de
district.

II. Ces souliers seront tous carrés par le bout : aucun autre citoyen
que les militaires en activité , n'en pourra porter de cette forme. Les particuliers qui seroient pris en contravention seroient censés les avoir achetés des soldats, et punis en conséquence suivant la rigueur des lois portées contre ceux qui font un trafic illicite des effets militaires.

III. Ces souliers seront de plus garnis , tant du talon que sous la semelle , de clous à tête ronde au nombre de trente au moins.

L'empeigne et le quartier seront de bon veau ciré.

C

Le quartier, en coupe carrée et couture derrière.

Les tirans, entiers et de longueur suffisante.

Les talons, à trois bouts, chacun d'un seul morceau.

La première semelle, en vache, d'un seul morceau, et cousue à l'empeigne.

La seconde semelle, en cuir fort et bien battu.

IV. Ils seront fabriqués dans les proportions suivantes :

Sur cent paires, 20 à huit points, 3o à neuf points, 3o à dix points, 10 à onze points, 10 à douze points.

V. Ces souliers seront payés sur-le-champ aux fournisseurs. A cet effet, la trésorerie nationale répartira une somme de six millions entre les receveurs des districts (sauf ceux qui sont au pouvoir dé l'ennemi), en raison de la population de ces districts. Cette somme sera destinée, non-seulement au paiement des souliers faits, mais encore à l'achat des matières et aux avances indispensables.

VI. Chaque décadi, les officiers municipaux enverront au chef-lieu de district les souliers faits dans leurs communes respectives. Les directoires de district nommeront pour les recevoir des commissaires experts, lesquels examineront soigneusement ces souliers, et timbreront de *R. F.* (*République Française*), en dedans du quartier, chacun de ceux qu'ils croiront devoir être admis.

Ces commissaires seront assistés par quatre membres de la société populaire du lieu, laquelle est invitée à surveiller et à seconder avec zèle cette importante fabrication.

VII. Les souliers reçus par les commissaires-vérificateurs seront payés par le trésorier, sur le mandat du directoire du district, au prix du *maximum*, auquel sera joint celui des clous à dire d'experts ; si les matières sont fournies à l'ouvrier, la déduction sera faite également au prix du *maximum*.

VIII. Les souliers rejettés par les commissaires-vérificateurs seront confisqués au profit de la République et timbrés de la lettre *R.*

IX. Chaque primidi, les directoires de district enverront à la commission des subsistances et approvisionnemens l'état des souliers admis, leur prix et le nombre des souliers confisqués.

X. Le ministre de la guerre indiquera, avant le premier Nivôse prochain, à la commission des subsistances et approvisionnemens, les centres de dépôts où seront transportés les souliers réunis dans les divers chefs-lieux de district ; ils ne seront à sa disposition, que lorsqu'ils auront été placés dans ces dépôts, sous le récépissé des agens militaires.

XI. Pour tout ce qui n'est pas contraire au présent décret, on aura recours à la loi du 4 Brumaire. L'insertion au bulletin lui servira de publication.

Décret qui rapporte celui d'hier , relatif aux arrêtés des Représentans du peuple près les armées , ou des comités révolutionnaires portant taxes sur des citoyens ou requisition de matières d'or ou d'argent.

Du 19 Frimaire an II.

La discussion ayant été rouverte sur le décret rendu dans la séance d'hier , sur les arrêtés des représentans du peuple près les armées et dans les départemens , ou des comités révolutionnaires portant taxes sur des citoyens ou requisition de matières d'or et d'argent.

La Convention nationale rapporte ce décret dans toutes ses parties.

Ce décret de rapport sera inséré dans le bulletin de demain pour servir de promulgation.

Décret relatif aux titres de créance des détenus, des émigrés et condamnés.

Du 21 Frimaire, an IIe. (N°. 1978.

TITRE V. *De la notification du présent décret aux détenus.*

X X. Le comité de sûreté générale , les comités révolutionnaires et les autorités constituées feront connoître sans délai le présent décret dans toutes les maisons d'arrêt , afin que les détenus puissent donner les pouvoirs nécessaires pour être représentés lors de la levée des scellés ; ou pour faire les réquisitions et les remises de leurs titres de créances sur la République.

T I T R E   V I. *Des Titres appartenant aux émigrés, condamnés ou déportés.*

X X I. La régie nationale du droit d'enregistrement et des domaines sera tenue de rechercher tous les titres de créances sur la république appartenant aux émigrés , aux condamnés et aux déportés , pour les remettre aux liquidateurs ou payeurs.

X X I I. Il sera fait mention sur les états de la liquidation et sur les certificats de remise des titres , qu'ils appartiennent à tel émigré , ou à tel condamné , ou à tel déporté.

Décret relatif à la poursuite des individus qui entravent ou veulent faire rétrograder la révolution républicaine.

Du 22 frimaire an II (N.^e 2190).

La Convention Nationale déclare qu'elle ne cessera de poursuivre avec toute la sévérité des loix révolutiounaires , tous les fédéralistes , les intrigans , les agens déguisés des puissances étrangères , les fonctionnaires publics qui trahissent la confiance du peuple , et tous ceux qui , quels que soient les déhors qu'ils empruntent , entravent ou veulent faire rétrograder la révolution républicaine.

Elle charge expressément les représentans du peuple réunis à Marseille ,

C 2

de faire arrêter et punir tous ceux qui ont resisté ou qui pourroient ré-
sister à l'exécution des mesures prises par la Convention nationale , le
comité de salut puplic et les représentans du peuple.

La Convention nationale confirme l'arrêté pris par le comité de salut
public et les réprésentans du peuple *Robespierre , Ricord , Barras ,
Fréron et Salicetti* , pout mettre la ville de Marseille en état de siège.

Elle invite les sociétés populaires et les bons citoyens de la république
qui les fréquentent , à réunir leurs efforts et leur surveillance à celle des
représentans du peuple , pour déjouer tous les complots des conspirateurs
et des faux amis de la liberté.

*Décret portant que tout officier, sous-officier en activité ou soldat ,
qui ne seroit pas à son poste au premier jour de Nivôse prochain
sera destitué et obligé de s'éloigner à vingt lieues au moins, soit des
frontières , soit de Paris.*

Du 22 frimaire an II

La Convention nationale décrète que tout officiers , ous-officier en activité ou soldat qui ne seroit pas à son poste au premier jour de Nivôse
prochain , sera destitué et obligé de s'éloigner à vingt lieues au moins , soit
des frontières , soit de Paris sous peine d'être mis en état d'arrestation ,
comme suspect ; les comités révolutionnaires ou de surveillance sont
chargés de l'exécution du présent décret.

La Convention nationale décrète en outre que les généraux, officiers, sous-
officiers et soldats qui séjourneroient dans les autres villes de la république , au lieu d'être à leur poste au premier Nivôse prochain, seront
arrêtés comme suspects.

*Décret portant que les citoyens qui après le 12 Ventôse seroient trouvés
possédant des assignats à face royale démonétisés seront considérés
comme suspects.*

Du 24 frimaire an II (N. º 1983).

La Convention nationale après avoir entendu le rapport de son comité
des finances , décrète :

XVI. Tous les citoyens qui , après le 12 Nivôse (premier janvier
1794 , vieux style) , auroient conservé des assignats à face royale démonétisés , seront tenus de les porter sans délai aux municipalités , qui
les feront annuler et brûler de suite aux séances publiques.

XVII. Ceux qui ne se seroient pas conformés à la disposition de l'article précédent , et qui, après le premier Ventôse (19 février 1794 ,
vieux style) , seroient trouvés possédant des assignats à face royale démonétisés , seront considérés comme suspects , à moins qu'ils ne rap-
portent des preuves constantes de leur civisme.

*Décret qui détermine le Mode de procéder à l'égard des individus qui
ont trahi la Patrie dans les parties du territoire de la République
envahies par l'ennemi.*

Du 26 Frimaire, an II. (N.° 1970.)

La **Convention** nationale , après avoir entendu le rapport de son comité
de législation , sur le mode de procéder à l'égard des individus qui , assez
perfides ou assez lâches pour trahir leur patrie de l'une ou de l'autre
manière énoncée dans les décrets des 7 (1) et 17 (2) septembre 1793 ,
ont, par cela seul, encouru les peines prononcées par le code pénal et
la loi du 10 mars 1793 , contre les auteurs et complices de tout crime
contre-révolutionnaire , décrète ce qui suit :

Art. I.er En exécution du décret du 7 septembre 1793, tous Français
qui ont accepté ou qui accepteroient des fonctions publiques dans les
parties du territoire de la République, envahies par les puissances étrangères ou par les rebelles de l'intérieur , sont hors de la loi.

II. Sont exceptés ceux qui prouveroient qu'ils n'ont accepté ces fonctions que par contrainte ou force majeure.

III. Cette preuve ne sera admise qu'en faveur des habitans des communes non armées et fortifiées , qui n'ont été agens ni des ci-devant
seigneurs , ni de l'ancien gouvernement , qui joindront à cette preuve
celle d'un patriotisme publiquement connu , et qui n'auront accepté ou
exercé ces fonctions qu'antérieurement à la promulgation du décret du 7
septembre 1793.

IV. Conformément au décret du 17 septembre 1793 , tout Français
employé au service de la République , ou jouissant de ses bienfaits , qui,
après l'invasion du lieu , soit de sa résidence , soit de l'exercice momentané de ses fonctions , n'est pas rentré aussitôt dans le territoire non
envahi de la république , est hors de la loi.

V. Sont compris dans cette disposition les administrateurs , tant de

---

(1) Voyez ce décret page 63. du code.

(2) Décret du 17 septembre.

Art. Ier. Le ministre de l'intérieur donnera sur-le-champ les ordres nécessaires pour faire
arrêter les individus qui , étant compris dans le décret du 7 de ce mois , relatif aux emplois
exercés par des Français dans les lieux envahis par les puissances étrangères , auroient pu ou
pourroient ci-après rentrer dans le territoire non envahi de la république.

II Les dispositions du décret du 7 ci-dessus mentionné , et celles de l'article précédent ,
sont communes à tout françois employé au service de la république , ou jouissant de ses bienfaits ,
qui , après l'invasion du lieu de sa résidence , ou de l'exercice momentané de ses fonctions ,
n'est pas rentré aussitôt dans le territoire non envahi de la république.

département que de district, les officiers municipaux, les notables, les juges, les assesseurs des juges de paix, les greffiers des tribunaux, les officiers militaires avec troupes ou sans troupes, les agens de la régie nationale, ceux des administrations des armées, et généralement tous les fonctionnaires publics salariés ou non par la nation, sous quelque dénomination qu'ils soient connus, tous les employés au service de la république, en quelque partie que ce soit, et tous les pensionnaires de l'état.

VI. Cette disposition ne pourra néanmoins s'appliquer aux fonctionnaires publics non salariés par la nation, à l'égard desquels l'invasion du lieu de leur résidence, ou de l'exercice momentané de leurs fonctions, aura précédé la promulgation du présent décret, dans le chef-lieu du département, pourvu qu'il n'y ait à leur charge aucun fait particulier d'incivisme.

VII. Sont également exceptés ceux qui prouveront que leur rentrée dans le territoire non envahi de la république, a été empêchée ou retardée par des actes non interrompus de violence ou force majeure.

VIII. Cette preuve sera admise, soit que l'invasion ait précédé ou suivi la promulgation du décret du 17 septembre; mais elle ne pourra l'être qu'en faveur de ceux qui y joindront la preuve d'un patriotisme publiquement reconnu.

IX. Les excuses résultant des preuves mentionnées dans les articles II et VII ci-dessus, ne pourront être alléguées que devant les tribunaux criminels, ainsi qu'il sera dit ci-après.

X. Il n'est innové en rien par les articles précédens, à l'exception portée par l'article III du décret du 17 septembre, en faveur des officiers de santé qui ont été chargés du traitement des malades restés dans les lieux envahis ; et cette exception est déclarée commune à ces malades eux-mêmes.

XI. Dans la décade de la publication du présent décret, les administrateurs des districts qui ont été ou se trouveront encore occupés en partie par les armées ennemies, formeront, d'après leurs connoissances personnelles et les renseignemens qui leurs seront fournis par les bons citoyens, des listes contenant les noms, prénoms, possessions et derniers domiciles des individus mis hors de la loi et déclarés traîtres à la patrie, par les décrets des 7 et 17 septembre 1793.

XII. Les listes indiqueront les biens reconnus pour appartenir à ces individus, en quelque lieu qu'ils soient situés, et les fermiers ou locataires qui les occupent ou exploitent.

XIII. Ces listes seront communiquées dans le délai fixé par l'article XI, par les administrations de district, à toutes les sociétés populaires de leur arrondissement, et à celles des deux districts les plus voisins.

XIV. Dans la seconde des décades suivantes, les administrations de district reviseront les listes, et y feront toutes les additions et changemens qu'il appartiendra, d'après les nouveaux renseignemens qui leur seront parvenus.

XV. Dans la même décade ; ces listes ainsi revisées seront adressées au comité des décrets de la convention nationale.

XVI. Il sera dressé dans chaque district, une liste spéciale pour les militaires et pour les individus employés à la suite des armées, qui seront prévenus d'être restés dans les pays envahis, en contravention au décret du 17 septembre 1793.

XVII. On observera pour cette liste les dispositions des articles XII, XIII et XIV ci-dessus ; mais elle ne pourra être arrêtée définitivement et envoyée au comité des décrets, par l'administration de district qui l'aura dressée, qu'après avoir été visée par le commissaire ordonnateur en chef de l'armée, à laquelle ont appartenu les militaires ou employés, ou par celui qui en remplit les fonctions.

XVIII. Dans les trois jours au plus tard de la réception de chacune des listes mentionnées dans les sept articles précédens, le comité des décrets la présentera à la convention nationale, qui en ordonnera l'insertion au bulletin des loix : et dès ce moment, il sera fait pour la recherche, le recouvrement et la conservation des biens des individus compris dans chaque liste, les mêmes diligences et les mêmes poursuites que pour la recherche, le recouvrement et la conservation des biens confisqués sur émigrés, et sur les personnes condamnées nominativement pour les crimes contre-révolutionnaires.

XIX. Après six décades, à compter de l'insertion de chaque liste au bulletin des lois, conformément à l'article XVIII, nul ne sera admis à réclamer comme y étant porté mal à propos, et sa réclamation ne sera pas reçue, même dans les six décades, s'il ne s'est mis en état dans la maison de justice du tribunal criminel dans le ressort duquel la liste aura été dressée.

XX. Le délai ci-dessus ne courra, à l'égard de ceux qui auront été retenus par force majeure dans les pays envahis, qu'à compter du jour où la force majeure aura cessé.

XXI. Les réclamations de ceux qui se seront mis en état de la manière et dans le délai déterminés par les articles précédens, seront portées immédiatement au tribunal criminel, et soumises à un jury spécial de jugement.

XXII. Pour former ce jury, il sera dressé par les représentans du peuple près l'armée, dans l'arrondissement de laquelle se trouvera le tribunal, un tableau de vingt citoyens, sur lequel il en sera tiré dix au sort pour chaque affaire.

XXIII. Après le débat, le président posera les questions qu'il y aura lieu de décider, soit pour faire l'application des peines portées par les décrets des 7 et 17 septembre 1793, soit pour acquitter le réclamant.

XXIV. Il ne sera point posé de question intentionnelle sur les faits qui auront été articulés dans le débat.

XXV. Il ne sera reçu d'autre excuse de la part du réclamant, que celle de la violence ou force majeure, dans les cas déterminés par les articles II, III, VI et VIII ci-dessus.

XXVI. Chacun des jurés énoncera son opinion publiquement et à haute voix.

XXVII. Les déclarations du jury seront formées à la majorité des voix ; et les jugemens qui interviendront en conséquence, ne seront en aucun cas sujets à cassation.

XXVIII. A l'égard des individus qui étant compris dans la liste ordonnée par l'article XI et suivans ci-dessus, et n'ayant pas réclamé dans le délai fixé par l'article XIX, pourroient être saisis et mis en état d'arrestation, il sera procédé contre eux dans la forme prescrite par la section XII de la loi du 28 mars 1793, et par celle du 13 septembre suivant, sur les émigrés.

Décret qui déclare suspects les détenteurs des biens des condamnés ; qui ne feroient pas des déclarations exactes.

Du 26 frimaire an II. (N°. 1961).

Il est enjoint à tous détenteurs de biens meubles ou immeubles, et à tous débiteurs généralement quelconques de créances ou autres effets appartenant aux individus compris dans le tableau ci-dessus mentionné, d'en faire leur déclaration au secrétariat de la municipalité du lieu de leur résidence, dans le cours de la décade qui suivra immédiatement la publication et l'affiche de chaque tableau, à peine d'être condamnés par voie de police correctionnelle, sur la poursuite de l'agent national du district, à une amende égale à la valeur des sommes ou des objets non déclarés, et d'être en outre traités comme suspects. (Art. VIII).

Ces déclarations seront dans la décade suivante, adressées à l'agent national près le district par celui de la commune. L'agent national du district les fera passer dans la troisième décade, à l'administrateur des domaines nationaux et à la régie nationale de l'enregistrement et des domaines. (Art. XI).

L'administrateur des domaines nationaux fera dresser tous les mois ; et remettra au comité d'aliénation et domaines réunis, un état composé de tous les états particuliers qui lui auront été envoyés par les agens

nationaux

nationaux des districts. Il y sera fait mention des renseignemens qui lui auront été adressés par les sociétés populaires ou par toute autre voie. (ART. X).

Tout commissaire de police , huissier , gendarme ou autre fonction-naire public chargé de l'arrestation d'un individu , qui soit par le décret de mise hors de la loi ou d'accusation , soit par le mandat d'arrêt , soit par l'ordonnance de prise de corps , sera prévenu de crime attenta-toire à la sûreté intérieure ou extérieure de la République , ou fabrication , distribution ou introduction de faux assignats ou fausse monnoie , sera tenu au moment où il exécutera sa mission (soit qu'il arrête le prévenu ou que celui-ci soit en fuite) d'appeller l'agent national de la commune , ou à son défaut, un officier municipal du lieu , pour apposer les scellés sur les papiers , meubles et effets du prévenu , et d'y établir un gardien , à peine de destitution , et de répondre du dommage que sa négligence aura causé à la république. (ART. XI).

Celui qui aura apposé les scellés en exécution de l'article précédent , sera tenu d'en donner avis sur-le-champ à l'accusateur public du tribunal par-devant lequel le procès est ou doit être porté , et à l'agent national près le district , dans l'étendue duquel s'est faite l'apposition des scellés. ART. (XII).

Décret d'ordre du jour , sur la dénonciation d'un abus de pouvoir exercé par le comité révolutionnaire de Meaux , motivé sur la loi qui borne l'autorité des comités révolutionnaires à la seule étendue de leur arrondissement.

Du 26 frimaire, an II.

La Convention nationale , après avoir entendu la pétition de la société populaire de la Ferté sur Marne.

Renvoie la réclamation relative à une taxe révolutionnaire imposée sur les citoyens de cette commune , pardevant les représentans du peuple nommé par le comité de salut public dans le département de Seine et Marne.

Passe à l'ordre du jour sur la dénonçiation d'un abus de pouvoir exercé par le comité révolutionnaire de Meaux , motivé sur la loi qui borne l'au-torité des comités révolutionnaires à la seule étendue de leur arrondis-sement ;

Et ordonne la mention honnorable et l'insertion au bulletin des dons patriotiques offerts par la commune de la Ferté sur Marne.

D

 Des 27 et 28 Frimaire, an II.

Décret relatif à la pétition du citoyen Desmerciéres ; tendante à la cassation de l'arrêté du comité révolutionnaire de Montmarand , à la suppresion de la taxe faite sur ce citoyen.

Du 27 frimaire , an II.

La Convention nationale après avoir entendu le rapport de son comité des finances , décrète :

Art. I.er La petition du citoyen Desmercières tandante à la cassation de l'arrêté du comité révolutionnaire de Montmarand à la suppression de la taxe faite sur ce citoyen , et à la restitution des , 3,750 liv. qu'il a payée à compte , sera ainsi que les pièces justificatives y annexées , envoyée sans délai au ministre de la justice , à Noël Pointe représentant du peuple , commissaire dans les départemens de la Nièvre , de l'Allier et du Cher.

II. Le représentant , Noël Pointe, se transportera le plutôt qu'il lui sera possible , dans le district de Montmarand pour y prendre connoissance des faits énoncés en la pétition du citoyen Desmerciéres sur laquelle il est autorisé à statuer définitivement , ainsi qu'il avisera , et à prendre relativement à la formation du comité révolutionnaire de ce district , telles mesures qu'il verra convenables , à la charge d'en instruire dans les vint-quatre heures le comité de sûreté générale de la Convention Nationale.

III. Toute exécution ultérieure de l'arrêté du comité révolutionnaire de Montmarand demeure suspendu à l'égard du citoyen Desmercières.

Décret qui met les Fondeurs de caractères d'imprimerie en réquisition.

Du 28 Frimaire , an II (Nº. 1974).

La Convention nationale décrète que le décret qui met les imprimeurs en réquisition , s'étend aux fondeurs de caractères d'imprimerie , et sera exécuté dans toutes ses dispositions à l'égard de ces derniers , comme elles le sont envers les premiers.

Décret qui annulle les Passeports délivrés par les Municipalités des lieux où les brigands de la Vendée ont séjourné.

Du 28 Frimaire , (Nº. 1989).

La Convention nationale , après avoir entendu le rapport du comité de salut public , décrète :

Art. I. Tous les passeports délivrés jusqu'à ce jour par les municipalités des lieux où les brigands fugitifs de la Vendée ont séjourné, sont déclarés nuls et de nul effet.

II. Les passeports et les commissions donnés par la Convention nationale à *Bellegarde , Garnier , Goupilleau de Fontenay* et *Nioche* , députés, et qui ont été pris par les brigands dans la déroute de Châtillon le 24 vendémiaire , sont également annullés ; les autorités constituées feront arrêter tous ceux qui seroient porteurs de ces passeports ou commissions , et les enverront au tribunal révolutionnaire.

Décret qui exige des certificats de civisme des instituteurs et institutrices, et détermine les peines qu'ils encourent, ainsi que les parens s'ils violent la loi sur l'instruction publique.

Sur l'Organisation de l'instruction publique.

Du 29 Frimaire. (1981).

Art. I. L'enseignement est libre.

II. Il sera fait publiquement.

III. Les citoyens et citoyennes qui voudront user de la liberté d'enseigner, seront tenus,

1.º De déclarer à la municipalité ou section de la commune, qu'ils sont dans l'intention d'ouvrir une école ;

2.º De désigner l'espèce de science ou art qu'ils se proposent d'enseigner ;

3.º De produire un certificat de civisme et de bonnes mœurs, signé de la moitié des membres du conseil général de la commune ou de la section du lieu de leur résidence, et par deux membres au moins du comité de surveillance ou du lieu de leur domicile, ou du lieu qui en est le plus voisin.

IV. Les citoyens et citoyennes qui se vouent à l'instruction ou à l'enseignement de quelque art ou science que ce soit, seront désignés sous le nom d'*instituteurs* ou d'*institutrices*.

SECTION II.

De la surveillance de l'Enseignement.

Art. I. Les instituteurs ou institutrices sont sous la surveillance immédiate de la municipalité ou section, des pères, mères, tuteurs ou curateurs, et sous la surveillance de tous les citoyens.

II. Tout instituteur ou institutrice qui enseigneroit dans son école des préceptes ou maximes contraires aux lois et à la morale républicaine, sera dénoncé par la surveillance, et puni selon la gravité du délit.

III. Tout instituteur ou institutrice qui outrage les mœurs publiques, est dénoncé par la surveillance, et traduit devant la police correctionnelle, ou tout autre tribunal compétent, pour y être jugé suivant la loi.

SECTION III.

Du premier degré d'instruction.

Art. V. Il sera ouvert dans chaque municipalité ou section, un registre pour l'inscription des noms des instituteurs et institutrices du premier degré d'instruction, et des enfans ou pupilles qui leur seront confiés par les pères, mères, tuteurs ou curateurs.

VI. Les pères, mères, tuteurs ou curateurs, seront tenus d'envoyer leurs enfans ou pupilles aux écoles du premier degré d'instruction, en observant ce qui suit :

VII. Ils déclareront à leur municipalité ou section,

1.° Les noms et prénoms des enfans ou pupilles qu'ils sont tenus d'envoyer auxdites écoles ;

2.° Les noms et prénoms des instituteurs ou institutrices dont ils font choix.

VIII. Les enfans ne seront point admis dans les écoles avant l'âge de six ans accomplis ; ils y seront envoyés avant celui de huit. Leurs pères, mères, tuteurs ou curateurs, ne pourront les retirer desdites écoles que lorsqu'ils les auront fréquentées au moins pendant trois années consécutives.

IX. Les pères, mères, tuteurs ou curateurs qui ne se conformeroient pas aux dispositions des articles VI, VII et VIII de la présente section, seront dénoncés au tribunal de la police correctionnelle ; et si les motifs qui les auroient empêchés de se conformer à la loi, ne sont pas reconnus valables, ils seront condamnés, pour la première fois, à une amende égale au quart de leurs contributions.

En cas de récidive, l'amende sera double et les infracteurs seront regardés comme ennemis de l'égalité, et privés pendant dix ans de l'exercice des droits de citoyen. Dans ce dernier cas, le jugement sera affiché.

X. Les instituteurs et institutrices du premier degré d'instruction tiendront registre des noms et prénoms des enfans, du jour du mois où ils auront été admis dans leurs écoles. Ils ne pourront, sous aucun prétexte, prendre aucun de leurs élèves en pension, donner aucune leçon particulière, ni recevoir des citoyens aucune espèce de gratification, sous peine d'être destitués.

XV. Ceux desdits jeunes gens qui, à l'âge de vingt ans accomplis, ne se seroient pas conformés aux dispositions de l'article ci-dessus, seront privés pendant dix ans de l'exercice des droits de citoyen.

Les pères, tuteurs ou curateurs qui auroient concouru à l'infraction de la présente loi, subiront la même peine.

Elle sera prononcée par la police correctionnelle sur la dénonciation qui lui en sera faite, dans le cas où l'inexécution ne seroit pas fondée sur des motifs valables.

Décret qui fait défenses aux Autorités constituées de prendre aucun arrêté qui pourroit tendre à entraver le cours des assignats.

Du premier Nivôse, an II. (N.° 2113).

La Convention nationale, après avoir entendu le rapport de son comité des finances , casse et annulle l'arrêté du département du Pas-de-Calais, du 28 brumaire , portant que les assignats à face royale de cent livres et au-dessous, provisoirement conservés en circulation , seront endossés ; et fait défenses à toutes les autorités constituées de prendre aucun arrêté qui pourroit tendre à entraver le cours des assignats ou à altérer la confiance due à la monnoie de la République.

Décret qui enjoint aux Habitans des Communes où il a éclaté des mou-vemens séditieux , de déposer leurs armes.

Du 2 Nivôse , an II. (N.° 2002).

La Convention nationale , après avoir entendu le rapport du comité de salut public, décrète :

Art. I. Les habitans des communes où il a éclaté des mouvemens sédi-tieux, seront tenus de déposer, dans trois jours , à compter de la publi-cation du présent décret dans le bulletin , leurs armes dans leurs munici-palités respectives.

II. Les municipalités seront tenues de les faire transporter dans le même délai au chef-lieu de district.

III. Ces armes seront distribuées suivant les instructions qui seront en-voyées par le comité de salut public.

IV. L'ordre de déposer les armes , dans les communes où il a éclaté des mouvemens séditieux , ne pourra être exécuté qu'en vertu d'un décret de la Convention , qui exprimera nominativement la commune.

Décret relatif aux Maisons d'arrêt et de justice. (Extrait du décret relatif aux Jurés).

Du 2 Nivôse , an II. (N.° 1990).

Aux administrations de district seules appartient le droit de désigner les lieux qui doivent servir de maisons d'arrêt , de maisons de justice ou de prisons : et il est dérogé en ce point, à l'article II du titre XV de la loi du 16 septembre 1791, (Art. XLIII).

Les agens nationaux des districts exerceront à l'avenir la surveillance que l'article II du titre XIV de la même loi attribuoit aux procureurs-généraux-syndics des départemens sur la propreté , salubrité et sûreté de ces différentes maisons, (Art. XLIII).

La garde de ces maisons sera donnée par les administrations de district , chacune dans son arrondissement , sur la présentation de la municipalité du lieu ; et la destitution des gardiens ainsi nommés appartiendra à cette même administration, sans préjudice néanmoins du droit attribué aux tribunaux criminels par l'article V de la loi du 13 brumaire dernier, de destituer les gardiens qui ont laissé évader des détenus, (Art. XLV).

Décret concernant les Membres des Comités de Surveillance, relativement aux certificats de civisme.

Du 3 Nivôse, an II.

La Convention nationale, après avoir entendu le rapport de son comité de législation, sur le procès-verbal du comité de surveillance de Noyon, en date du 20 Frimaire dernier, duquel il résulte que la société populaire de la même commune à prétendue assujétir les membres de ce comité à représenter des certificats de civisme.

Considérant que l'article XLI de la loi du 5 Février 1793, n'exige des certificats de civisme que de la part des fonctionnaires publics non élus par le peuple ; que les sociétés populaires sont posées comme des sentinelles auprès des autorités constituées pour les surveiller, mais non pas pour leur imposer des conditions auxquelles la loi ne les soumets pas ; qu'ainsi celle de Noyon peut bien dénoncer aux autorités supérieures ceux des membres du comité de surveillance de cette commune, qui seroient coupables d'incivisme, mais qu'elle n'a pas le droit de les assujétir à des formalités dont la loi les dispense, par respect pour le choix du peuple ; que cependant sa prétention n'a occasionné aucun désordre, et que le zèle patriotique qui en a été le motif, est un sûr garant qu'elle n'aura plus de suite, d'après la connoissance donnée à cette société des dispositions de la loi.

Passe à l'ordre du jour.

Le présent décret ne sera point imprimé, il sera seulement inséré au bulletin, et le ministre de l'intérieur en adressera une expédition manuscrite à l'administration du district de Noyon.

Décrets relatifs aux dons civiques de souliers, bas et chemises.

Des 2 et 4 Nivôse an II (N.° 2000).

I.er Décret. Du 2 Nivôse. La Convention nationale, après avoir entendu le rapport du comité de salut public, décrète :

Art. I.er Chaque comité révolutionnaire de Paris fera remettre dans le jour, au ministre de la guerre, les dons civiques qui ont été faits et qui se trouvent en dépôt dans les diverses sections.

II. Le ministre de la guerre indiquera le dépôt général, donnera les récépissés, et fera partir sur-le-champ les souliers compris dans ces dons civiques pour les armées de la république.

III. La commission des subsistances et des approvisionnemens de la République, exercera dans le jour le droit de préhension ; en conséquence, elle fera rassembler tous les souliers existant actuellement dans les différens dépôts, magasins, ateliers et boutiques.

IV. Elle les fera passer sur-le-champ aux armées de la République. Elle nommera des commissaires pour éviter les dilapidations et faire certifier le comité de salut public de la réception et de la distribution desdits souliers dans les armées.

V. Les sociétés populaires et les diverses sections des communes sont invitées à diriger la générosité des citoyens vers les dons civiques de souliers.

II. Décret. La Convention nationale, sur la proposition d'un membre, décrète que le comité des marchés est chargé de surveiller le rassemblement, la répartition et l'emploi des offrandes faites en chemises, bas et souliers, etc. pour les armées ; en conséquence les communes, sections, sociétés populaires, et tous les citoyens de la République qui ont fait ou feront de semblables offrandes, sont invités à faire passer au comité des marchés un état de ce qu'ils ont envoyé.

Le même comité est autorisé à se faire donner des relevés de ce qui est parvenu au ministre de la guerre, et à se faire rendre compte des mesures prises pour la conservation et l'emploi de tous ces objets. Le présent décret sera inséré au bulletin, pour servir de publication.

Décret qui ordonne le prompt jugement des officiers prévenus de complicité avec Dumouriez, Custines, *etc; et augmente les récompenses accordées aux défenseurs de la patrie.*

Du 5 Nivôse an II (N.º 1993).

La Convention nationale décrète ce qui suit :

Art. Ier. L'accusateur public du tribunal révolutionnaire fera juger incessamment *Dietrich*, *Custines*, fils du général, puni par la loi : *Biron*, *de Bruli*, *Barthélemi*, et toutes les généraux et officiers prévenus de complicité avec *Dumourier*, *Custines*, *Lamarlière*, *Houchard*. Il fera juger pareillement les étrangers, banquiers et autres individus prévenus de trahison et de connivence avec les rois ligués contre la République Française.

II. Le comité de salut public fera dans le plus court délai son rapport sur les moyens de perfectionner l'organisation du tribunal révolutionnaire.

III. Les secours et récompenses accordés par les décrets précédens aux défenseurs de la patrie, blessés en combattant pour elle, ou à leurs enfans, sont augmentés d'un tiers.

IV. Il sera créé une commission chargée de leur faciliter les moyens de jouir des avantages que la loi leur accorde.

V. Les membres de cette commission seront nommés par la Convention nationale, sur la présentation du comité de salut public.

Décret qui ordonne aux inspecteurs de remettre un état des chevaux dont le ministre de la guerre a disposé, et de ceux livrés des différens dépôts depuis le 1er Vendémiaire sous peine d'être réputés suspects.

Du 5 Nivose an II. (N.° 2004).

La Convention nationale, après avoir entendu son comité de la guerre, décrète :

ART. Ier. Le ministre de la guerre enverra dans trois jours au comité de la guerre de la Convention nationale, l'état de tous les chevaux dont il a disposé depuis le I.er Vendémiaire dernier, et le nom des corps ou des individus en faveur de qui il en a disposé, ainsi que le nombre donné à chacun.

II. Les inspecteurs et commandans des dépôts de remonte, et généralement tous dépositaires ou gardiens de chevaux appartenant à la République, seront tenus sous peine de destitution, et d'être réputés suspects et comme tels mis en état d'arrestation, d'envoyer au comité de la guerre de la Convention nationale, dans la décade qui suivra la publication du présent décret, l'état des chevaux qu'ils ont livrés depuis le I.er Vendemiaire jusqu'à ce jour, le nom des corps et des individus à qui les livraisons ont été faites, avec la quantité de chevaux livrés à chacun, ensemble l'extrait des ordres en vertu desquels ils ont fait ces livraisons ; enfin le nombre des chevaux existant dans leurs dépôts respectifs au I.er Vendémiaire ; et de ceux qu'ils ont reçus depuis, avec la désignation des différentes armes auxquelles ils étoient destinés.

III. Tout inspecteur, commandant, contrôleur de dépôts ou autre agent de la République, convaincu d'infidélité dans la confection des états dont l'envoi est ordonné par le présent décret ; sera puni de six années de fers.

Décret qui assujetit au serment les Filles ou Femmes attachées aux ci-devant Congrégations de leur sexe.

Du 9 Nivôse an II. (N.° 2020).

La Convention nationale, après avoir entendu le rapport de ses comités de législation et de liquidation réunis, décrète :

ART. I.er Les filles ou femmes attachées aux ci-devant congrégations et ordres religieux de leur sexe, sont assujeties au serment ordonné par le décret du 14 août 1792 ; et celles qui n'ont pas encore prêté ce serment ; seront tenues de le faire dans la décade qui suivra la publication du présent décret.

II. Seront tenues au même serment, et dans le même délai, toutes personnes qui ont obtenu depuis la promulgation de la loi du 14 août
jusqu'à

jusqu'à ce jour ; des secours , pensions ou traitemens de retraite , à quelque titre que ce soit ; elles ne pourront toucher aucune somme de ces pensions ou traitemens , sans justifier d'un certificat de civisme , ainsi que celles dont les pensions de retraite ne seroient pas encore réglées et qui le seroient à l'avenir.

III. Les personnes ci-dessus dénommées ; et celles qui sont maintenant employées dans les maisons de charité , hospices et autres établissemens publics , au soin des pauvres , au soulagement des malades et à toutes autres fonctions publiques , qui ne justifieront point avoir satisfait à la présente loi dans le délai fixé par l'article I.er , seront dès-à-présent privées des pensions ou traitemens qui auroient pû leur être accordés , même pour ce qui pourroit leur être dû jusqu'à ce jour ; elles seront exclues des places qu'elles occupent , regardées comme suspectes et traitées comme telles.

IV. Il sera pourvu sans délai à leur remplacement par les corps administratifs , et sous leur responsabilité.

V. Le décret du 12 Vendémiaire (3 octobre dernier , vieux style) est rapporté , sans déroger néanmoins en aucune manière aux lois des 14 août 1792 et 23 avril 1793 , en ce qui concerne les ecclésiastiques fonctionnaires publics , les bénéficiers , religieux , religieuses et autres personnes des deux sexes employées uniquement à l'instruction et à l'éducation en qualité de fonctionnaires publics , et tous pensionnaires de l'État jouissant de pensions ou traitemens antérieurement au décret du 14 août 1792.

Décret qui approuve les mesures prises par les Représentans du peuple ; relativement à la levée extraordinaire de chevaux.

Du 14 Nivôse an II (N. 2029).

La Convention nationale , après avoir entendu le rapport fait au nom de ses comités de salut public et de la guerre , décrète :

Art. I.er Les principaux agens ou commissaires nommés par les représentans du peuple chargés de la levée extraordinaire des chevaux , continueront leurs fonctions jusqu'à ce que les opérations de la levée soient terminées ; elle approuve , à cet égard , les mesures prises par les représentans dans les différentes divisions militaires de la république.

II. Dans les chef-lieux de dépôts où des commissaires particuliers n'auront pas été préposés par les représentans du peuple , les corps administratifs sont chargés de la surveillance des dépôts.

E

Décret qui ordonne la reddition d'un compte des taxes faites par les comités révolutionnaires , ou agens se disant délégués par les représentans du peuple ou les ministres.

Du 15 Nivôse an II. (N.º 2058).

La Convention nationale , sur la motion d'un membre , décrète que tous les comités révolutionnaires , agens se disant délégués par les représentans du peuple ou les ministres de la République , qui ont perçu ou fait percevoir des taxes révolutionnaires , militaires ou autres , sous quelque dénomination que ce soit , qui n'étoient point exigées comme impositions par la République , seront tenus de rendre leurs comptes dans le délai fixé par la loi du 16 frimaire , et que ces comptes seront imprimés en placard. Le nom des imposés et la quotité des sommes payées , des effets donnés , le lieu du domicile des personnes , seront compris dans l'affiche , afin que chacun puisse se convaincre que les sommes payées ont réellement été versées dans le trésor public.

Décret relatif à la confection des souliers et à la fabrication des cuirs.

Du 15 Nivôse, an II. (N.º 2056).

La Convention nationale, sur la proposition d'un membre, décrète :

Art. I. Les comités révolutionnaires des sections ne pourront recevoir que des souliers de bonne qualité.

II. Il est défendu , sous peine de confiscation et de quatre années de fers , de confectionner des souliers au-dessous de huit points.

III. Il est défendu , sous les mêmes peines , de fabriquer des cuirs de veau à la manière dite à l'*Anglaise*.

Le présent décret sera inséré au bulletin ; son insertion servira de promulgation.

Décret portant que dans les Villes assiégées , bloquées ou cernées , les matières , marchandises et denrées de tout genre , seront mises en commun.

Du 16 Nivôse , an II. (N.º 2046).

La Convention nationale , après avoir entendu le rapport de son comité de salut public , décrète :

Dans toute ville assiégée , bloquée ou cernée par les troupes ennemies , toutes les matières , marchandises et denrées de tout genre , nécessaires à l'existence des citoyens , ainsi qu'à l'habillement et aux équippemens , et à la défense de la ville , seront mises en commun, payées au propriétaire aux frais de la République , et distribuées également à tous les citoyens et aux familles en raison des besoins.

Décret qui ordonne de mettre en état d'arrestation les entrepreneurs des services de l'artillerie dont les comptes n'auront pas été apurés.

Du 16 Nivôse an II. (2948).

Tous les entrepreneurs des services de l'artillerie sont tenus de compter de clerc à maître pour tout le temps de la durée de leur bail , dans les formes prescrites par le décret du 11 Brumaire. (Art. XII).

La Convention nationale proroge à deux mois , à compter de ce jour , le délai qui avoit été fixé par le même décret pour la reddition de ces comptes. Ceux desdits entrepreneurs dont les comptes n'auront pas été apurés à l'expiration dudit délai , seront mis en état d'arrestation , les scellés apposés sur leurs papiers , meubles et effets , et ils seront contraints à payer cinq cents livres d'amende par jour , jusqu'à ce que la remise intégrale de leurs pièces comptables ait été effectuée. (Art. XIII).

Décret relatif à l'épuration des employés dans les charrois.

Du 18 Nivôse an II (N.º 2052).

Il est important , lorsque l'on procèdera à la revue de réforme , d'épurer tous les employés et charretiers , et d'éloigner de ces différens services tous les hommes suspects d'incivisme et d'improbité , ou convaincus d'une négligence persévérante à remplir leurs devoirs. (Art. X).

Décret relatif aux fournisseurs des armées.

Du 22 Nivôse an II (N.° 2067).

Les administrateurs de l'habillement des troupes , ceux des subsistances militaires , de la fabrication des armes et tous autres administrateurs , régisseurs ou agens généraux et particuliers du gouvernement seront tenus d'envoyer au comité de l'examen des marchés de la Convention nationale , avant le I.er Ventôse prochain , expédition de tous ceux qu'ils auront passés pour le compte de la République depuis le I.er janvier 1793. (Art. III).

Les agens de la République actuellement employés à son service , qui ne se conformeroient pas aux dispositions de l'article précédent dans le délai y prononcé , seront destitués

Ceux qui ne sont plus en activité de service , seront traités comme suspects. (Art. IV).

Décret portant que les tribunaux criminels peuvent connoître des délits contre-révolutionnaires en vertu d'attributions à eux faites par les Représentans du peuple.

Du 22 Nivôse an II (N.º 2066).

La Convention nationale après avoir entendu le rapport de son comité de législation sur la question proposée par l'accusateur public du tribunal criminel du département du Nord , si les tribunaux criminels peuvent en conséquence des renvois qui leur sont faits par les représentans du peuple près les armées ou dans les départemens , connoître des crimes réservés par les lois générales de la République au tribunal révolutionnaire séant à Paris ;

Considérant qu'aucune loi n'a ôté aux représentans du peuple le droit qu'ils ont par la nature de leurs pouvoirs illimités de faire juger sur les lieux , dans des circonstances graves , urgentes et impérieuses , des accusés qui par le droit commun devroient être traduits au tribunal révolutionnaire séant a Paris ; qu'ainsi , lorsqu'un tribunal criminel est investi par un arrêté formel des représentans du peuple , de l'autorité nécessaire pour juger un prévenu de crimes contre-révolutionnaires , il ne doit pas hésiter de le juger effectivement , quoiqu'ils s'agisse de crimes dont la connoissance ne lui est pas attribuée par les loix générales de la République ; mais que les représentans du peuple ne sont pas censés accorder une pareille attribution à un tribunal criminel, par cela seul qu'ils lui renvoient une procédnre ou un prévenu , et dans le cas d'un pareil renvoi pur et simple , le tribunal criminel est tenu , d'après le principe appellé par la loi du 11 mars 1793 , de transmettre la procédure et le prévenu au tribunal révolutionnaire séant à Paris ;

Déclare qu'il n'y a pas lieu à délibérer.

Le présent décret sera inséré au bulletin , et il ne sera envoyé qu'aux tribunaux criminels des départemens.

Décret qui met en réquisition les entrepreneurs et ouvriers des manufactures en papier.

Du 23 Nivôse , an II. (N.º 2068).

La Convention nationale , après avoir entendu le rapport de ses comités de salut public et des assignats et monnoies , décrète :

Art. I.er Les entrepreneurs et ouvriers des manufactures de papier établies dans toute la république , sont mis en réquisition pour l'exercice de leur profession et pour le service desdites manufactures.

II. Les entrepreneurs des manufactures de papier dresseront dans les trois jours de la publication du présent décret ; un état exact des noms , prénoms , âges et lieux de naissance des ouvriers qui travaillent dans leurs âteliers : ils enverront cet état certifié par la municipalité ou comité de surveillance , à l'administration du district , qui l'adressera à la commission des subsistances et approvisionnemens , qui en fera passer copie au comité des assignats et monnoies.

III. Sur la demande des entrepreneurs des manufactures dans lesquels se fabrique le papier-assignat reconnue légitime par les représentans du peuple près lesdites manufactures , la commission des subsistances et approvisionnemens sera tenue de requérir dans les autres papeteries le nombre d'ouvriers suffisant pour le service desdites manufactures.

IV. La même réquisition aura lieu en faveur de la manufacture dans laquelle se fabrique le papier qui doit servir au bulletin de la promulgation des lois.

L'entrepreneur fera certifier sa demande par la municipalité du lieu ; il l'adressera à l'administration du district , qui la fera passer à la commission des subsistances et approvisionnemens.

V. Les coalitions entre ouvriers des différentes manufactures , par émissaires , pour provoquer la cessation du travail , seront regardées comme des atteintes portées à la tranquillité qui doit régner dans les âteliers : chaque ouvrier pourra individuellement dresser ses plaintes et former ses demandes ; mais il ne pourra en aucun cas cesser le travail , sinon pour cause de maladies ou infirmités duement constatées.

VI. Les amendes entre ouvriers , celles mises par eux sur les entrepreneurs seront considérées et punies comme simple vol. Les proscriptions , défenses et interdictions connues sous le nom de *damnations* , seront regardées comme des atteintes portées à la propriété des entrepreneurs ; ceux-ci seront tenus de dénoncer à l'agent national de l'administration du district les auteurs ou instigateurs de ces délits , qui seront mis sur-le-champ en état d'arrestation.

VII. Nul ouvrier papetier ne pourra quitter l'âtelier dans lequel il travaille , sans avoir prévenu l'entrepreneur devant deux témoins , six semaines d'avance , et celui-ci ne pourra congédier un ouvrier sans la même formalité , sinon pour cause de négligence ou inconduite duement constatée par la municipalité du lieu.

VIII. Nul ouvrier ne pourra passer d'une manufacture à l'autre sans un passeport signé par les représentans du peuple près lesdites manufactures dans lesquelles se fabrique le papier-assignat , et dans les autres par la municipalité et visé par l'administration du district.

IX. Les entrepreneurs de papeteries pourront employer indistinctement tous les citoyens qu'ils jugeront propres au service de leurs âteliers ; ils sont invités à former des élèves ou apprentis , qui seront aussi pris indistinctement parmi les enfans de tous les citoyens. Les ouvriers ne pourront, sous aucun prétexte , se dispenser de leur montrer leur métier. Les dépenses d'apprentissage seront aux frais des parens desdits élèves ou apprentis , au profit des ouvriers , et ne pourront excéder cinquante livres par an.

X. Toutes les contestations qui pourroient s'élever dans lesdites manufactures entre les entrepreneurs et les ouvriers , seront réglées par les administrations de district , quand il n'y aura pas de représentant du peuple.

Décret relatif à la culture des terres des défenseurs de la patrie.

Du 23 Nivôse , an II. (N.° 2064).

La Convention nationale , après avoir entendu le rapport de son comité d'agriculture ; décrète :

Art. I.er Les agens nationaux de chaque district rendront compte au ministre de l'intérieur , dans le mois , de l'exécution de la loi qui charge les municipalités de faire cultiver et ensemencer les terres des défenseurs de la patrie.

II. Les municipalités qui auroient sur leur territoire quelques parties de terrain que les ravages de la guerre ou la proximité de l'ennemi n'auroient pas permis d'ensemencer , requerront tous les cultivateurs de leur commune et ceux des communes circonvoisines de les ensemencer d'une manière quelconque pour le printemps prochain.

III. Tout cultivateur qui se sera porté à labourer et ensemencer un terrain abandonné à cause des ravages de la guerre , aura droit de se faire payer par le propriétaire ou fermier les deux tiers de la récolte et la semence prélevée ; et s'il ne se présente personne pour réclamer la récolte un mois avant la moisson , elle lui appartiendra toute entière.

IV. Tout cultivateur qui se contenteroit de réclamer la semence qu'il auroit employée et feroit don de son labour à un citoyen pauvre ou infirme , à quelque défenseur de la patrie , à sa veuve ou à ses enfans , aura bien mérité de son frère et de son pays , et sa bonne action sera proclamée dans son canton.

V. Le comité d'agriculture présentera , sous trois jours , un projet de décret tendant à assurer la conservation des grains connus sous le nom de bled de mars et d'orge de mai pour les semailles du printems prochain.

Décret qui autorise les comités révolutionnaires à faire des visites chez les fabricans , marchands , débitans de boutons d'uniforme.

Du 24 Nivôse , an II (2049).

La Convention nationale , après avoir entendu le rapport de son comité de subsistance , habillement et charrois de l'armée , décrète :

'Art. I . Tous fabricans, marchands débitans et tailleurs de Paris, qui ont des boutons d'uniforme, sont tenus de les apporter dans le délai de vingt-quatre heures après la promulgation du présent décret, à l'administration de l'habillement, séante au ci-devant Oratoire.

II. Tous ceux qui ne se seront pas conformés au présent décret et qui se trouveroient avoir des boutons désignés ci-dessus après le délai, seront punis de deux années de fers.

III. Les comités révolutionnaires des sections sont autorisés à faire des visites domiciliaires, pour s'assurer de l'exécution de la présente loi.

IV. L'administration de l'habillement payera les boutons versés , d'après l'estimation qui en sera faite par des commissaires nommés par la municipalité.

V. L'administration rendra compte au comité le 4 Pluviôse de la quantité des boutons qu'elle aura reçue.

VI. Le présent décret ne sera publié que dans la commune de Paris.

Décret relatif à l'indemnité des Membres des Comités de surveillance.

Du I.er Pluviôse.

La convention nationale après avoir entendu le rapport de son comité des finances sur la pétition du comité de surveillance de la commune de Belleville , qui réclame une indemnité, passe à l'ordre du jour , motivé sur ce que la loi du 5 septembre , qui règle le taux et le mode de cette indemnité, est applicable à toutes les communes de la République. , renvoie en conséquence les pétitionnaires aux corps administratifs.

Décret qui ordonne de mettre en liberté les citoyens détenus par une fausse interprétation des décrets du 3 frimaire , et qui n'auroient été ni fermiers généraux , ni Receveurs généraux des finances , ni Intendans de Province.

Du Ier Pluviôse , an II. (2088.)

La convention nationale, après avoir oui son comité des finances sur la lettre du ministre de la justice, concernant quelques arrestations arbitraires occasionnées par une fausse interprétation des décrets du 4 frimaire,

Décrète, que les arrestations faites sous le prétexte des lois du 4 frimaire , de citoyens qui n'auroient pas été fermiers-généraux , receveurs-généraux des finances , ou intendans de province, et qui ne seroient pas prévenus d'incivisme, sont illégales : charge le ministre de la justice de rendre compte de l'exécution de ce décret, dont l'insertion au bulletin tiendra lieu de publication.

Décret qui ordonne le recensement des citoyens venus à Paris de Commune-Affranchie.

Du 1ᵉʳ Pluviôse, an II. (2114.)

La convention nationale , après avoir entendu le rapport de son comité de salut public sur une pétition présentée par des citoyens se disant envoyés par Commune-Affranchie , décrète :

Aʀᴛ. I. Les sections de Paris feront sous trois jours le recensement des citoyens venus de Commune-Affranchie qui résident dans leur arrondissement, et en feront parvenir de suite le tableau au comité de sûreté générale.

II. La convention approuve les arrêtés et toutes les mesures prises à Commune-Affranchie par les représentans du peuple.

III. Il sera fait sans délai , par le comité de sûreté générale , un rapport sur les motifs qui ont déterminé le décret d'arrestation du général de l'armée révolutionnaire.

Décret qui déclare que le vin étranger n'est point compris dans les denrées de première nécessité.

Du 3 Pluviôse, an II.ᵉ

La Convention nationale , après avoir entendu son comité de législation , sur le référé qui lui a été fait par le tribunal du troisième arrondissement de Paris , de l'affaire du citoyen Lemoine , prévenu d'accaparement de quatorze pièces de vin de Malaga qu'on a trouvées chez lui , et qu'il n'avoit point déclarées ;

Considérant que sous aucun point de vue , les vins étrangers ne peuvent être compris dans les denrées de première nécessité , désignées par l'art. V de la loi du 26 juillet dernier , déclare qu'il n'y a pas lieu à délibérer.

Décret relatif aux titres ou procédures qui se trouvent sous les scellés.

Du 6 Pluviôse , an II. (N.º 2099.)

La Convention nationale , après avoir entendu son comité de législation , décrète :

Aʀᴛ. I. Les citoyens dont les titres , sentences ou procédures confiés aux notaires publics , ci-devant avoués , défenseurs officieux , fondés-de pouvoirs, agens d'affaires et autres détenteurs , se trouvent sous les scellés , pourront requérir le juge de paix ou tel autre officier public qui les aura apposés , à

les

les lever de suite, pour leur remettre les pièces qu'ils réclament, en constatant cette remise par le procès-verbal.

II. Dans le cas où les dépositaires des titres réclamés seroient détenus, leur présence ne sera pas nécessaire pour la levée des scellés ; ils seront représentés par leur fondé de pouvoirs, s'ils en ont un.

III. Les juges de paix ou autres officiers publics qui étant requis, ne déféreront pas promptement à cette réquisition, seront responsables des dommages et intérêts qu'auront occasionnés leur négligence ou leur refus.

IV. Les délais pour se pourvoir contre les jugemens par opposition, appel ou voie de cassation, pour exercer toute action, faire tous actes conservatoires, cessent de courir contre ceux qui sont dans le cas de l'article premier, depuis l'instant de l'apposition des scellés jusqu'au procès-verbal de la levée sur leur réquisition.

Tous détenteurs ou dépositaires de titres, papiers et contrats de rentes réclamés, qui ne se trouvent pas sous les scellés, sont tenus de les remettre à la première réquisition du propriétaire ou fondé de pouvoirs.

En cas de retard ou refus, ils y seront condamnés dans les vingt-quatre heures sur simple citation, par le juge de paix, ensemble aux dommages-intérêts que ce retard ou ce refus auroient occasionnés, et en une amende qui ne pourra excéder le quart de leur imposition mobiliaire.

Décret qui met en réquisition pour le service de la République toutes les Armes de calibre de guerre.

Du 7 Pluviôse, an II. (N.° 2098.)

La Convention nationale, sur le rapport de son comité de salut public, décrète :

ART. I. Toutes les armes de calibre de guerre sont en réquisition pour le service de la République.

II. En conséquence, à compter de la publication du présent décret, et sous peine de deux années de fer, tout commerce d'armes de calibre de guerre est provisoirement défendu entre particuliers, et nul ne pourra ni en acquérir de nouvelles à quelque titre que ce soit, ni se dessaisir de celles qu'il peut avoir, soit en sa possession, soit en dépôt, sinon pour les remettre aux autorités constituées chargées de les recevoir.

III. Tout citoyen qui auroit, soit en sa possession, soit en dépôt, une ou plusieurs armes à feu de calibre de guerre, est tenu d'en faire sa déclaration avant le 10 ventôse prochain à sa municipalité ou à sa section, sous peine envers les contrevenans de confiscation desdites armes, et de 300 livres d'amende pour chacune d'elles au profit du dénonciateur. Ces amendes seront prononcées par les administrateurs de district. Les seules armes

F

des militaires composant les troupes soldées et en activité de service sont exceptées des dispositions du présent article. Néanmoins les citoyens qui auront ces armes , ne seront forcés de les remettre qu'en vertu d'un décret ou d'un ordre formel des représentans du peuple.

IV. Les officiers municipaux de chaque commune formeront le tableau de ces déclarations dans la seconde décade du même mois de ventôse , et en feront passer de suite copie certifiée par eux au directoire de leur district respectif.

V. Pendant la troisième décade du même mois , les directoires de district formeront le relevé de tous les tableaux particuliers , et enverront de suite au ministre de la guerre l'état numérique des armes déclarées dans chaque commune de leur ressort , classées suivant la nature de ces armes.

VI. Le ministre de la guerre fera faire sur le champ le relevé général de toutes ces armes , par district , et le tableau en sera présenté à la Convention nationale , au comité de salut public et à celui de la guerre , avant la seconde décade de germinal.

VII. Tout militaire qui , en quittant son corps , même en vertu d'un congé , auroit emporté ses armes à feu et ne les remettroit pas dans l'espace de trois jours au plus , entre les mains d'une autorité constituée quelconque, sera condamné à deux ans de fers.

VIII. Toutes les autorités constituées , les directeurs d'hôpitaux , administrateurs de maisons nationales ou établissemens public quelconques , qui se trouveroient dépositaires d'armes de calibre de guerre , sont tenus de faire passer ces armes de suite au directoire du district , sous peine de deux ans de fers envers les contrevenans. Les municipalités néanmoins ne seront tenues de remettre ces armes qu'en vertu d'un décret ou d'un ordre des représentans du peuple.

IX. Les manufacturiers , négocians au autres citoyens possesseurs ou dépositaires d'armes de calibre de guerre , pourront les remettre aux directoires de leurs districts respectifs , qui les feront payer sur-le-champ , d'après l'estimation qui en sera faite à dire d'experts.

X. Le ministre de la guerre indiquera les dépôts où les administrateurs de district seront tenus de faire transporter ces différentes armes ; il fera procéder sans délai à leur classement et au raccommodage de toutes celles qui en auront besoin , en se concertant pour cet objet avec le comité de salut public.

XI. Les agens publics qui auroient négligé l'exécution de cette loi en ce qui les concerne, seront punis de deux années de fers.

Décret qui ordonne un Rapport sur la confection d'un grand livre des propriétés territoriales, et fait défense d'insérer dans les actes aucunes clauses ou expressions tendant à rappeler le régime féodal ou nobiliaire.

Du 8 Pluviôse, an II. (2161.)

La convention nationale, après avoir entendu le rapport du comité de législation sur le mode d'exécution de la loi du 17 juillet (vieux style), concernant le brûlement des titres féodaux, décrète ce qui suit :

Art. I. Les comités des finances, de législation et d'agriculture sont chargés de présenter incessamment un rapport et projet de décret sur la confection d'un grand livre des propriétés territoriales.

II. Le surplus du projet de décret présenté par le comité de législation, est ajourné jusqu'après ce rapport.

III. Les titres remis aux municipalités en exécution de la loi du 17 juillet, y resteront en dépôt jusqu'à ce qu'il en soit autrement ordonné.

IV. Il est fait défenses à tous notaires, greffiers et autres dépositaires quelconques, d'insérer à l'avenir dans leurs minutes, expéditions ou extraits d'actes de toute nature, quelle que soit leur date ; des clauses, qualifications, énonciations ou expressions, tendant à rappeler d'une manière directe ou indirecte le régime féodal ou nobiliaire, ou la royauté, sous les peines portées par l'article VII de la loi du 17 juillet, sauf auxdits dépositaires à délivrer lesdits extraits ou expéditions, après les avoir purgés de tout ce qui est proscrit par la présente loi et celles antérieures.

V. Le présent décret sera inséré au bulletin de correspondance.

Décret qui accorde une indemnité aux gendarmes ou autres militaires qui ont été commis pour garder des scellés ou des particuliers, et défend de les employer à l'avenir à ce service.

Du 11 Pluviôse, an II. (N.° 2147.)

La convention nationale, après avoir entendu ses comités de la guerre, des finances et de sûreté générale, décrète :

Art. I. Les gendarmes faisant le service près les tribunaux de Paris, et tous militaires assujettis à un service public et journalier, qui ont été commis pour garder des scellés ou des particuliers, recevront, lorsqu'ils n'auront pas été payés par le détenu, outre leur solde ordinaire, une indemnité de trente sous par chaque jour de garde.

F 2

II. A l'avenir, les gendarmes et tous autres militaires en activité de service, ne seront plus admis à la garde des scellés ou des particuliers, et ne pourront pour aucun motif, être détournés des fonctions qui leur sont attribuées par leur organisation, si ce n'est dans le cas où ils en seront requis par le comité de sûreté générale.

Décret portant que ceux qui entraveront les mesures prises pour la fabrication extraordinaire du Salpêtre et de la Poudre, seront traités comme suspects.

Du 13 Pluviôse, an II. (N.° 2127.)

La convention nationale, après avoir entendu le rapport de son comité de salut public, décrète :

Art. I. Ceux qui entraveront ou ralentiront par des défiances ou par des propos malveillans, les mesures prises par le comité de salut public, par les sections ou les citoyens, pour la fabrication extraordinaire du salpêtre et de la poudre, seront traités comme suspects et détenus jusqu'à la paix.

II. Les dispositions pénales portées contre ceux qui s'opposent à la fabrication des armes, ou aux réquisitions du comité de salut public, ou à celles de la commission, sont communes à ceux qui empêcheroient la fabrication du salpêtre et des poudres.

Décret qui prescrit le mode d'exécution de celui du 6 août, relatif à la démolition des châteaux-forts et forteresses de l'intérieur.

Du 13 Pluviôse, an II (N.ᵉ 2130).

La Convention nationale considérant que par son décret du 8 août, qui ordonne la démolition des châteaux-forts et forteresses de l'intérieur, elle n'a pas compris les habitations qui portoient ci-devant le nom de châteaux, et qui, dégagées de tous les signes féodaux et des moyens de résistance, ne peuvent nuire à la paix publique ;

Considérant que le décret ne frappe que les fortifications qui ceignent ces ci-devant châteaux et non les fermes ou bâtimens destinés aux logemens des propriétaires ou locataires, décrète :

Art. I.ᵉʳ Tous les châteaux-forts, toutes forteresses de guerre dans l'intérieur du territoire de la République, autres que les postes militaires et ceux qui seront nécessaires au service national, seront démolis, dans le délai de deux mois, de la manière suivante :

II. Les tours et tourelles, les murs épais garnis de créneaux, de meurtrières et de canardières , les portes défendues par des tours à mas coulies seront démolis ; les ponts-levis seront abbattus , et les fossés comblés.

III. Les habitations dégagées des emblêmes féodaux et des objets de défenses détaillés dans l'article précédent , seront conservées.

IV. Les cabinets ou pavillons placés à l'angle des jardins , attenant aux bâtimens isolés d'eux , les petites tours des fermes , renfermant seulement des escaliers , ne seront point démolis , à moins que par leur forme , contenance ou situation , ils ne puissent servir aux moyens d'attaque et de défense.

V. Les fossés jugés par les directoires de district , sur l'avis des municipalités , nécessaires au desséchement des terres , à abreuver les bestiaux , à faire mouvoir les moulins , à la salubrité de l'air , ne seront point comblés.

VI. La dénomination de châteaux , donnée autrefois aux maisons de quelques particuliers , demeure irrévocablement supprimée.

VII. Il sera prononcé par le diretoire de district , d'après l'avis d'un ingénieur militaire ou d'un ingénieur des ponts et chaussées , sur les moyens d'exécution et sur les contestations qui naîtront au sujet des démolitions ordonnées par le présent décret.

Décret contenant une correction au décret du 20 septembre dernier, relatif aux Certificats de civisme.

Du 13 Pluviôse an II. (N.° 2134.)

La Convention nationale , après avoir entendu le rapport du comité de salut public , décrète que les mots *et ceux qui le seront à l'avenir* , seront supprimés du décret du 20 septembre dernier (vieux style), relatif aux certificats de civisme.

Décret qui ordonne la répartition d'un secours de dix millions dans toutes les Communes de la République.

Du 13 Pluviôse , an II. (N.° 2122)

La Convention nationale , après avoir entendu le rapport de ses comités des secours publics et des finances réunis , décrète ce qui suit :

ART. I. La trésorerie nationale mettra à la disposition du ministre de l'intérieur une somme de dix millions, pour être répartie à titre de secours et de bienfaisance nationale dans toutes les communes de la République, en attendant l'organisation des établissemens d'hospice et des agences de secours publics.

II. La répartition sera faite par le ministre de l'intérieur directement entre tous les districts, par aperçu du nombre des citoyens indigens.

III. Les conseils généraux de district feront la répartition de leur contingent entre toutes les communes de leur arrondissement, aussi en raison du nombre des citoyens indigens.

IV. La distribution des secours sera faite par les conseils généraux de chaque commune, en suivant le mode, les bases et les proportions indiqués par la loi du 28 juin 1793 (vieux style), sur l'organisation des secours à accorder annuellement aux enfans, aux vieillards et aux indigens; savoir: le § I. du titre I. de ladite loi pour les secours aux enfans appartenant à des familles indigentes; le § II du même titre I pour les secours aux enfans orphelins, ci-devant connus sous le nom *d'enfans abandonnés*, et le titre II de la même loi pour les secours à accorder aux vieillards et indigens.

V. Dans toutes les communes où il existe des comités de bienfaisance, des comités révolutionnaires, des assemblées de section, des sociétés populaires et des sociétés philantropiques, le conseil général de la commune se concertera avec lesdits comités et lesdites sociétés, et il arrêtera la distribution définitive des secours sur les états et les renseignemens qui lui seront présentés et fournis par ces mêmes comités et sociétés, mais toujours en se conformant aux bases et aux proportions indiquées par la loi du 28 juin 1793 (vieux style), ainsi qu'il est prescrit par l'article précédent.

VI. La répartition et l'envoi des fonds dans chaque district devront être effectués par le ministre de l'intérieur dans la décade qui suivra la promulgation du présent décret.

VII. Le conseil général de chaque district sera tenu de faire la répartition et l'envoi des fonds dans chaque commune de son arrondissement, dans les dix jours de l'envoi qui aura été fait par le ministre de l'intérieur.

VIII. Le conseil général de chaque commune procédera à la répartition et distribution individuelles des secours, et sera tenu de les terminer entièrement dans le mois qui suivra l'envoi des fonds.

IX. Immédiatement après, et dix jours au plus tard après l'expiration du mois, le conseil général de chaque commune, enverra à l'administration du district l'état des répartitions et distributions qui auront été faites, avec les observations qu'il croira devoir y joindre.

X. Le conseil général de chaque district enverra au comité des secours publics de la Convention nationale, et au ministre de l'intérieur, un double du relevé général de tous les états particuliers de chaque commune, en y joignant également ses observations particulières.

XI. Les conseils généraux de district et de commune seront personnellement et solidairement responsables des retards qui pourroient être apportés dans l'exécution du présent décret. Il est enjoint aux agens nationaux près les districts et les communes, d'y tenir la main, et d'en rendre compte au comité des secours publics de la Convention nationale et au ministre de l'intérieur.

XII. Le présent décret sera inséré au bulletin ; l'insertion tiendra lieu de promulgation.

Décret relatif au paiement des six premiers mois 1793, aux Gagistes, Pensionnaires et salariés les plus indigens de la Liste civile.

Du 19 Pluviôse, an II. (N.º 2176.)

La Convention nationale, après avoir entendu le rapport de son comité des finances, décrète :

Art. I. La trésorerie nationale tiendra à la disposition du ministre des contributions publiques la somme de quatre cent mille livres, pour être distribuée à titre de secours provisoire, pour les six premiers mois de l'année 1793 ; aux gagistes, pensionnaires et salariés les plus indigens de la liste civile, selon le mode adopté par le décret du mois de mars dernier ; ce secours sera imputé, en tant moins, sur ce qui sera reconnu devoir être accordé en définitif à chacun d'eux.

II. L'indigence sera constatée par un certificat délivré par le comité révolutionnaire de la section du domicile, ou par la municipalité, là où il n'y a pas de section.

III. Si les gagistes et pensionnaires sont compris dans divers articles, ils ne pourront être payés que pour un seul.

IV. Dans un mois à compter du présent jour, le ministre remettra à la Convention nationale un état détaillé de l'emploi des huit cent mille livres accordées par le décret du 5 août dernier ; toutes les parties prenantes y seront désignées par leurs nom, prénom, âge, domicile, profession ancienne et nouvelle.

Le comité des finances fera incessamment un rapport sur la modification qu'il conviendra d'apporter à la loi du 27 août, relative à la liquidation des gagistes et pensionnaires de la liste civile.

Décret qui enjoint aux Citoyens des Départemens qui ont participé à la révolte de la Vendée, de faire le dépôt de leurs armes lorsqu'ils en seront requis.

Du 22 Pluviôse, an II. (N.º 2180).

La Convention nationale, après avoir entendu le rapport du comité de salut public, décrète que le comité de salut public est autorisé à faire opérer dans la Vendée et les départemens qui ont participé à sa révolte, les désarmemens qu'il croira nécessaires à l'intérêt de la chose publique : décrète que les citoyens qui, étant requis de déposer leurs armes en vertu d'un arrêté du comité de salut public ou des représentans du peuple envoyés sur les lieux, s'y refuseroient, seront traduits devant une commission militaire, et punis comme complices des rebelles.

Décret qui confisque les marchandises expédiées à Commune Affranchie *(ci-devant* Lyon *) et aux autres Communes déclarées en état de rebellion.*

Du 25 Pluviôse , an II (N.° 2167).

La Convention nationale, après avoir entendu le rapport de ses comités de commerce et d'agriculture, décrète ce qui suit :

Art. I. Les marchandises qui ayant été expédiées à *Commune-Affranchie* (ci-devant *Lyon*) postérieurement au décret qui déclare cette commune en état de rebellion, ont été arrêtées sur leur route, sont confisquées au profit de la République.

II. Celles qui ont été expédiées antérieurement au décret, seront rendues à ceux qui, en justifiant qu'ils en sont propriétaires, fourniront un certificat de civisme à la municipalité qui les aura arrêtées.

III. La propriété desdites marchandises devra être justifiée et les certificats de civisme fournis d'ici au 1.er Prairial prochain, passé lequel délaï les marchandises seront confisquées au profit de la République.

IV. Les marchandises qui étant adressées directement à une commune non en rebellion, auront été arrêtées en transit, seront expédiées à leur destination sur la réclamation de l'expéditionnaire ou du propriétaire.

V. Les dispositions du présent décret seront applicables à toutes les communes qui ont été ou seront déclarées être en état de rebellion.

Décret qui fixe le traitement des inspecteurs des charrois militaires, et porte que l'expédition du décret de leur nomination leur tiendra lieu de certificat de civisme.

Du Ier Ventôse an II (N.° 2199)

La Convention nationale, après avoir entendu le rapport de ses comités des finances et de surveillance des vivres, habillemens et charrois militaires, décrète :

Art. Ier. Le traitement des inspecteurs des charrois militaires et services réunis, nommés par la Convention nationale, est porté à sept mille livres par an, et une ration de fourrage par jour : ils ne recevront plus aucune ration de pain ni de viande.

II

II. Ces inspecteurs sont autorisés à faire imprimer aux frais du trésor public toutes les lettres ou modèles d'états nécessaires au rétablissement et au maintien de l'ordre dans les différentes parties dudit service, qu'ils adresseront aux agens soumis à leur surveillance.

III. L'expédition du décret du 29 Vendémiaire, portant nomination des inspecteurs généraux des charrois de l'armée et de l'artillerie, leur tiendra lieu de certificat de civisme.

Décret relatif à une fixation générale des denrées et marchandises soumises à la loi du Maximum.

Du 6 Ventôse an II (N.º 2200).

La Convention nationale, après avoir entendu le rapport du comité de salut public, décrète :

Art. Ier Les prix de toutes les denrées et marchandises soumises à la loi du *maximum* dans les lieux de production ou de fabrication, sont ceux déterminés dans les tableaux du *maximum* qui viennent d'être présentés par la commission des subsistances et des approvisionnemens de la République.

II. Ces tableaux seront imprimés et envoyés à chaque district, au plus tard au 1.er germinal ; la commission demeurant chargée de l'impression des tableaux du *maximum* et responsable des retards de l'impression et de l'envoi des exemplaires aux districts à l'époque ci-dessus désignée.

III. L'agent national de chaque district sera tenu, dans le délai de dix jours au plus tard, à compter du jour de la réception, d'appliquer les frais de transport à raison des distances, à chaque espéce de marchandises employées dans son district, conformément aux bases établies dans l'article IV ci-après. Il sera envoyé par la commission une instruction sur les moyens d'exécution ; cette instruction devra être approuvée de la Convention nationale.

IV. Le tableau fait par l'agent national contiendra :

1.º Les noms des objets et des marchandises que les habitans du district sont dans l'usage de consommer ;

2.º L'indication du lieu de production ou de fabrication desdits objets ;

3.º La distance du chef-lieu de district ;

4.º Le *maximum* du prix de production ou de fabrication, ainsi qu'il est porté dans les tableaux envoyés par la commission des subsistances et approvisionnemens ;

5.º L'évaluation des frais de transport, d'après les bases posées dans l'article suivant.

G

6.° Il sera ajouté à ces deux premières bases cinq pour cent de bénéfice, pour former le *maximum* du marchand en gros.

6.° Il sera ajouté, outre les cinq pour cent ci-dessus, dix pour cent de bénéfice, pour former le prix à vendre au consommateur par le détaillant.

L'administration de district déterminera le nombre d'exemplaires de ce travail, qu'il est nécessaire de publier pour que l'objet en soit connu aux municipalités ; les frais de l'impression seront acquittés par les receveurs de district, et leurs récépissés seront reçus comme comptant à la trésorerie nationale.

V. Les prix des transports des grains et fourrages, déterminés par l'article XV de la troisième section de la loi du 11 septembre, à cinq sous par lieue de poste par la grande route, et six sous pour la traverse, demeurent réduits à quatre sous six deniers par lieue de poste par la grande route, et à cinq sous pour la traverse.

VI. Les prix des transports pour les autres denrées et marchandises seront évalués par chaque lieue de poste, grande route, par quintal poids de marc, quatre sous, et pour les routes de traverse, quatre sous six deniers.

VII. Les prix de transport pour toutes espèces de denrées et marchandises seront évalués, par eau en remontant, deux sous ; en descendant, neuf deniers ; et par les canaux de navigation, un sou neuf deniers, par chaque lieue de poste, en calculant la distance par le nombre de lieues de poste qu'il y a, par la route de terre, du lieu du départ à celui de l'arrivée.

VIII. Les agens nationaux des districts désigneront dans le tableau les articles qui pouvant leur parvenir par eau, ne devront supporter que les frais de transport par cette voie ; ils pourront seulement, dans le cas d'impossibilité du transport par eau, y substituer le prix du transport par terre.

IX. Les prix des transports ci-dessus indiqués ne seront point applicables aux bois et charbons, dont les transports ne se paient pas au quintal.

Les agens nationaux près les districts des lieux de consommation, sont chargés de faire l'évaluation des frais de transport à ajouter aux prix de ces marchandises, et ils prendront pour bases de leur évaluation les prix des transports de 1790, auxquels ils ajouteront la moitié en sus.

X. Les lieux d'arrivage pour toutes les marchandises venant de l'étranger, seront regardés comme lieux de fabrication ou de production.

XI. Les sels, tabacs et savons étant compris dans les tableaux du *maximum*, le décret du 29 septembre qui en fixoit le prix, est rapporté.

XII. Le *maximum* du prix des charbons et des bois à brûler demeure fixé, conformément à la loi du 27 septembre, au vingtième en sus du prix de 1790, auquel il sera ajouté les frais de transport, ainsi qu'l est porté dans les articles précédens , et dix pour cent seulement de bénéfice pour le marchand détaillant.

XIII. La commission des subsistances et des approvisionnemens est autorisée à prendre toutes les mesures nécessaires pour l'éxécution du présent décret, dont elle demeurera responsable et rendra compte au comité de salut public. L'insertion au bulletin tiendra lieu de publication.

Décret relatif aux imprimeurs employés dans l'imprimerie des administrations nationales.

Du 8 Ventôse , an II (N.º 2201).

Il sera fait par le prote à celui qui manqueroit habituellement à son devoir , des invitations fraternelles d'être plus exact , et s'il s'obstinoit à faire manquer le service , il seroit regardé comme suspect , et dénoncé comme tel à sa section (Art. XII du titre II.).

Le présent règlement ne gênant en rien la liberté individuelle des citoyens employés à l'imprimerie des administrations nationales, et n'ayant pour but que de maintenir l'ordre et donner la plus grande activité à un établissement aussi précieux , il sera libre à tous les employés , sous quelque dénomination que ce soit de l'accepter ou de le refuser hors le cas de réquisition , et ceux qui le refuseroient et par suite inquièteroient ou insulteroient ceux qui l'auroient accepté , seroient regardés , comme suspects , et traités comme tels.

Décret relatif aux personnes incarcérées.

Du 8 Ventôse , an II (N.º 2197).

La Convention nationale , après avoir entendu le rapport des comités de salut public et de sûreté générale réunis , décrète que le comité de sûreté générale est investi du pouvoir de mettre en liberté les patriotes détenus. Toute personne qui réclamera sa liberté , rendra compte de sa conduite depuis le premier mai 1789.

Les propriétés des patriotes sont inviolables et sacrées. Les biens des personnes reconnues ennemies de la révolution , seront séquestrés au profit de la République ; ces personnes seront détenues jusqu'à la paix , et bannies ensuite à perpétuité.

Le rapport ainsi que le présent décret seront imprimés et envoyés sur-le-champ par des courriers extraordinaires aux départemens , aux armées et aux sociétés populaires.

*Décret portant que les citoyens honorablement acquités par le tribunal
révolutionnaire , seront libres de reprendre leurs fonctions.*

Du 8 Ventôse, an II (N.° 2202).

La Convention nationale , après avoir entendu à sa barre les citoyens
Maillet, président du tribunal criminel de Marseille , et *Giraud* , accusateur public près le même tribunal , traduits au tribunal révolutionnaire
et honorablement acquités par lui , et sur la motion d'un membre , décrète
la mention honorable , l'insertion au bulletin de la pétition et de la
réponse du président , annulle l'arrêté des représentans du peuple qui les
renvoie au tribunal révolutionnaire , et les renvoie à leur poste ;

Et sur la proposition d'un membre , la Convention nationale généralise
la proposition , et en conséquence décrète que les citoyens traduits au
tribunal révolutionnaire et honorablement acquités par lui , seront libres
de reprendre les fonctions publiques auxquelles ils avoient été appelés.

*Décret relatif aux certificats des officiers militaires démissionnaires ,
destitués ou suspendus.*

Du 9 Ventôse, an II (N.° 2208).

La Convention nationale , après avoir entendu le rapport de son comité
de législation , décrète que tout officier militaire démissionnaire , destitué
ou suspendu est autorisé à requerir et obtenir des certificats de résidence
par un fondé de pouvoirs , lorsqu'il ne peut se présenter en personne sans
encourir la peine prononcée par la loi du 11 septembre dernier (vieux
style) , et que ces certificats suppléeront à ceux qui auroient dû être
fournis en sa présence et signés par lui en exécution de la loi du 28
mars dernier contre les émigrés.

Le présent décret sera inséré au bulletin.

*Décret relatif aux créances sur les ennemis de la République , les
émigrés , les déportés , les prêtres reclus et les personnes mises hors de
la loi ou condamnées par jugemens emportant confiscation de biens.*

Du 9 Ventôse, an II (N. 2210).

La Convention nationale , après avoir entendu le rapport de ses comités
de législation , des domaines et d'aliénation , décrète ce qui suit :

Art. I.er Les tableaux nominatifs qui , aux termes de la loi du 26 frimaire , doivent être dressés de toutes les personnes dont les biens ont été
ou seroient ci-après confisqués au profit de la République , seront envoyés

et proclamés de la même manière que la liste générale des émigrés , et seront en outre affichés dans chaque chef-lieu de district seulement.

En conséquence l'impression de ces tableaux ne pourra être tirée au-delà de dix mille exemplaires.

II. Dans la décade qui suivra la publication de la présente loi , il sera formé des listes particulières des Anglais , des Espagnols et des princes étrangers en guerre avec la République ou au service de ses ennemis , qui ont en France des biens , soit meubles , soit immeubles , ou des créances.

Ces listes seront faites par les municipalités respectives dans l'arrondissement desquelles ils possèdent des biens ou des créances , et elles indiqueront ces créances et ces biens.

III. Elles seront , dans la décade suivante , adressées par les agens nationaux des communes à l'administration du district , qui les vérifiera , y ajoutera s'il y a lieu , et formera un état général , que l'agent national adressera dans la troisième décade à l'administration du département , à l'administration des domaines nationaux et à la régie nationale de l'enregistrement et des domaines.

IV. Seront en outre tenus les agens nationaux près les districts , d'adresser tous les mois à l'administration de leur département , à l'administrateur des domaines nationaux et à la régie nationale de l'enrégistrement et des domaines , les nouveaux renseignemens qu'ils se sont procurés sur les biens et créances de chacun des individus compris dans l'article II.

V. l'administrateur des domaines nationaux comprendra ces listes et ces renseignemens dans les tableaux mentionnés en l'article I.er de la présente loi , et dans les états dont la formation est ordonnée par l'article X de la loi du 26 frimaire.

VI. Les créanciers des émigrés n'auront désormais qu'une seule déclaration et qu'un dépôt de titres à faire.

Ils les feront au secrétariat du district du dernier domicile de leurs débiteurs , indiqué par la liste générale arrêtée en conformité de l'article II de la loi du 27 brumaire.

VII. Les créanciers des déportés , des prêtres reclus , des Anglais , des Espagnols et des princes étrangers qui sont en guerre avec la République ou au service de ses ennemis , des personnes mises hors de la loi ou condamnés avec confiscation de biens , sont assujétis aux mêmes déclarations et dépôts de titres que les créanciers des émigrés.

VIII. Ces déclarations et dépôts seront faits par les créanciers des émigrés et des autres dont il est parlé en l'article précédent, dans les quatre mois à compter du jour de la publication faite au chef-lieu du district de leur domicile , des listes générales ou tableaux sur lesquels leurs débiteurs se trouveront placés.

Ce délai passé , ils seront déchus de leurs créances.

IX. Les dépositaires publics et particuliers , les débiteurs . les comptables, les fermiers et les détenteurs des biens des émigrés et autres compris dans les listes ou tableaux généraux mentionnés en la présente loi, feront dans le même délai les déclarations prescrites par les lois des 25 novembre 1792, 25 juillet 1793 et 26 frimaire, et ce, sous les peines qu'elles prononcent.

X. Les dispositions des lois des 2 septembre et 25 novembre 1792, 13 janvier 1793, 26 frimaire, et autres qui sont contraires à celles de la présente loi, sont rapportées.

Décret relatif à des questions proposées par le tribunal criminel du département des Basses-Pyrénées, sur une procédure instruite par un Comité de surveillance.

Du 11 Ventôse, an II.

La Convention nationale, après avoir entendu le rapport de son comité de législation sur le jugement du tribunal criminel du département des Basses-Pyrénées, du 4 nivôse, portant qu'elle sera consultée sur les questions suivantes :

1.º La procédure instruite par le comité de surveillance de Pau, contre Lahourcade, Provence et Goussart, ouvriers employés au magasin des subsistances militaires, doit-elle être annullée, comme n'ayant pas été faite par la municipalité, conformément à la loi du 11 août 1792 ?

2.º Le tribunal criminel des Basses-Pyrénées peut-il juger dans la forme prescrite par la loi du 19 mars 1793, l'accusation intentée contre les trois individus ci-dessus nommés, d'avoir tenu différens propos inciviques, notamment d'avoir dit qu'il falloit un roi, et que le gouvernement français ne pouvoit pas subsister sans chef ?

3.º De quelle manière doit-il être procédé contre Provence et Goussart, contumaces ?

Considérant, sur la première question, que les comités de surveillance ont dû, par la nature de leur institution, concourir avec les municipalités à l'exercice des fonctions de la police de sûreté générale, même avant la loi du 18 nivôse ; qu'ainsi le comité de surveillance de Pau a valablement opéré dans l'affaire dont il s'agit ;

Sur la deuxième question, que la loi du 9 avril 1793 autorise expressément les tribunaux criminels à connoître, dans la forme prescrite par la loi du 19 mars 1793, du crime de provocation au rétablissement de la royauté ;

Sur la troisième question, que la loi du 19 mars 1793 n'a point dérogé, pour les cas de contumace, aux dispositions de celle du 16 septembre 1791 ;

Déclare qu'il n'y a pas lieu à délibérer.

Le présent décret ne sera publié que par la voie du bulletin de correspondance. Le ministre de la justice en adressera une expédition manuscrite au tribunal criminel du département des Basses-Pyrénées.

Décret relatif à la liquidation des créances sur la République, appartenant aux habitans de Commune-Affranchie et du Port de la Montagne.

Du 12 Ventôse, an II.

Les créanciers.... seront tenus de rapporter, indépendamment des pièces exigées par les précédentes lois, un certificat signé du président et de deux membres du comité révolutionnaire de leur section, qui constatera qu'ils ne sont pas sur la liste des rebelles, ou qu'ils en ont été rayés. Ce certificat sera visé par le directoire du département. (Art. XI·)

Décret relatif aux Envoyés des Gouvernemens Etrangers.

Du 13 Ventôse, an II. (N.º 2205.)

La Convention nationale interdit à toute autorité constituée d'attenter en aucune manière à la personne des envoyés des gouvernemens étrangers ; les réclamations qui pourroient s'élever contre eux, seront portées au comité de salut public, qui seul est compétent pour y faire droit.

Décret relatif à la confection d'un état des patriotes indigens, et aux renseignemens à fournir par les Comités de Surveillance sur la conduite des détenus depuis le mois de mai 1789.

Du 13 Ventôse, an II. (N.º 2207.)

La Convention nationale, sur le rapport des comités de salut public et de sûreté générale réunis, décrète :

Art. I. Toutes les communes de la République dresseront un état des patriotes indigens qu'elles renferment, avec leurs noms, leur âge, leur profession, le nombre et l'âge de leurs enfans. Les directoires de district feront parvenir dans le plus bref délai ces états au comité de salut public.

II. Lorsque le comité de salut public aura reçu ces états, il fera un rapport sur les moyens d'indemniser tous les malheureux avec les biens des ennemis de la révolution, selon le tableau que le comité de sûreté générale lui en aura présenté, et qui sera rendu public.

III. En conséquence, le comité de sûreté générale donnera des ordres précis à tous les comités de surveillance de la république, pour que dans un délai qu'il fixera à chaque district selon son éloignement, ces comités lui fassent passer respectivement les noms, la conduite de tous les détenus depuis le premier mai 1789. Il en sera de même de ceux qui seront détenus par la suite.

IV. Le comité de sûreté générale joindra une instruction au présent décret pour en faciliter l'exécution.

Décret portant que chaque Ouvrier Cordonnier sera tenu de fournir deux paires de Souliers par Décade.

Du 14 Ventôse, an II. (N.° 2215.)

La Convention nationale, sur le rapport de son comité de salut public, décrète :

Art. I. A compter du 20 de ce mois, et pendant la durée de la guerre, chaque ouvrier cordonnier, sera tenu de fournir et déposer à l'administration de son district, deux paires de souliers par décade, faits et conditionnés comme il est prescrit par la loi du 2 nivôse, sous peine de cent livres d'amende.

II. Les administrateurs prononceront les peines sur le rapport de l'agent national du district, lequel est chargé spécialement et sous sa responsabilité personnelle, de l'exécution de la présente loi, dont il rendra compte chaque décade à la commission des subsistances et approvisionnemens.

III. Ces souliers seront payés suivant le même mode que ceux qui ont été faits en vertu de la loi du 2 nivôse ; en conséquence la commission des subsistances et approvisionnemens fera connoître à la trésorerie nationale les sommes qu'il faudra faire parvenir aux receveurs des districts pour le paiement de ces souliers : en attendant, les administrateurs sont autorisés à faire les avances, et même en cas d'urgence, à prendre les fonds indispensables dans les caisses de la régie nationale de l'enregistrement.

Décret relatif à des Pamflets contre-révolutionnaires répandus dans les Halles et Marchés.

Du 16 Ventôse, an II. (N.° 2216.)

La Convention nationale, après avoir entendu le rapport de son comité de salut public, décrète :

Art. I. L'accusateur public du tribunal révolutionnaire est chargé d'informer sans délai contre les auteurs et distributeurs des pamflets manuscrits répandus dans les halles et marchés, et qui sont attentatoires à la liberté du peuple Français et à la représentation nationale.

II. Il recherchera en même temps les auteurs et agens des conjurations formées contre la sûreté du peuple, et les auteurs de la méfiance inspirée à ceux qui apportent des denrées et des subsistances à Paris.

III.

III. Il rendra compte en personne, dans trois jours, à la barre de la Convention nationale, des mesures qu'il aura prises.

Le comité de salut public fera incessamment son rapport sur les moyens d'assurer le gouvernement et le bonheur du peuple, et de le préserver des intrigues des conspirateurs.

Décret relatif à une taxe révolutionnaire décernée contre un citoyen, dans le Département de l'Allier.

Du 16 Ventôse, an II.

Le citoyen Joseph Gabriel Lepeintre, employé dans les bureaux du ministre des contributions publiques, réclame contre une taxe de 28,000, qui a été décernée contre lui dans le département de l'Allier.

Sur la motion d'un membre, la Convention nationale décrète que la pétition du citoyen Joseph-Gabriel Lepeintre, employé dans les bureaux du ministre des contributions publiques, sera renvoyée aux représentans du peuple dans le département de l'Allier, qui demeure autorisé à vérifier les motifs de la taxe révolutionnaire décernée, et à statuer ce qu'il appartiendra ; et cependant qu'il sera sursis au paiement.

Décret relatif aux secours accordés aux citoyens infirmes, sans fortune, et incapables de travailler.

Du 16 Ventôse, an II. (N.° 2218.)

Les autorités constituées sont tenues, sous leur responsabilité, de veiller à ce que des individus valides ne mendient point, et s'occupent de travaux utiles à la société. (Art. III.)

Décret interprétatif de la Loi du 13 brumaire, sur les personnes préposées à la garde des Détenus évadés.

Du 17 Ventôse, an II. (N.° 2225.)

La Convention nationale, après avoir entendu le rapport de son comité de législation, décrète que dans le cas prévu par l'article V de la loi du 13 brumaire, relative aux geoliers, gardiens, gendarmes et autres qui étoient préposés à la garde des détenus évadés, les tribunaux criminels pourront, suivant les circonstances, réduire à un emprisonnement qui ne pourra être moindre de deux mois, les peines prononcées par cet article, lorsqu'avant le jugement il sera constaté que les personnes évadées ont été reprises et reconstituées en maison d'arret ou de justice.

H

 Du 16 Ventôse, an II.

Décret qui ordonne la remise dans des dépôts de tous les sabres de 3o pouces de lame et au-dessus.

Du 16 Ventôse an II (N.º 2230).

La Convention nationale considérant que la fabrication des sabres de cavalerie ne sauroit fournir à l'instant aux besoins actuels des troupes à cheval ; que des citoyens qui ne font aucun service ont une grande quantité de ces sabres ; que des employés dans les diverses administrations des armées en ont également dont ils ne sont jamais à même de se servir ; que des militaires et officiers d'infanterie en ont aussi beaucoup qui deviennent pour eux plus embarrassans qu'utiles, depuis qu'il leur est défendu d'avoir des chevaux ; que la faculté laissée à tous les citoyens et militaires indistinctement d'avoir des sabres de longueur, rend plus difficiles les moyens de se procurer ceux qu'il faut pour les troupes à cheval, décrète ce qui suit :

Art. I.ᵉʳ Il est provisoirement défendu à tout citoyen et même à tout militaire d'avoir des sabres de 30 pouces de lame et au-dessus, à peine de confiscation des sabres et de trois cents livres d'amende par chaque sabre contre les contrevenans.

II. Les militaires servant dans les troupes à cheval, les officiers généraux, les militaires attachés à leur état-major, les commandans et adjudans-major des bataillons d'infanterie et les guides à cheval, auront seuls le droit d'avoir un sabre de la longueur susdite, tout le temps qu'ils seront en activité de service dans les armées de la République.

III. Quinze jours après la publication du présent décret au plus tard, tous officiers militaires, administrateurs ou employés dans les armées, autres que ceux désignés à l'article précédent, qui auront des sabres de la longueur susdite, seront tenus de les remettre au commissaire-ordonnateur en chef de l'armée, ou commissaires-ordonnateurs et commissaires des guerres attachés aux divisions dans lesquelles ils servent, et ce à peine de confiscation desdits sabres et de destitution des emplois ou grades qu'ils occupent.

A l'avenir les sabres de la longueur susdite pris sur l'ennemi, devront être également remis auxdits commissaires des guerres.

IV. En recevant lesdits sabres, les commissaires-ordonnateurs et commissaires des guerres les feront estimer par des experts, et en fourniront à l'instant le récépissé, dont le montant sera payé par les payeurs généraux ou payeurs particuliers, sur les ordonnances des commissaires-ordonnateurs.

V. Dans chaque armée, ces sabres seront envoyés sans délai, par lesdits commissaires-ordonnateurs ou commissaires des guerres, au commissaire-ordonnateur en chef, qui les fera parvenir aussitôt au dépôt général de la cavalerie de l'armée, à l'adresse de l'inspecteur général chargé des dépôts généraux de cavalerie à la dite armée ; et celui-ci en fera la distribution aux troupes à cheval qui en pourroient manquer.

VI. Dans les dix jours à compter de la publication du présent décret, tous les citoyens, même les marchands fournisseurs et autres, seront tenus de faire la déclaration de tous les sabres de la longueur susdite qu'ils auroient, soit en possession, soit en dépôt, dans la même forme qu'ont dû être déclarées les armes à feu de calibre ; d'après l'article III du décret du 25 frimaire, et sous les mêmes peines portées par ledit décret,

VII. Aussitôt après que le délai accordé par l'article précédent pour les déclarations à faire, sera expiré, les directoires de district dans tous les départemens, et la municipalité à Paris se feront remettre tous les sabres de la longueur susdite qui auront été déclarés dans leur arrondissement ; ils en feront faire l'estimation par des experts et payer le montant par les receveurs de district.

VIII. Ils feront confisquer, avec amende, conformément au décret du 25 frimaire, tous les sabres de la longueur susdite qui n'auront pas été déclarés ; ils étab'iront tel nombre de commissaires qu'ils jugeront convenable pour les seconder, et resteront responsables de la célérité et de l'exécution des mesures dont ils sont chargés par le présent décret.

IX. Tous les sabres ainsi achetés ou saisis, seront envoyés directement par les directoires de district aux dépôts généraux de cavalerie, ainsi qu'il est ci-après indiqué.

Armée du Nord.

Les districts des départemens du Pas-de-Calais, de la Somme, du Nord, de l'Aisne, de Paris, de Seine et Oise, de l'Oise, de Seine et Marne, de l'Aube, de l'Yonne, de la Côte-d'Or, de la Nièvre, du Loiret, du Cher et de l'Indre, enverront lesdits sabres aux dépôts généraux de la cavalerie de l'armée du Nord, à Compiègne, Beauvais, Châlons-sur-Marne ou Reims, à l'adresse de l'inspecteur général desdits dépôts.

Amée des Ardennes.

Les districts des départemens des Ardennes, de la Meuse et de la Marne, enverront lesdits sabres aux dépôts généraux de la cavalerie de l'armée des Ardennes, à Vaucouleurs ou Saint-Mihel, à l'adresse de l'inspecteur général desdits dépôts.

Armée de la Moselle

Les districts des départemens de la Moselle, de la Meurthe, des Vosges de la haute Marne, enverront lesdits sabres aux dépôts généraux de la cavalerie de l'armée de la Moselle, à Nanci, Pont-à-Mousson ou Lunéville, à l'adresse de l'inspecteur général desdits dépôts.

Armée du Rhin.

Les districts des départemens du bas Rhin, du haut Rhin, de la haute Saône, du Mont-Terrible, du Doubs, du Jura, de Saône et Loire, de l'Allier, du Puy-de-Dôme, de la haute Loire, du Cantal, de la Corrèze et de la Creuse, enverront lesdits sabres aux dépôts généraux de la cavalerie de l'armée du Rhin, à Colmar, Phalsbourg, Besançon ou Belfort, à l'adresse de l'inspecteur général desdits dépôts.

Armée des Alpes.

Les districts des départemens de l'Ain, du Mont-blanc, de l'Isère, de Rhône et Loire, des hautes-Alpes, basses-Alpes et de la Drôme, enverront lesdits sabres au dépôt général de la cavalerie de l'armée des Alpes, à Vienne, à l'adresse de l'inspecteur général dudit dépôt.

Armée d'Italie

Les districts des départemens des Alpes maritimes, du Var, des Bouches-du-Rhône, de Vaucluse, de l'Hérault, du Gard, de l'Aveyron, de la Lozère et de l'Ardèche, enverront lesdits sabres au dépôt général de la cavalerie de l'armée d'Italie, à Aix, à l'adresse de l'inspecteur général dudit dépôt.

Armée des Pyrénées orientales.

Les districts des départemens de l'Aude, des Pyrénées orientales, de l'Arriège, de la haute Garonne, du Tarn, des hautes Pyrénées, des basses Pyrénées, des Landes et du Gers, enverront lesdits sabres au dépôt général de la cavalerie de l'armée des Pyrénées orientales, à Carcassonne, à l'adresse de l'inspecteur général dudit dépôt.

Armée des Pyrénées Occidentales

Les districts des départemens du Bec-d'Ambès, de Lot et Garonne, du Lot, de la Dordogne, de la Charente inférieure, de la Vendée, des Deux-Sèvres, de la Charente et de la haute Vienne, enverront lesdits sabres aux dépôts généraux de la cavalerie de l'armée des Pyrénées Occidentales, à Auch ou à Pau, à l'adresse de l'inspecteur général desdits dépôts.

Armée de l'Ouest.

Les districts des départemens de la Vienne, Mayenne et Loire, Indre et Loire, Loir et Cher et de la Sarthe, enverront lesdits sabres aux dépôts généraux de la cavalerie de l'armée de l'Ouest, à Poitiers ou Angers, à l'adresse de l'inspecteur général desdits dépôts.

Armée de Brest.

Les districts des départemens de la Loire inférieure, du Morbihan, du Finistère des Côtes du Nord, d'Ille et Vilaine et de la Mayenne, enverront lesdits sabres au dépôt général de la cavalerie de l'armée des

Côtes de Brest , à Fougère , à l'adresse de l'inspecteur général dudit dépôt.

Armée de Cherbourg.

Les districts des départemens de la Manche , du Calvados , de l'Orne , de l'Eure , d'Eure et Loir et de la Seine inférieure , enverront lesdits sabres au dépôt général de la cavalerie de l'armée des Côtes de Cherbourg , à Falaise , à l'adresse de l'inspecteur général dudit dépôt.

L'insertion au bulletin servira de publication au présent décret.

Décret qui ordonne l'arrestation des membres de l'assemblée coloniale et de celle de Saint-Marc.

Du 19 Ventôse an II (N.º 2224).

La Convention nationale , décrète:

ART. I.er Tous les colons qui ont été membres de l'assemblée de Saint-Marc , et de celle connue depuis sous le nom *d'Assemblée coloniale* , les agens de ces assemblées , et les membres des clubs de Massiac et des colonnies , actuellement en France , seront mis en état d'arrestation.

II. Les scellés seront apposés sur les papiers de tous les colons résidant à Paris.

III. Les signataires des dénonciations faites au comité révolutionnaire de Nantes contre le général *Josnet* , seront mis en état d'arrestation et traduits devant le comité de sûreté générale de la Convention.

IV. Les dénonciations et les pièces y relatives déposées au comité révolutionnaire de Nantes , seront apportées au comité de sûreté générale.

V. Les citoyens *Goullin et Chaux* , membres du comité révolutionnaire de Nantes , se rendront auprès du comité de sûreté générale pour y donner les renseignemens qui leur seront demandés.

VI. La Convention renvoie au comité de salut public pour prononcer sur la mise en liberté du général *Josnet.*

VII. Le présent décret sera porté par un courrier extraordinaire.

Décret qui déclare acquis à la République les biens des Ecclésiastiques et Frères convers ou lais qui se sont ou ont été déportés , et contient un mode d'exécution du décret du 17 septembre dernier , relatif aux déportés.

Du 22 Ventôse an II. (N.º 2245).

La Convention nationale . après avoir entendu le rapport de son comité de législation , décrète :

ART. I.er Les biens des ecclésiastiques séculiers ou réguliers , frères convers et lais , donnés ou tierçaires , qui se sont déportés volontairement, ou qui l'ont été nominativement en exécution de la loi du 26 août 1792, ou des arrêtés des corps administratifs, ou pour cause d'incivisme, en vertu des lois des 21, 22 avril et 30 vendémiaire derniers, des vieillards et infirmes reclus, et de ceux qui ont préféré la déportation à la réclusion, sont acquis à la République.

II. Le numéro 3 de l'article VIII de la quatrième section de la loi du 28 mars 1793, est rapporté.

III. Le décret du 17 septembre dernier, qui déclare applicables en tous points aux déportés les dispositions des lois contre les émigrés, sera exécuté ainsi qu'il suit :

IV. La confiscation à l'égard des biens des ecclésiastiques nominativement déportés en exécution de la loi du 26 août 1792, ou des arrêtés des corps administratifs, et de ceux des vieillards et des infirmes reclus en vertu de cette loi et autres postérieures, a lieu à compter du décret dudit jour 17 septembre dernier.

V. En conséquence, sont déclarés valables tous les actes de vente, cession, transports, obligations, donations, dettes, hypothèques, faits et contractés par eux antérieurement à la dite loi, pourvu que les actes aient été passés en forme authentique, ou aient acquis la fixité de date par enregistrement, dépôts publics ou jugemens avant le 17 septembre, sans néanmoins, à l'égard des donations, déroger aux dispositions adoptées par la loi du 17 nivôse dernier.

VI. Leurs héritierss ont valablement saisis de leurs successions ouvertes avant cette époque.

VII. A l'égard des ecclésiastiques qui se sont déportés volontairement, ou qui ont préféré la déportation à la réclusion, leurs biens sont frappés de confiscation à compter du jour de leur sortie du territoire Français.

VIII. Toutes dispositions de ces biens et tous contrats par eux consentis depuis cette époque, sont de nul effet.

IX. Les biens des déportés pour cause d'incivisme, antérieurement à la loi du 17 septembre dernier, sont confisqués du jour de l'arrêté en vertu duquel leur déportation s'est effectuée.

X. Quant à ceux déportés depuis pour les mêmes causes, la confiscation de leurs biens a lieu du jour de la dénonciation prescrite par la loi du 30 vendémiaire dernier et autres antérieures.

XI. Les dispositions du décret du 17 frimaire dernier, relatives à la séquestration des biens des pères et mères qui ont des enfans émigrés, ne sont pas applicables aux pères et mères des déportés ou reclus, si ce n'est dans le cas où ils seroient dans la classe ci-devant noble.

XII. La Convention renvoie à ses comités des secours publics et des finances réunis, les pétitions des parens des déportés et reclus, qui demandent

que les biens de leurs enfans soient excepté de la confiscation, par forme
de secours.

Article additionnel au Décret ci-dessus.

Les titres cléricaux n'existent plus à l'égard des ecclésiastiques déportés;
en conséquence les citoyens qui les avoient faits moyennant pension, en
sont déchargés, et ceux qui au même effet avoient cédé des biens en jouis-
sance, sont autorisés à s'en mettre en possession.

Décret contenant des mesures répressives des conjurations contre le Peuple Français et sa Liberté.

Du 23 ventôse, an II. (N.º 2238).

La Convention nationale, après avoir entendu le rapport du comité de
salut public, décrète :

Le tribunal révolutionnaire continuera d'informer contre les auteurs et
complices de la conjuration ourdie contre le peuple français et sa liberté;
il fera promptement arrêter les prévenus, et les mettra en jugement.

Sont déclarés traîtres à la patrie, et seront punis comme tels, ceux qui
seront convaincus d'avoir, de quelque manière que ce soit, favorisé
dans la République le plan de corruption des citoyens, de subversion des
pouvoirs et de l'esprit public; d'avoir excité des inquiétudes à dessein
d'empêcher l'arrivage des denrées à Paris; d'avoir donné asyle aux émigrés; ceux qui auront tenté d'ouvrir les prisons; ceux qui auront introduit des armes dans Paris, dans le dessein d'assassiner le peuple et la
liberté; ceux qui auront tenté d'ébranler ou d'altérer la forme du gouvernement républicain.

La Convention nationale étant investie par le peuple français de l'autorité nationale, quiconque usurpe son pouvoir, quiconque attente à sa
sûreté ou à sa dignité, directement ou indirectement, est ennemi du
peuple, et sera puni de mort.

La résistance au gouvernement révolutionnaire et républicain, dont la
Convention nationale est le centre, est un attentat contre la liberté publique:
quiconque s'en sera rendu coupable, quiconque tentera, par quelqu'acte
que ce soit, de l'avilir, de le détruire ou de l'entraver, sera puni de
mort.

Le comité de salut public destituera conformément à la loi du 14 frimaire, tout fonctionnaire public qui manquera d'exécuter les décrets de
la Convention nationale ou les arrêtés du comité, ou qui se sera rendu
coupable de prévarication ou de négligence dans l'exercice de ses fonctions; il le fera poursuivre selon la rigueur des lois, et pourvoira provisoirement à son remplacement.

Les autorités constituées ne peuvent déléguer leurs pouvoirs; elles ne pourront envoyer aucun commissaire au-dedans ni au-dehors de la République, sans l'autorisation expresse du comité de salut public ; les pouvoirs ou commissions qu'elles peuvent avoir donnés jusqu'à ce moment, sont annullées dès-à-présent ; ceux qui, après la promulgation du présent décret, oseroient en continuer l'exercice, seront punis de vingt ans de fers. Les agens de la commission des subsistances, des armes et poudres, continueront provisoirement leurs fonctions.

Il sera nommé six commissions populaires pour juger promptement les ennemis de la révolution détenus dans les prisons ; les comités de sûreté générale et de salut public se concerteront pour les former et les organiser.

Les prévenus de conspiration contre la République, qui se seront soustraits à l'examen de la justice, sont mis hors de la loi.

Les comités de surveillance qui auront laissé en liberté les individus notés d'incivisme dans leur arrondissement, seront destitués et remplacés.

Tout citoyen est tenu de découvrir les conspirateurs et les individus mis hors de la loi, lorsqu'il a connoissance du lieu où ils se trouvent.

Quiconque les recélera chez lui ou ailleurs, sera regardé et puni comme leur complice.

Les individus arrêtés pour cause de conspiration contre la République, ne pourront communiquer avec qui que ce soit, ni verbalement ni par écrit, sous la responsabilité capitale de ceux qui sont préposés à leur garde et à celle des prisons ; quiconque aura participé ou aidé à ces communications, sera puni comme leur complice.

Le comité de salut public est chargé de veiller sévèrement à l'exécution du présent décret ; il en rendra compte à la Convention selon la loi. L'insertion au bulletin tiendra lieu de promulgation.

Décret relatif aux Commissaires nommés par les Autorités constituées.

Du 4 germinal, an II. (2267).

La Convention nationale, après avoir entendu le rapport du comité de salut public, décrète que les commissaires nommés par les autorités constituées pour les mesures dont l'exécution leur est textuellement confiée par une loi ou par un arrêté du comité de salut public, et en ce qui concerne seulement l'exécution de cette loi et de ces arrêtés, ne sont pas compris dans les dispositions portées contre les commissaires par le décret du 23 ventôse.

Décret

*Décret portant que les fonctions d'Arbitres ne peuvent être remplies que
par des Citoyens munis d'un Certificat de civisme.*

Du 6 germinal, an II. (2288).

La Convention nationale, après avoir entendu son comité de législation
décrète :

Aʀᴛ. I. Nul ne pourra remplir les fonctions d'arbitre dans les différens
qui s'élèvent entre les citoyens, s'il n'a obtenu, dans les formes prescrites par la loi, un certificat de civisme.

II. Ceux qui contreviendront à l'avenir à l'article précédent, en accep-
tant des arbitrages sans être pourvus de certificat de civisme, seront
réputés suspects et mis en état d'arrestation.

Les décisions qu'ils rendront, seront déclarées nulles et comme non
avenues.

III. Dans les arbitrages commencés avant la publication du présent
décret, les arbitres pourront continuer leurs fonctions, si toutes les parties y consentent. Leur silence sera considéré comme un consentement,
si elles ne s'expliquent pas à cet égard dans les quinze jours qui suivront
la promulgation.

IV. L'insertion du présent décret au bulletin, tiendra lieu de promulgation.

*Décret qui accorde des secours aux Citoyens Français expulsés ou
réfugiés des pays étrangers.*

Du 7 germinal, an II. (2258).

La Convention nationale, après avoir entendu le rapport de ses comités
des secours publics et des finances, décrète ce qui suit :

Aʀᴛ. I. La trésorerie nationale tiendra à la disposition du ministre de
l'intérieur, une somme de cent mille livres, pour être distribuée en
secours provisoires aux citoyens Français expulsés ou réfugiés des pays
étrangers, et qui ont été forcés d'y abandonner leurs propriétés.

II. Ces secours ne seront accordés qu'à ceux desdits citoyens qui rapporteront un certificat des comités de surveillance, attestant leurs besoins
et leur civisme depuis qu'ils résident dans l'arrondissement de ces
comités.

*Décret relatif à des Citoyens de Saint-Denis-le-Ferment, mis en arres-
tation par les ordres du Comité de surveillance de cette Commune.*

Du 9 germinal, an II.

La Convention nationale, après avoir entendu la lecture de la pétition

I

des citoyens Noyer père et fils, Cheron et Guesnet, demeurant à Saint-Denis-le-Ferment, District des Andelys, qui se plaignent d'avoir été mis en arrestation par les ordres arbitraires du comité de surveillance de cette commune, et exposent que parmi les membres de ce comité, et même de la municipalité, se trouvent l'agent, le jardinier, et le garde du ci-devant seigneur, au service duquel ils sont encore.

Renvoie la pétition au représentant du peuple délégué dans le département de l'Eure, pour prononcer, sans délai, sur les réclamations des pétitionnaires, et rendre compte des véritables causes de leur arrestation au comité de sûreté générale, qui prendra les mesures nécessaires pour la punition des membres qui n'auroient fait arrêter les pétitionnaires que pour servir leur vengeance personnelle.

Décret interprétatif de la Loi du 26 juillet dernier, sur les Accaparemens.

Du 12 germinal, an II. (N°. 2281).

La Convention nationale, après avoir entendu le rapport de ses comités de législation, de commerce et d'agriculture, décrète :

Art. I. Les marchands en gros et fabricans seront tenus de déclarer, dans la décade qui suivra la publication de la présente loi, à leur municipalité ou à leur section ;

1°. La quantité, qualité et nature des marchandises, denrées ou matières premières qu'ils possèdent dans l'étendue de la commune de leur domicile ;

2°. La quantité, qualité et nature de celles qui leur appartiennent dans tous les autres lieux de la République ; ils désigneront de plus les dépôts où elles sont placées.

II. Sont considérés comme négocians en gros tous ceux qui achètent des denrées ou des marchandises et les conservent en magasin.

III. Ils afficheront à la porte extérieure de leur domicile et à celle de la maison où seront leurs magasins, une inscription ou tableau lisible, qui contiendra leur nom et la nature des marchandises et denrées qui y seront déposées.

Les fabricans y indiqueront la nature de leurs fabriques.

IV. Les fabricans justifieront aussi, lorsqu'ils en seront requis par leur municipalité, ou de la vente ou de l'emploi des matières premières dans leurs fabriques.

V. Les marchands en détail ne seront assujettis aux déclarations et inscriptions prescrites par les articles ci-dessus, que pour les magasins qu'ils auront en outre de l'atelier ou boutique où ils vendent en détail.

VI. Tous les négocians en gros, les fabricans, les marchands en détail

ayant des magasins , et les dépositaires seront obligés de faire et de renou-
veler tous les mois , la déclaration ci-dessus prescrite , dans les municipalités ou sections où ils ont des denrées ou des marchandises.

Les dépositaires feront aussi placer des inscriptions à la porte extérieure
de la maison où sont leurs magasins ; ils y désigneront le nom du propriétaire des marchandises.

Des Peines.

VII. Tous ceux qui n'auront point fait dans les dix jours de la publication de la présente loi , les déclarations prescrites par les articles I et VI ,
ou qui en auront fait d'inexactes , seront punis par la confiscation des
denrées ou marchandises qui auroient dû être déclarées ; ils seront en
outre condamnés à deux ans de fers.

VIII. Ceux qui , ayant fait une déclaration , n'auront point affiché les
inscriptions prescrites par les articles III et VI , seront condamnés à une
amende égale à la valeur du cinquième de la marchandise déposée dans
les magasins , sur la maison desquels on aura omis de mettre l'inscription.

IX. Tout marchand ou fabricant en gros , qui refusera de vendre en
gros ; tout marchand en détail , qui refusera de vendre en détail des denrées ou marchandises qu'il aura chez lui ou dans ses magasins , sera puni
par la confiscation de toute la marchandise de l'espèce de celle qu'il aura
refusé de vendre.

X. Tout marchand en gros ou en détail , qui aura vendu au-delà du
maximum, sera puni pour la première fois , d'une amende égale à dix
fois la valeur de l'objet vendu , et la marchandise vendue sera confisquée
en entier au profit du dénonciateur.

XI. Dans le cas où celui qui auroit été condamné à l'amende en exécution du précédent article , viendroit à récidiver , il sera puni par la confiscation de toutes les marchandises de l'espèce de celles qu'il aura vendues
au-dessus du *maximum* ; il sera condamné en outre à la peine de deux
ans de détention.

Dans ce cas , la confiscation aura lieu en entier au profit du dénonciateur.

XII. Ceux qui , avant la promulgation de la présente loi , n'auront pas
fait la déclaration prescrite par l'article V de la loi du 26 juillet dernier
(vieux style) ; ceux qui n'auront pas fait cette déclaration dans le délai
et la forme qui y sont indiqués , ou ceux qui auroient contrevenu aux
articles IX et XI de ladite loi du 26 juillet , seront punis des peines portées par l'article VII ci-dessus.

XIII. Ceux qui n'auront pas mis les inscriptions et affiches mentionnées
par l'article X de ladite loi du 26 juillet , ou ceux qui ne l'auront pas fait

dans la forme et le délai qu'il prescrit, seront punis des peines portées par l'article VIII de la présente loi.

XIV. Ceux qui seront convaincus d'avoir recélé des subsistances et marchandises de nature à servir à l'approvisionnement des armées, dans l'intention de favoriser les projets des ennemis intérieurs ou extérieurs de la liberté, seront condamnés à la peine de mort, et leurs biens confisqués au profit de la nation.

XV. Ceux qui, par malveillance, auroient fait ou laissé volontairement périr des denrées propres au subsistances, seront punis de mort, et leurs biens confisqués au profit de la nation.

XVI. Dans tous les cas où il y aura confiscation de denrées ou de marchandises, s'il y a un dénonciateur, elle aura lieu, excepté dans le cas des articles X et XI, moitié au profit du dénonciateur, moitié au profit de la commune du lieu où les marchandises ont été saisies.

XVII. Celui qui dénoncera des marchandises ou des denrées de la nature de celles indiquées dans les articles XIV et XV, et qui auront été volontairement détruites, recevra une gratification égale à la moitié de la valeur de ces marchandises avant leur destruction; et dans le cas où la quantité n'en pourroit être constatée, et où elle n'excéderoit pas la somme de trois cents liv., la gratification ne pourra être moindre que cette somme.

Elle sera prélevée sur les biens du condamné : s'il n'en a point, elle sera payée sur le trésor national.

XVIII. Les commissaires aux accaparemens sont supprimés : les sections de Paris, et les conseils généraux des communes des autres départemens, nommeront dans leur sein, tous les décadis, un ou plusieurs de leurs membres, pour en remplir gratuitement les fonctions.

XIX. Les municipalités enverront les procès-verbaux au tribunal de police correctionnelle, dans les cas où il n'écherra que de prononcer la confiscation et l'amende.

XX. Dans les cas où la présente loi prononce des peines afflictives, les municipalités ou toutes autres autorités constituées feront arrêter les prévenus; elles seront tenues de les dénoncer sans délai au directeur du juré, qui fera les fonctions d'officier de police.

XXI. Le directeur du juré sera tenu de dresser l'acte d'accusation dans les vingt-quatre heures de la remise des pièces et procès-verbaux de contravention, et de le soumettre au jury dans la plus prochaine séance.

XXII. Des jurés spéciaux d'accusation et de jugement prononceront sur ces délits; ils seront formés en la manière prescrite par le paragraphe IV, de la loi du 2 nivôse.

XXIII. Au moyen des dispositions ci-dessus, la loi du 26 juillet dernier et toute autre loi contraire à la présente, sont abrogées.

XXIV. La Convention nationale annoncera par un décret particulier, l'époque où la présente loi cessera d'être en vigueur.

Décret relatif aux Mandats d'amener qui seront délivrés contre les Per-
sonnes prévenues de malversations dans la garde ou vente des Biens
nationaux, d'Embauchage, de complicité d'Émigration, et de fabri-
cation ou introduction de faux assignats ou de fausse monnoie.

Du 14 Germinal, an II. (N.º 2286).

La Convention nationale, après avoir entendu le rapport de son comité
de législation, décrète ce qui suit :

Art. Iᵉʳ. Les municipalités, les comités de surveillance, les directoires
de district, les agens nationaux près les districts, les juges de paix, les
commissaires de police, et les commissaires nationaux près les tribunaux
civils, ne délivreront dorénavant que des mandats d'amener à la charge
des personnes prévenues, soit de soustraction, divertissement ou malversation commise dans la garde, régie ou vente des biens ou effets nationaux,
soit d'embauchage, soit de complicité d'émigration, soit de fabrication,
distribution ou introduction de faux assignats ou fausse monnoie ; et il est
dérogé, quant à ce, à l'article III de la loi du 7 frimaire, et à l'article III
de celle du 30 du même mois.

Ces mandats d'amener contiendront l'ordre de conduire les prévenus devant le directeur du juré, qui remplira, à leur égard, toutes les fonctions
de la police de sûreté, tant pour la recherche des preuves existantes contre
eux, que pour leur traduction au tribunal criminel, par le moyen d'un
mandat d'arrêt.

III. Lorsqu'il s'agira de faux assignats, les fonctionnaires désignés dans
l'article I, seront tenus de les parapher et faire parapher par les prévenus,
et de les adresser au directeur du juré, sous une enveloppe duement scellée
et souscrite, tant par eux que par les prévenus mêmes.

Si les prévenus ne veulent ou ne peuvent écrire, il en sera fait mention
dans un procès-verbal dressé à cet effet.

Les fonctionnaires qui manqueront aux formalités prescrites par l'article
précédent, encourront les peines portées par l'article IV de la section V de
la loi du 14 frimaire sur le gouvernement provisoire et révolutionnaire, sans
néanmoins que l'inobservation de ces formalités puisse être un titre d'impunité pour les prévenus de fabrication, distribution ou introduction de
faux assignats, à la charge desquels il existeroit d'autres moyens de conviction.

V. Les lois des 7 et 30 frimaire continueront d'être exécutées dans tous les
points auxquels il n'est pas innové par la présente.

Décret relatif aux Prévenus de conspiration, qui résisteroient ou insul-
teroient à la justice nationale.

Du 15 Germinal, an II. (2269).

La Convention nationale décrète que le tribunal révolutionnaire continuera l'instruction relative à la conjuration de *Lacroix*, *Danton*, *Chabot* et autres ; que le président emploira tous les moyens que la loi lui donne pour faire respecter son autorité et celle du tribunal révolutionnaire, et pour réprimer toute tentative de la part des accusés pour troubler la tranquillité publique et entraver la marche de la justice ;

Décrète que tout prévenu de conspiration qui résistera ou insultera à la justice nationale, sera mis hors des débats et jugé sur-le-champ.

Décret portant que les Administrateurs et les Fonctionnaires Publics qui suspendront les réquisitions de la Commission des subsistances et approvisionnemens, encourront les peines portées par l'article IV *de la cinquième section du décret du* 14 *Frimaire.*

Du 18 Germinal, an II.

La Convention nationale, après avoir entendu le rapport du comité de salut public;

Décrète que les administrateurs et les fonctionnaires publics qui suspendront les réquisitions de la commission des subsistances et approvisionnemens dont l'exécution leur aura été confiée, ou qui leur auront été adressées ou notifiées, ou qui par des délibérations, des arrêtés ou des proclamations, en atténueront l'effet, encourront les peines portées par l'article IV de la cinquième section du décret du 14 frimaire.

Décret relatif aux Recéleurs d'Ecclésiastiques sujets à la déportation.

Du 22 Germinal, an II. (N.° 2304).

La Convention nationale, après avoir entendu le rapport de son comité de législation sur la lettre du ministre de la justice, et sur plusieurs pétitions et mémoires concernant la peine à prononcer contre les recéleurs d'ecclésiastiques sujets à la déportation ou à la réclusion, ou ayant encouru la peine de mort, décrète :

Art. I. A compter de la promulgation de la loi du 30 vendémiaire, concernant les ecclésiastiques sujets à la déportation, et en exécution de l'article XVII de cette loi, celui qui aura recélé un ecclésiastique sujet à la déportation ou réclusion, ou ayant encouru la peine de mort, sera puni de la déportation.

II. A compter de la publication de la présente loi, le recéleur d'ecclésiastiques soumis aux peines énoncées en l'article I, sera regardé et puni comme leur complice.

III. Le présent décret sera publié par la voie du bulletin de correspondance.

Décret portant que les fonctions d'exécuteur des jugemens criminels, sont incompatibles avec celles de membre des comités de surveillance.

Du 25 Germinal, an II.

Sur l'observation faite par un membre, que l'adresse du comité de surveillance révolutionnaire de Tours, est signée de l'exécuteur des jugemens criminels, qui réunit à ses fonctions d'exécuteur criminel, celle de membre du comité de surveillance révolutionnaire, la Convention nationale décrète que les fonctions d'exécuteur des jugemens criminels sont incompatibles avec celles de membre des comités de surveillance.

Un membre demande que les fonctions des comités de surveillance soient déclarées incompatibles avec toutes autres fonctions publiques.

La Convention nationale passe à l'ordre du jour, motivé sur ce que cette incompatibilité est prononcée par la loi.

Décret concernant la répression des conspirateurs, l'éloignement des nobles et la police générale de la République.

I.er Décret du 27 germinal, (N.° 2297).

La Convention nationale, après avoir entendu le rapport de ses comités de sûreté générale et de salut public, décrète ce qui suit :

Art. Les prévenus de conspiration seront traduits de tous les points de la République au tribunal révolutionnaire à Paris.

II. Les comités de salut public et de sûreté générale rechercheront promptement les complices des conjurés, et les feront traduire au tribunal révolutionnaire.

III. Les commissions populaires seront établies pour le 15 floréal.

IV. Il est enjoint à toutes les administrations et à tous les tribunaux civils de terminer, dans trois mois à compter de la promulgation du présent décret, les affaires pendantes, à peine de destitution ; et à l'avenir toutes les affaires privées devront être terminées dans le même délai, sous la même peine.

V. Le comité de salut public est expressément chargé de faire inspecter les autorités et les agens publics chargés de coopérer à l'administration.

VI. Aucun ex-noble, aucun étranger des pays avec lesquels la République est en guerre, ne peut habiter Paris, ni les places fortes, ni les villes maritimes, pendant la guerre. Tout noble ou étranger dans le cas ci-dessus, qui y seroit trouvé dans dix jours, est mis hors la loi.

VII. Les ouvriers employés à la fabrication des armes à paris, les étrangères qui ont épousé des patriotes Français, les femmes nobles, qui ont épousé des citoyens non nobles, ne sont point compris dans l'article précédent.

VIII. Les étrangers ouvriers, vivant du travail de leurs mains antérieurement à la loi du mois d'août (*vieux style*) relativement aux mesures de police contre les étrangers ; ceux des étrangers qui seront reconnus pour avoir été marchands détaillans antérieurement au mois de mai 1789, les enfans au-dessous de quinze ans, et les viellards âgés de plus de soixante-dix ans, sont pareillement exceptés. (1)

IX. Les exceptions relatives aux nobles et étrangers militaires, sont renvoyées au comité de salut public comme mesure de gouvernement.

X. Le comité de salut public est également autorisé à retenir, par réquisition spéciale, les ci-devant nobles et les étrangers dont il croira les moyens utiles à la République.

XI. Les comités révolutionnaires délivreront les ordres de *passe* ; les individus qui les recevront, seront tenus de déclarer le lieu où ils se retirent ; il en sera fait mention dans l'ordre.

XII. Les comités révolutionnaires tiendront registre de tous les ordres de *passe* qu'ils délivreront, et feront passer un extrait de ce registre, chaque jour, aux comités de salut public et de sûreté générale.

XIII. Les ci-devant nobles et les étrangers compris dans le présent décret, seront tenus de faire viser leur ordre de *passe* au moment de leur arrivée, par la municipalité dans l'étendue de laquelle ils se retireront. Ils seront également tenus de se représenter tous les jours à la municipalité de leur résidence.

XIV. Les municipalités seront tenues d'adresser sans délai aux comités de salut public et de sûreté générale, la liste de tous les ci-devant nobles et des étrangers demeurant dans leur arrondissement, et de tous ceux qui s'y retireront.

XV. Les ci-devant nobles et étrangers ne pourront être admis dans les sociétés populaires et comités de surveillance, ni dans les assemblées de commune ou de section,

XVI. Le séjour de Paris, des places fortes, des villes maritimes, est interdit aux généraux qui n'y sont point en activité de service.

XVII. Le respect envers les magistrats sera religieusement observé ; mais tout citoyen pourra se plaindre de leur injustice ; et le comité de salut public les fera punir selon la rigueur des lois.

XVIII. La Convention nationale ordonne à toutes les autorités de se

---

(1) cet article est conforme à la dernière rédaction adoptée à la séance du 29 germinal.

renfermer

renfermer rigoureusement dans les limites de leurs institutions , sans les étendre ni les restreindre.

XIX. Elle ordonne au comité de salut public d'exiger un compte sévère de tous les agens , de poursuivre ceux qui serviront les complots et auront tourné contre la liberté le pouvoir qui leur aura été confié.

XX. Tous les citoyens sont tenus d'informer les autorités de leur ressort et comité de salut public , des vols , des discours inciviques , et des actes d'oppression dont ils auroient été victimes ou témoins.

XXI. Les représentans du peuple se serviront des autorités constituées , et ne pourront déléguer de pouvoirs.

XXII. Les réquisitions sont interdites à tous autres que la commission des subsistances et les représentans du peuple près les armées ; sous l'autorisation expresse du comité de salut public.

XXIII. Si celui qui sera convaincu désormais de s'être plaint de la révolution , vivoit sans rien faire , et n'étoit ni sexagénaire , ni infirme , il sera déporté à la Guyane : ces sortes d'affaires seront jugées par les commissions populaires.

XXIV. Le comité de salut public encouragera par des indemnités et des récompenses les fabriques , l'exploitation des mines , les manufactures , le desséchement des marais. Il protégera l'industrie , la confiance entre ceux qui commercent ; il fera des avances aux négocians patriotes qui offriront des approvisionnemens au *maximum*. Il donnera des ordres de garantie à ceux qui amèneront des marchandises à Paris , pour que les transports ne soient pas inquiétés ; il protégera la circulation des rouliers dans l'intérieur , et ne souffrira pas qu'il soit porté atteinte à la bonne foi publique.

XXV. La Convention nationale nommera dans son sein deux commissions , chacune de trois membres ; l'une chargée de rédiger en un code succinct et complet , les lois qui ont été rendues jusqu'à ce jour , en supprimant celles qui sont devenues confuses ; l'autre commission sera chargée de rédiger un code d'institutions civiles ; propres à conserver les mœurs et l'esprit de la libertée. Ces commissions feront leur rapport dans un mois.

XXVI. Le présent décret sera proclamé demain à Paris ; et son insertion au bulletin tiendra lieu de publication dans les départemens.

Deuxième Décret du 27 Germinal.

La Convention nationale , après avoir entendu le rapport de ses comités de salut public et de sûreté générale , décrète ce qui suit :

ART. I.er Sont exceptés de la loi des 26 et 27 de ce mois les étrangers

K

domiciliés en France depuis vingt ans , et ceux qui y étant domiciliés depuis six ans seulement , ont épousé une Française non noble.

II. Sont assimilés aux nobles et compris dans la même loi ceux qui , sans être nobles suivant les idées ou les règles de l'ancien régime , ont usurpé (1) les titres ou les privilèges de la noblesse , et ceux qui auroient plaidé ou fabriqué de faux titres pour se les faire attribuer.

ARRÊTÉS du Comité de Salut-public , relatifs à l'exécution des Décrets des 27 et 28 Germinal , concernant les ex-Nobles, les Étrangers , et la Police générale.

Extrait des registres du comité de salut public de la Convention nationale.

Du 27 germinal

Le comité de salut public , en vertu de l'article X du décret de ce jour sur les mesures de police générale dans la République , arrête que tous les militaires actuellement en activité de service , sont mis en réquisition , et demeureront à leur poste.

Le présent arrêté sera envoyé sur-le-champ au bulletin , pour être imprimé dans le jour.

Du 28 Germinal.

Le comité de salut public , en vertu du décret du 28 de ce mois , concernant les mesures de police générale de la République , arrête que les entrepreneurs ou autres agens employés à la fabrication des armes de tout genre , et des poudres et salpêtres , dans toute l'étendue de la République , sont mis en réquisition , et continueront l'exercice de leurs fonctions.

Du 29 Germinal.

Le comité de salut public , en vertu de l'article X du décret du 27 de ce mois , concernant la police générale de la République , arrête que les

---

(1) Le mot *acheté* a été supprimé par décret du 29 germinal.

entrepreneurs , associés , commis , contre-maîtres et ouvriers des manufactures de toiles à voiles , sont en réquisition pour le service de la République.

Le 2 Floréal

Le comité de salut public , en vertu du décret du 27 germinal , concernant les mesures de police générale de la République , requiert les citoyens ingénieurs et élèves des ponts et chaussées , et les ingénieurs de la marine , pour être employés à leurs fonctions.

Le 2 Foréal

Des citoyens se présentent en foule pour demander au comité de salut public , des explications sur la loi du 27 germinal , relative à la police générale.

Des veuves sans enfans , de ci-devant nobles , nées roturieres ;

Des femmes de ci-devant nobles , divorcées avant la loi ;

Des citoyens ayant pris la qualification d'*Ecuyers* pendant le temps qu'ils occupoient des charges qui leur donnoient la noblesse personnelle : tous demandent s'ils sont compris dans la loi.

le comité répond que non , d'après le texte même de la loi qui ne parlant pas de ces cas proposés , les excepte nécessairement.

Cette note sera insérée au bulletin et dans les journaux , pour servir d'avertissement aux citoyens.

Du 3.e jour de Floréal.

Le comité de salut public arrête que l'exécution des loix du 27 germinal , concernant les mesures de police générale de la République , est suspendue à l'égard des femmes grosses de sept mois , jusqu'après leurs couches et leur rétablissement. Le délai ne pourra être plus long de deux mois , à compter du jour de l'accouchement.

Du même jour.

Le comité de salut public , en vertu du décret du 27 germinal concernant les mesures de police générale de la République , requiert les citoyens artistes composant l'institut national de musique , établi par la Convention nationale , pour être employés aux travaux publics dont elle est chargée.

Du 4 Floréal.

Le comité de salut public arrête que les citoyens des villes Anséatiques , résidant en France , y seront traités comme les citoyens des pays neutres ou alliés , et qu'on ne pourra leur opposer les dispositions du décret des 26 et 27 germinal , concernant les sujets des gouvernemens avec lesquels la République est en guerre.

Du même jour.

Le comité de salut public arrête que les femmes et les enfans des citoyens mis en réquisition par le comité , en exécution de l'article X du décret des 26 et 27 germinal , sont autorisés à continuer leur résidence dans les communes de leur domicile , sans que l'on puisse leur opposer les dispositions du décret concernant les ex-nobles et les étrangers sujets des gouvernemens avec lesquels la République est en guerre.

Du 4 Floréal.

Le comité de salut public arrête que les agens employés dans les transports, chariois et convois militaires , et dans tous les équipages de transport et d'artillerie , soit pour le service actif , soit pour le service des bureaux , sont en réquisition pour continuer leurs fonctions , qu'ils ne pourront cesser sans un ordre formel.

Du 4 Floréal.

Le comité de salut public arrête que tous les citoyens employés pour la commission des subsistances et approvisionnemens de la République , sont en réquisition , et continueront provisoirement leurs fonctions , soit dans la commission d'agriculture et des arts , soit dans celle du commerce et des approvisionnemens , et qu'ils ne pourront cesser de les remplir sans un ordre formel.

Du 4 Floréal

Le comité de salut public arrête que tous les citoyens employés dans les postes et messageries , sont en réquisition pour continuer provisoirement leurs fonctions , qu'ils ne pourront cesser de remplir sans un ordre formel.

Le comité de salut public arrête que tous les agens employés dans la ci-devant administration des subsistances militaires , dans celle des hôpitaux militaires , sont en réquisition , et continueront provisoirement leurs fonctions , sans pouvoir quitter leurs emplois , s'ils n'en obtiennent l'ordre.

Du 6 Floréal.

Le comité de salut public arrête que le titre d'écuyer n'ayant été pris par le père et les enfans que pendant le tems que le père occupoit et portoit dans la famille une charge qui donnoit ce titre , ni le père , ni les enfans ne sont compris dans la loi.

Du même jour.

Le comité de salut public est souvent consulté par des Belges , des Liégeois et Mayençois , sur la question de savoir s'ils sont compris dans la loi des 26 et 27 germinal , sur la police. Le comité les prévient que cette loi ne les concerne pas.

Du même jour.

Le comité de salut public arrête que les dispositions du décret rendu les 26 et 27 germinal , contre les ex-nobles et les étrangers des gouvernemens avec lesquels la République est en guerre , ne sont pas applicables aux réfugiés Bataves qui se sont retirés en France pour cause de révolution avant 1790 , et qui sont mis en réquisition pour continuer librement leur résidence et leur profession dans la République.

Du même jour.

Le comité de salut public arrête que tous les citoyens comptables , chargés de rendre compte des régies et administrations , sont en réquisition pour rendre leurs comptes.

Du 3 Floréal.

Le comité de salut public , d'après les dispositions du décret des 26 et 27 germinal , met en réquisition les payeurs des rentes supprimés par le décret du 28 août 1793 , (vieux style) pour continuer et achever leurs fonctions , aux termes de ce décret , et rendre leurs comptes dans le délai qui leur est fixé.

Du 6 Floréal

Le comité de salut public , en vertu du décret du 26 germinal , concernant les mesures de police générale de la République , arrête que les femmes des maris septuagénaires , exceptés par la loi , et mariés depuis dix ans , sont autorisées à demeurer à paris.

Du 6 Floréal.

Le comité de salut public arrête que les citoyens employés par la ci-devant administration de l'habillement , qui est maintenant une division de la commission du commerce et des approvisionnemens , sont en réquisition , et ne pourront quitter leur poste sans un ordre formel.

Du 8 Floréal.

Le comité de salut public arrête que les enfans des citoyens connus autrefois sous le nom de *religionnaires fugitifs* , étant réputés français , quoique en pays étrangers , d'après un décret de l'assemblée constituante , ne sont pas compris dans la loi du 27 germinal , de la police générale de la République.

Du 8 Floréal

Le comité de salut public arrête que les citoyens nés de parens français dans les pays avec lesquels la République est en guerre , et qui en ont été chassés pour avoir refusé de prêter le serment exigé par les tyrans , ne sont pas compris dans les mesures de police générale décrétées les 26 et 27 germinal.

Les présens arrêtés seront insérés au bulletin de la Convention nationale.

Décret sur la question proposée par plusieurs accusateurs publics , tendante à savoir quelle peine doit être infligée à des membres des comités de surveillance qui ont exigé ou reçu à leur profit des sommes ou d'autres objets , pour exempter de l'arrestation des personnes suspectes.

Du 28 Germinal, an II.

La Convention nationale, après avoir entendu le rapport de son comité de législation , sur la question proposée par plusieurs accusateurs publics , et tendante à savoir quelle peine doit être infligée à des membres des comités de surveillance qui ont , pour exempter de l'arrestation des personnes suspectes ou prétendues telles , exigé ou reçu à leur profit des sommes ou d'autres objets.

Considérant que les articles 8 et 14 de la section cinquième du titre premier de la seconde partie du code pénal ont prévu cette question; que d'après l'un, il y a lieu à la dégradation civique, si les fonctionnaires dont il s'agit n'ont fait que recevoir ce qui leur étoit offert , et que d'après l'autre, il y a lieu à la peine de six années de fers, s'ils ont exigé des sommes ou d'autres objets, soit par forme de taxe soit autrement, décrète qu'il n'y a pas lieu à délibérer.

Décret relatif à l'affermissement de la République démocratique.

Du I.er Floréal an II (N.º 2303).

La Convention nationale , après avoir entendu le rapport du comité de salut public , déclare qu'appuyée sur les vertus du peuple Français , elle fera triompher la République démocratique , et punira sans pitié tous ses ennemis.

Décret relatif aux militaires absens de leurs corps pour maladies , ou autres causes légitimes.

Du Ier. Floréal , an II. (2322).

La Convention nationale , après avoir entendu ses comités de salut public et de la guerre réunis ;

Considérant qu'il est de sa justice de ne pas confondre les militaires blessés , malades ou absens de leur corps pour cause légitime , avec ceux qui par lâcheté ne se sont pas rendus à leurs bataillons dans le délai fixés par les lois et par les arrêtés des représentans du peuple , décrète :

Art I.er Les militaires blessés, ou malades , ceux retenus dans une place assiégée, ceux absens par mission du gouvernement, remplissant , d'après le vœu de la loi, les fonctions d'aides-de-camp et d'adjoints aux états-majors , qui n'ont pu rejoindre leurs bataillons dans les délais fixés par les lois des 8 mars 1793 , 5 septembre dernier (*vieux style*) , 22 frimaire dernier , et par les arrêtés des représentans du peuple , et qui cependant , sous prétexte d'exécution de ces lois et arrêtés , ont été remplacés , conserveront leur rang sans interruption de service , et toucheront leurs appointemens à compter du jour où ils ont cessé d'être payés par la République , en justifiant par eux de leur maladie , blessure , ou autre cause légitime d'absence , dans la forme ci-après prescrite.

II. Ceux qui voudront jouir des dispositions de l'article précédent , présenteront à la commission de la guerre , dans le courant de prairial pour tout délai , savoir :

Les blessés et malades , un certificat de l'officier de santé ou des médecins et chirugiens qui les auront traités pendant leur maladie ou blessure , lequel constatera sous peine de nullité , la nature et la durée de la maladie ou blessure.

III. Lorsque les blessés ou malades auront été traités dans un hôpital ; ce certificat sera visé par un des directeurs de l'hôpital , et par le commissaire des guerres qui en a l'inspection.

IV. Lorsqu'ils auront été traités chez eux ou hors des hôpitaux, la véracité du certificat devra en outre être attestée par quatre citoyens qui auront eu connoissance du traitement , lesquels ne seront ni parens ni alliés du malade jusqu'au degré de cousin issu de germain inclusivement , et il sera visé par la municipalité et le comité de surveillance du lieu où le malade aura résidé , et par le directoire du district dans l'arrondissement duquel la commune se trouvera située.

V. Ceux qui seront dans ce dernier cas, justifieront de plus du congé en forme qu'ils ont dû obtenir pour se rendre chez eux ou hors des hôpitaux , et des attestations des médecins et chirugiens d'après lesquelles ce congé aura été accordé.

VI. Les militaires qui se sont trouvés retenus dans les places assiégées , justifieront des motifs qu'ils ont eus de se rendre dans ces villes , et rapporteront un certificat du commandant de la place , ou du conseil de défense , qui constate que pendant le siège ils ont faits le service et ont concouru à défendre la ville.

VII. Les aides-de-camp et adjoints aux états-majors justifieront que depuis leur absence du corps ils ont constamment et sans interruption rempli leurs fonctions d'aides-de-camp ou d'adjoints , et en outre , que conformément à l'article XII du titre VIII de la loi du 21 février 1793 , ils font partie des deux militaires par bataillon ou d'un par escadron qui sont autorisés à remplir ces fonctions sans perdre leurs places.

VIII. Les militaires qui se sont absentés de leur corps pour remplir une mission du gouvernement , rapporteront l'ordre qu'ils ont reçu à cet effet , justifieront de plus qu'ils ont rempli l'objet de la mission qui leur avoit été confiée.

IX. Tous les militaires ci-dessus désignés , qui prétendront n'avoir pas encouru la perte de leur emploi , devront en outre justifier qu'aussitôt leur rétablissement , ou dès qu'ils ont été libres de retourner à leur corps , ils ont fait près du ministre , ou près de leur bataillon , les démarches nécessaires pour être réintégrés dans leur place.

X. Les articles II et III de la loi du 22 vendémiaire , relative aux citoyens qui prétendent être dispensés d'obéir à la réquisition pour cause de maladie ou d'infirmité , seront transcrits en tête des certificats , attestations et congés ci-dessus exigés.

XI. Les peines prononcées par ces deux articles , tant contre les militaires qui font attester des faits faux , que contre les officiers de santé qui les attesteront, seront applicables aux citoyens qui attestent des faits faux , sans préjudice de plus forte peine s'il y avoit un faux matériel dans la fabrication des certificats et attestations.

XII. La commission de la guerre ne pourra envoyer à leur corps , ni faire payer de leurs appointemens les citoyens qui prétendront être dans le cas de l'article premier de la présente loi , que lorsqu'ils auront justifié des causes légitimes de leur absence dans la forme ci-dessus prescrite.

XIII. Les militaires qui auront justifié de leur maladie , blessure , ou autre absence légitime , dans les cas et les formes ci-dessus indiqués , seront , comme les officiers en activité , habiles à être nommés commandans temporaires ou adjudans de place , s'ils ont les qualités requises pour remplir ces fonctions.

XIV. Ceux d'entre eux qui ne seroient pas promus à ces places ou à d'autres qui sont à la disposition du gouvernement , seront renvoyés par la commission de la guerre à leurs bataillons respectifs , pour y reprendre le grade qu'ils occupoient avant leur absence , ou celui auquel ils auroient droit de prétendre par leur ancienneté de service , conformément à la loi du 21 février sur le mode d'avancement ; et ceux qui les occupent en ce moment , reprendront le grade qu'ils avoient avant d'y être promus.

XV. Les militaires qui , contre le vœu de l'article précédent , refuseroient de remettre la place aux citoyens qui , en exécution de la présente loi , seront renvoyés à leurs corps , et les membres des conseils d'administration et commandans des corps , qui ne les feroient pas réintégrer dans leur emploi ; seront , en cas de désobéissance légalement constatée , renvoyés du corps et traités comme suspects , sans préjudice de plus forte peine s'il y a lieu , en cas de résistance et de rebellion.

XVI. Les membres des conseils d'administration et commandans des corps , qui souffriront à l'avenir qu'on procède dans leur corps au remplacement des militaires blessés ou malades , des aides-de-camp et adjoints aux états-majors , autorisés par la loi , et de ceux absens pour toute cause légitime , seront renvoyés du corps et traités comme suspects.

XVII.

XVII. Les dispositions de la présente loi ne sont pas applicables aux militaires contre lesquels il a été pris des mesures de sûreté générale.

XVIII. Le présent décret sera inséré au bulletin de correspondance, et lu à l'ordre dans toutes les armées de la République.

Décret relatif aux citoyens de la première réquisition , et autres militaires réformés des troupes à cheval ou de la marine.

Du 3 Floréal an II (N.º 2313).

La Convention nationale , après avoir entendu son comité de la guerre , décrète :

Art. I.er Tout citoyen dans l'âge de réquisition , qui se sera présenté pour entrer dans la cavalerie ou dans la marine , et aura été renvoyé pour défaut d'aptitude à ces deux services, ou se sera retiré sous quelque prétexte que ce soit , sera soumis à la réquisition pour l'infanterie , et tenu de se rendre de suite à la destination qui lui sera donnée à moins qu'il ne soit jugé n'être pas propre au service de cette arme.

II. Tout militaire qui , en exécution de la loi du 3 brumaire dernier , sera sorti d'un corps de troupes à pied pour entrer dans les troupes à cheval , et qui aura été ensuite réformé pour défaut d'aptitude au service de la cavalerie , sera tenu , sous peine d'être réputé déserteur , de rentrer sans délai dans le corps dont il étoit sorti , à moins que son congé de réforme ne porte qu'il n'est propre à aucun service.

Décret qui ordonne le dépôt et le brûlement des Passe *accordés en vertu du décret du 27 germinal.*

Du 7 Floréal an II (N.º 2327).

La Convention nationale , après avoir entendu le rapport du comité de salut public , décrète que les citoyens qui , en vertu du décret du 27 germinal , ont obtenu des *passe* des comités révolutionnaires indiqués par ledit décret , seront tenus de les déposer dans la municipalité où ils ont choisi leur résidence , après les avoir fait enregistrer dans le délai de huit jours à compter du jour de leur arrivée ; les *passe* seront brûlés publiquement par la municipalité.

Décret relatif aux citoyens de la première réquisition qui abandonnent leur poste.

Du 9 Floréal an II. (N.º 2336).

La Convention nationale considérant que la discipline est la force des

L

armées , et que tout soldat qui quitte son poste ne mérite plus d'être compté parmi les défenseurs de la République , approuve l'arrêté pris à Nice , le 5 germinal , par les représentans du peuple près l'armée d'Italie , et décrète qu'il sera exécuté dans l'arrondissement de chacune des armées de la République : il sera imprimé , pour être envoyé sans délai aux réprésentans du peuple près les armées.

Suit l'arrêté :

AU NOM DU PEUPLE FRANÇAIS ,

Les représentans du peuple députés par la Convention nationale près l'armée d'Italie ,

Considérant que des citoyens compris dans la levée de dix-huit à vingt-cinq ans ne rougissent pas d'abandonner le poste honorable où la patrie les appele ; qu'une telle conduite prouveroit que ces citoyens trouvent des complices de leur désertion dans leurs familles ou dans les autorités constituées dans le territoire desquels ils trouvent un asyle ; que la lâcheté est le caractère d'un royaliste ;

Arrêtent :

Art. I.er Que tout citoyen de 18 à 25 ans qui se trouve dans l'arrondissement de l'armée d'Italie ci-après désigné et ne rejoindroit pas cette armée dans le délai d'un jour par cinq lieues à compter du jour de la publication du présent dans chaque district , sera réputé lâche et par conséquent royaliste et puni , conformément aux lois.

II Tout citoyen qui devra rejoindre se fera délivrer une route par les commissaires des guerres , et à défaut , par les municipalités.

III. Les membres des municipalités et des comités de surveillance dans le ressort desquels se trouvera un citoyen de 18 à 25 ans , sont tenus , après le délai ci-dessus prescrit , de le faire arrêter comme traître à la patrie.

IV. Les parens ou autres citoyens qui donneroient asyle ou emploiroient un citoyen que la loi appelle à la défense de la patrie , seront arrêtés et poursuivis comme ennemis de la révolution.

V. N'entendent comprendre dans cet arrêté les citoyens de 18 à 25 ans qui seroient exceptés par la loi à raison de leur profession ou état , ou qui auroient des autorisations des représentans du peuple , non plus que ceux qui auroient été réformés ou dont les infirmités et l'incapacité de service seroient constatées par un certificat de médecin des hôpitaux militaires dans les lieux où il s'en trouve , et dans les autres lieux par les officiers de santé.

Ledit certificat visé par les officiers municipaux , sous leur responsabilité.

·VI. Chargent les comités de surveillance de veiller à ce qu'il ne s'introduise aucune fraude dans la délivrance de ces certificats, et de leur dénoncer toute malveillance, faveur ou prédilection.

Chargent les agens nationaux des districts de notifier le présent arrêté aux communes et comités de surveillance de leur arrondissement, et d'en certifier les représentans du peuple.

ÉTAT des départemens compris dans l'arrondissement de l'armée dItalie, pour fournir à cette armée la réquisition de 18 à 25 ans, d'après l'instruction annexée à la loi du 23 août dernier (vieux style).

Basses-Alpes, Var, Bouches-du-Rhône, Vaucluse, Gard, Hérault, Aveyron, Corrèze, Tarn, Corse.

Nice, ce 5 germinal, l'an deuzième de la République Française, une et indivisible. *Signé* Robespierre jeune, Ricord, Salicetti.

Décret qui règle la compétence du Tribunal révolutionnaire de Paris et des Tribunaux criminels de la République.

Du 19 Floréal, an II. (N°. 2349).

La Convention nationale, après avoir entendu le rapport de ses comités de salut - public et de législation, décrète :

Art. 1er. En exécution de l'article premier de la loi du 27 Germinal sur la police générale de la République, le tribunal révolutionnaire établi à Paris connoîtra exclusivement, sauf les exceptions ci-après, de tous les crimes contre-révolutionnaires énoncés dans les lois des 10 mars 1793, 23 Ventôse et autres, en quelque partie de la République qu'ils aient été commis.

En conséquence, les tribunaux et commissions révolutionnaires établis dans quelques départemens, par les arrêtés des représentans du peuple, sont supprimés ; et il ne pourra en être établi aucun à l'avenir, si ce n'est en vertu de décrets de la Convention nationale.

III. Pourra néanmoins le comité de salut public conserver les tribunaux ou commissions révolutionnaires qu'il jugera utiles, et autoriser, lorsque les circonstances l'exigeront, tels tribunaux criminels qu'il trouvera convenir, à juger, dans un arondissement déterminé et selon le modèle prescrit par la loi du 30 frimaire, l'universalité ou partie des crimes réservés à la connoissance exclusive du tribunal révolutionnaire.

IV. Les tribunaux criminels, continueront de connoître concurremment avec le tribunal révolutionnaire, dans la forme prescrite par la loi du 30 frimaire, des crimes d'embauchages, de fabrication, distribution ou introduction de faux assignats.

Les lois des 19 mars, et 9 avril 1793 et autres, sont rapportées en ce qu'elles ont de contraire tant au présent article qu'à l'article premier.

V. Les tribunaux criminels continueront pareillement de juger, dans les formes prescrites par les lois des 28 mars 1793, 30 vendémiaire et 26 frimaire, les émigrés et déportés rentrés en France, ainsi que les individus mis hors de la loi par les décrets des 7 et 17 septembre 1793, sans préjudice de la concurrence du tribunal révolutionnaire à l'égard des uns et des autres, et sans déroger aux dispositions des mêmes lois qui déterminent les cas où il doivent être jugés par des commissions militaires.

VI. Il n'est pareillement rien innové aux dispositions de la loi du 16 juin 1793 sur la manière de juger les espions, ni à celles des loix du 3 pluviôse et du 22 germinal sur la compétence des tribunaux criminels militaires.

VII. Les peines infligées aux fonctionnaires publics négligens ou coupables, soit par la section V de la loi du 14 frimaire, soit par toutes autres lois, seront poursuivies ainsi qu'il suit :

VIII. Les membres des commissions exécutives ne pourront être jugés que par le tribunal révolutionnaire, et ne pourront être traduits dans les maisons d'arrêt qu'après que leur arrestation aura été approuvée par le comité de salut public.

IX. Les juges criminels et les accusateurs publics seront jugés par le même tribunal. Ils pourront être mis en état de surveillance par les comités révolutionnaires : mais ils ne pourront être traduits ou mis en état d'arrestation dans les maisons d'arrêt qu'en vertu de mandat du tribunal révolutionnaire, ou d'un arrêté ou comité de salut public, ou de sûreté générale, ou des représentans du peuple envoyés dans les départemens ou près les armées.

X. Les officiers municipaux, les administrateurs de département et de district, les juges civils, les agens et commissaires nationaux, et tous les autres fonctionnaires publics compris dans la section V de la loi du 14 frimaire (les militaires exceptés) qui seront prévenus de négligence ou délits non - contre - révolutionnaires dans l'exercice de leurs fonctions, seront jugés par le tribunal criminel du département où ils sont employés, et il sera procédé à leur égard dans la forme prescrite par la loi du 30 frimaire.

XI. Quant aux militaires et aux individus attachés aux armées ou employés à leur suite, les règles de compétence établies par les lois des 3 pluviôse et 22 germinal, continueront d'être exécutées pour les délits commis dans l'exercice de leurs fonctions comme pour tous autres.

XII. Les dispositions de la présente loi seront observées, même pour les délits antérieurs à sa publication, sur lesquelles, il ne sera pas à cette époque, intervenu de jugement définitif.

XIII. La présente loi ne sera adressée qu'aux tribunaux : son insertion au bulletin tiendra provisoirement lieu de publication.

Décret relatif au Mode de procéder contre les personnes prévenues de vente ou achat de numéraire, de propos tendant à discréditer les Assignats, etc.

Du 21 Floréal, an II. (N.º 2357.)

La Convention nationale, après avoir entendu le rapport de son comité de législation, considérant qu'il importe de perfectionner et d'approprier au système général du gouvernement révolutionnaire le mode de procéder contre ceux qui dans quelques départemens cherchent à avilir les assignats, ou qui se permettent de vendre au-dessus du *maximum*, décrète :

Art. I. Les dispositions des lois des 7 et 30 frimaire et 14 germinal, relatives aux prévenus de malversation dans les biens nationaux, d'embauchage, de fabrication, distribution ou introduction de faux assignats ou fausse monnoie, régleront pareillement à l'avenir le mode de procéder contre les personnes prévenues d'avoir vendu ou acheté du numéraire ; d'avoir arrêté ou proposé différens prix dans le paiement en numéraire ou en assignats ; d'avoir tenu des discours tendant à discréditer les assignats ; d'avoir refusé les assignats en paiement ; de les avoir donnés ou reçus à une perte quelconque ; ou d'avoir demandé, avant de conclure ou même d'entamer un marché, en quelle monnoie le paiement seroit effectué.

II. Elles seront également exécutées contre ceux qui, d'après l'art. XI de la loi du 12 germinal, seroient dans le cas de subir la peine de deux années de détention pour vente au-delà du *maximum.*

III. Les délits mentionnés tant dans les articles précédens que dans les lois des 7 et 38 frimaire, seront jugés par un juré spécial, qui sera formé, pour chaque affaire, suivant le mode déterminé par le § IV de la loi du 2 nivôse.

IV. Hors le cas de distribution ou introduction de faux assignats ou fausse monnoie, le président du tribunal criminel ne posera aucune question intentionnelle, à moins qu'il n'y soit invité par le vœu des jurés énoncé publiquement et formé par la majorité des voix.

V. Les dispositions ci-dessus seront observées même à l'égard des prévenus de délits antérieurs à la publication de la présente loi, qui à cette époque ne seront pas encore jugés définitivement.

VI. Les articles II et III de la loi du 11 avril 1793, continueront d'être exécutés contre [ceux qui seront convaincus, soit d'avoir vendu ou acheté du numéraire, soit d'avoir donné ou reçu des assignats à une perte quelconque, soit d'avoir arrêté ou proposé différens prix d'après le paiement en numéraire ou en assignats, soit d'avoir demandé, avant de conclure ou même d'entamer un marché, en quelle monnoie le paiement seroit effectué.

VII. La peine portée par la loi du 1er août 1793 demeure restreinte à ceux qui refusent des assignats en paiement, et nul ne pourra s'y soustraire dans l'étendue du territoire de la République, sous prétexte qu'il ne seroit pas français.

VIII. Sera puni de même tout discours tendant à discréditer les assignats.

IX. Conformément à l'artile IV de la loi du 5 septembre 1793, il y aura lieu à la peine de mort et à la confiscation des biens, toutes les fois que les délits mentionnés dans les trois articles précédens auront été commis. dans l'intention de favoriser les entreprises des ennemis, soit intérieurs, soit extérieurs de la République.

La question relative à cette intention sera posée par le président du tribunal criminel, toutes les fois que les débats y donneront lieu, ou que l'accusateur public y aura conclu.

X. Il n'est point dérogé par les articles VI et VII aux pouvoirs attribués à la commission du commerce et des approvisionnemens sur le mode de traiter avec les étrangers.

XI. Les lois du 5 septembre 1793 et autres ci-dessus mentionnées con-continueront d'être exécutées dans tout ce qui n'est pas contraire à la présente loi.

XII. L'insertion de la présente loi au bulletin, tiendra provisoirement lieu de publication.

Décret portant qu'un citoyen sera détenu jusqu'à la paix pour désobéissance à la loi.

Du 22 Floréal an II (N.8 2345.).

La Convention nationale, après avoir entendu le rapport de son comité de législation sur la lettre du ci-devant ministre de la justice, relative à un citoyen du canton de Triel, district de la Montagne-du-bon-Air, qui, nonobstant trois jugemens successifs du juge de paix de ce canton, s'est permis de rétablir par voies de fait et en tenant des propos despectueux à l'autorité publique, une barrière qu'il avoit été condamné à abattre, et au moyen de laquelle il interceptoit à son voisin un droit de passage commun entre eux;

Considérant que la liberté, l'égalité et la souveraineté du peuple ne peuvent se maintenir que par le respect le plus religieux pour la loi et pour les actes émanés des magistrats chargés de son application; que quiconque leur résiste, favorise par le fait les projets liberticides des conpirateurs, en donnant à ses concitoyens l'exemple d'une désobéissance scandaleuse, qui ne peut que pervertir l'esprit public, décrète:

Art. I.er L'agent national du district de la Montagne-du-bon-Air, sur la copie qui lui sera adressée de la lettre ci-dessus mentionnée, et d'après les renseignemens qui lui seront donnés en conséquence par le juge de paix du canton de Triel, fera, sans aucun délai, arrêter l'individu qui y est désigné , et le fera conduire dans une maison de détention , où il restera jusqu'à la paix.

II. A l'avenir les peines portées par les articles I. , II III , IV et VI de la quatrième section du titre premier de la deuxième partie du code pénal , auront lieu , soit que la formule *obéissance à la loi* ait été prononcée ou non , et seront infligées à quiconque emploîra , même après l'exécution des actes émanés de l'autorité publique , soit des violences , soit des voies de fait , pour interrompre cette exécution ou en faire cesser l'effet.

Le présent décret ne sera adressé qu'aux tribunaux : il sera inséré au bulletin , et cette insertion tiendra lieu de publication.

Décret relatif à la Réclusion des Ecclésiastiques infirmes ou séxagénaires.

Du 22 Floréal , an II. (2347.)

La Convention nationale , après avoir entendu le rapport de son comité de législation , décrète :

Art. I. A compter de la publication du présent décret , tous ecclésiastiques infirmes ou sexagénaires , sujets à la réclusion , sont tenus , dans deux décades , de se transporter au chef-lieu de leurs départemens respectifs , pour être reclus dans les maisons destinées à cet effet.

II. Tous ceux, infirmes ou sexagénaires , qui seront trouvés sur le territoire de la République et hors des maisons de réclusion, ce délai expiré , seront jugés et punis suivant les termes des articles V et XV de la loi du 3o vendémiaire dernier.

III. Les certificats d'infirmité présentés par ceux qui soutiendront n'être pas dans le cas de la déportation , seront remis à l'administration du département, qui nommera deux officiers de santé pour visiter l'infirme , et vérifier la sincérité de son certificat.

IV. Dans le cas où les officiers de santé nommés par le département jugeroient que les certificats sont inexacts ou faux, ils donneront leur avis par écrit, et d'après l'avis du département, la déportation sera prononcée et effectuée.

V. L'insertion au bulletin du présent décret tiendra lieu de publication.

Décret qui met en réquisition tous les citoyens dans l'usage de s'employer aux travaux de la Récolte.

Du 11 Prairial, an II. (N.º 2378.)

La convention nationale , après avoir entendu le rapport de son comité de salut public , décrète :

Art. I. Tous les citoyens et les citoyennes qui sont dans l'usage de s'employer aux travaux de la récolte , soit qu'ils résident dans les campagnes , soit qu'ils soient domiciliés dans les villes , sont en réquisition pour la prochaine récolte.

II. Le salaire des citoyens employés à ces travaux, sera fixé par les autorités constituées.

III. Tout refus de la réquisition portée dans l'article premier, toute coalition tendant à faire abandonner les travaux, à les suspendre, à exiger des prix arbitraires , sera poursuivie et punie comme crime de contre-révolution.

IV. Le comité de salut public est chargé de rédiger et de faire insérer dans le bulletin de la Convention toutes les dispositions réglementaires nécessaires pour assurer l'exécution du présent décret.

L'insertion au bulletin tiendra lieu de publication.

L O I concernant le tribunal révolutionnaire.

Du 22 Prairial , l'an II.

La Convention Nationale, après avoir entendu le rapport du comité de salut public, décrète :

ART. I. Il y aura au tribunal révolutionnaire, un président et quatre vice-présidens , un accusateur public, quatre substituts de l'accusateur public , et douze juges.

II. Les jurés seront au nombre de cinquante.

III. Les diverses fonctions seront exercées par les citoyens dont les noms suivent :

Président , Dumas ; *vice-présidens* , Coffinhal , Sellier , Naulin , Ragmey.

Accusateur public , Fouquier ; *Substituts* , Gribauval , Royer , Liendon , Givois, agent national du district de Cusset.

Juges , Deliége, Foucaut , Verteuil , Maire , Bravet , Barbier (de l'Orient), Harny , Garnier-Launay , Paillet , professeur de rhétorique à Châlons , Laporte , membre de la commission militaire à Tours , Félix , *idem* , Loyer , section de Marat.

Jurés, Renaudin , Benoitrais , Fauvetti , Lumière , Feneaux , Gauthier , Meyère , Chatelet , Petit-Tressin , Trinchard , Topino-Lebrun , Pijot , Girard , Presselin , Didier , Vilatte , Dix-Août , Laporte , Ganney , Brochet , Aubri , Gemont , Prieur , Duplay , Devèze , Desboisseaux , Nicolas , Gravier , Billon , tous jurés actuels ; Subleyras , Laveyron l'aîné , cultivateur à Creteil ; Fillon , fabricant à Commune-Affranchie ; Potheret , de Châlons sur-Saône ; Masson , cordonnier à Commune-Affranchie ; Marbel , artiste ; Laurent , membre du comité révolutionnaire de la section des Piques ; Villers , rue Caumartin ; Moulin , section de la République ; Depréau , artiste , rue du Sentier ; Emery , marchand chapelier , département du Rhône ; Lafontaine , de la section du Muséum ; Blachet , payeur-général à l'armée des Alpes ; Debeaux , greffier du tribunal du district de Valence ; Gouillard , administrateur du district de Béthune ; Dereys , section de la Montagne ; Duquenel , du comité révolutionnaire de l'Orient ; Hannoyer , *idem* ; Butins , section de la République ; Pechi , fauxbourg honoré , n°. 169 ; Muguin , du comité de surveillance de Mirecourt.

Le tribunal révolutionnaire se divisera par sections , composées de douze membres ; savoir : trois juges et neuf jurés , lesquels jurés ne pourront juger en moindre nombre que celui de sept.

IV. Le tribunal révolutionnaire est institué pour punir les ennemis du peuple.

· V. Les ennemis du peuple sont ceux qui cherchent à anéantir la liberté publique, soit par la force, soit par la ruse.

VI. Sont réputés ennemis du peuple ceux qui auront provoqué le rétablissement de la royauté, ou cherché à avilir ou à dissoudre la Convention nationale, et le gouvernement révolutionnaire et républicain, dont elle est le centre ;

. Ceux qui auront trahi la République dans le commandement des places et des armées, ou dans toute autre fonction militaire ; entretenu des intelligences avec les ennemis de la République, travaillé à faire manquer les approvisionnemens ou le service des armées ;

Ceux qui auront cherché à empêcher les approvisionnemens de Paris, ou à causer la disette dans la République ;

Ceux qui auront secondé les projets des ennemis de la France, soit en favorisant la retraite et l'impunité des conspirateurs et de l'aristocratie, soit en persécutant et calomniant le patriotisme, soit en corrompant les mandataires du peuple, soit en abusant des principes de la révolution, des lois ou des mesures du gouvernement, par des applications fausses et perfides.

Ceux qui auront trompé le peuple, ou les représentans du peuple, pour les induire à des démarches contraires aux intérêts de la liberté ;

Ceux qui auront cherché à inspirer le découragement pour favoriser les entreprises des tyrans ligués contre la République ;

Ceux qui auront répandu de fausses nouvelles pour diviser ou pour troubler le peuple ;

Ceux qui auront cherché à égarer l'opinion et à empêcher l'instruction du peuple, à dépraver les mœurs et à corrompre la conscience publique, et altérer l'énergie et la pureté des principes révolutionnaires et républicains, ou à en arrêter les progrès, soit par des écrits contre-révolutionnaires ou insidieux, soit par toute autre machination ;

Les fournisseurs de mauvaise foi qui compromettent le salut de la République, et les dilapidateurs de la fortune publique, autres que ceux compris dans les dispositions de la loi du 7 Frimaire ;

Ceux qui étant chargés de fonctions publiques, en abusent pour servir les ennemis de la révolution, pour vexer les patriotes, pour opprimer le peuple ;

Enfin, tous ceux qui sont désignés dans les lois précédentes, relatives à la punition des conspirateurs et contre-révolutionnaires, et qui, par quelques moyens que ce soit et de quelques dehors qu'ils se couvrent, auront attenté à la liberté, à l'unité, à la sûreté de la République, ou travaillé à en empêcher l'affermissement.

VII. La peine portée contre tous les délits dont la connoissance appartient au tribunal révolutionnaire, est la mort.

VIII. La preuve nécessaire pour condamner les ennemis du peuple est toute espèce de documens, soit matérielle, soit morale, soit verbale, soit écrite qui peut naturellement obtenir l'assentiment de tout esprit juste et raisonnable ; la règle des jugemens est la conscience des jurés éclairés par l'amour de la patrie ; leur but, le triomphe de la République et la ruine de ses ennemis ; la procédure, les moyens simples que le bon sens indique pour parvenir à la connoissance de la vérité, dans les formes que la loi détermine.

Elle se borne aux points suivans :

IX. Tout citoyen a le droit de saisir et de traduire devant les magistrats les conspirateurs et les contre-révolutionnaires. Il est tenu de les dénoncer dès qu'il les connoît.

X. Nul ne pourra traduire personne au tribunal révolutionnaire, si ce n'est la Convention nationale, le comité de salut public, le comité de sûreté générale, les représentans du peuple commissaires de la Convention, et l'accusateur public du tribunal révolutionnaire.

XI. Les autorités constituées en général ne pourront exercer ce droit, sans en avoir prévenu le comité de salut public et le comité de sûreté générale, et obtenu leur autorisation.

XII. L'accusé sera interrogé à l'audience et en public : la formalité de l'interrogatoire secret qui précéde, est supprimée comme superflue ; elle ne pourra avoir lieu que dans les circonstances particulières où elle seroit jugée utile à la connoissance de la verité.

XIII. S'il existe des preuves, soit matérielles, soit morales, indépendamment de la preuve testimoniale, il ne sera point entendu de témoins, à moins que cette formalité ne paroisse nécessaire, soit pour découvrir des complices, soit pour d'autres considérations majeures d'intérêt public.

XIV. Dans le cas où il y auroit lieu à cette preuve, l'accusateur public fera appeler les témoins qui peuvent éclairer la justice, sans distinction de témoins à charge ou à décharge.

XV. Toutes les dépositions seront faites en public, et aucune déposition écrite ne sera reçue, à moins que les témoins ne soient dans l'impossibilité de se transporter au tribunal ; et dans ce cas, il sera nécessaire d'une autorisation expresse des comités de salut public et de sûreté générale.

XVI. La loi donne pour défenseurs aux patriotes calomniés des jurés patriotes : elle n'en accorde point aux conspirateurs.

XVII. Les débats finis, les jurés formeront leurs déclarations, et les juges prononceront la peine, de la manière déterminée par les lois.

Le président posera la question avec clarté, précision et simplicité. Si elle étoit présentée d'une manière équivoque ou inexacte, le juré pourroit demander qu'elle fût posée d'une autre manière.

XVIII. L'accusateur public ne pourra , de sa propre autorité , renvoyer un prévenu adressé au tribunal , ou qu'il y auroit fait traduire lui-même ; dans le cas où il n'y auroit pas matière à une accusation devant le tribunal , il en fera un rapport écrit et motivé à la chambre du conseil , qui prononcera. Mais aucun prévenu ne pourra être mis hors de jugement, avant que la décision de la chambre n'ait été communiquée aux comités de salut public, et de sûreté générale qui l'examineront.

XIX. Il sera fait un registre double des personnes traduites au tribunal révolutionnaire , l'un pour l'accusateur public , et l'autre au tribunal, sur lequel seront inscrits tous les prévenus , à mesure qu'ils seront traduits.

XX. La Convention déroge à toutes celles des dispositions des lois précédentes qui ne concorderoient point avec le présent décret ; et n'entend pas que les lois concernant l'organisation des tribunaux ordinaires s'appliquent aux crimes de contre-révolution , et à l'action du tribunal révolutionnaire.

TABLE CHRONOLOGIQUE DES DÉCRETS CONTENUS

DANS LE SUPPLÉMENT.

N

Fin de la Table Chronologique.

TABLE
DES MATIERES
DU SUPPLÉMENT

A.

Fin de la Table des Matières du Supplément.